東洋文庫 861

平凡社

西湖夢尋

張　岱

佐野公治　訳注

装幀　原　弘

自序

私は時の運に恵まれず、西湖と別れてからはるか二十八年になるが、しかし一日たりとも西湖がわが夢の中に入ってこないことはなく、夢の中の西湖は、まことに私と一日たりとも別れたことはないのである。さきに甲午（1）（清順治十一年、一六五四）丁酉（十四年、一六五七）の年に二度西湖に行ったが、湧金門の商氏の楼外楼、祁《き》氏の寓居、銭氏・余氏の別荘、および私の家の寄園など、西湖一帯の荘園はわずかに瓦礫が残っていただけだったから、私の夢の中にあったものは、かえって西湖にはなくなっていた。断橋に行って一望してみると、昔日の青い柳や若い桃の木、歌舞の行われた高楼や舞台は洪水に湮没《いんぼつ》したかのように、百に一つも残っていないのであった。そこで、私は急いで逃げ隠れた。私は西湖のために来たのだが、いま見られるのがこのようであれば、かえってわが夢の中の西湖が完全無欠に残っているのを、保持するのがより良いと思ったからである。

そこで想ったことだが、私の夢は李供奉（白）（2）とは違っていて、供奉が夢にみた天姥《てんろう》（3）は、名を姝《しゅ》という神女であり、まだ夢にもみたことがなく、その夢はまぼろしであったのだが、私が夢にみた西湖は、家や庭園、家族は夢の中にもとからあったもので、その夢は真なのである。いまは、私は他氏の住居を借りてもう二十三年になるが、夢の中ではやはりもとの住まいにいるのであり、古くから使っている下僕は、いまはすでに白髪頭だが、夢の中ではやはり（両方の鬢毛を上にあげた）総角の髪型なのである。早くからの習慣は除けないし、古い状態からは抜け切れないものだ。今より以後、私はただ蝶庵(4)の静けさに向かい、のんびりと椅子にゆったりとして、ただわが旧夢だけを保っていけば、西湖の風景はなお端然として動かないのだ。子どもたちが詰問するので、たまたまこれを言ったのだが、すべては夢の中の夢を言ったのであり、うなされたのでなければ寝言なのである。そこで夢尋七十二則(5)を作り、それを後世に留めて、それを西湖の影とする。私は、山中の人が海上から帰ってきて、盛んに海産の珍味の美を褒めると、村人が競ってやってきて、みんなでその眼を舐《な》めたというようなものだ。ああ、金虀鱠《きんせいなます》(6)や瑤柱《ようちゅう》(7)も舌を過ぎればすぐに何もなくなるのだから、目を舐めたにしてもその飢えを救うことがどうしてできようか。

歳は辛亥（康熙十年、一六七一）の七月既望（旧暦十六日）、古剣(8)蝶庵老人張岱これを題書する。

（1）商氏は、商周祚、紹興会稽の人。西湖付近には他郷の官僚などが別荘を持つことがあった。以下、祁氏は、祁彪佳《ひょうか》（一六〇二―四五）、紹興山陰の人（巻三「陸宣公祠」詩注を参照）。銭氏は、銭象坤《しょうこん》（一五六九―一六四〇）、会稽の人。余氏は、余煌《こう》。いずれも明末から残明政権の時期に官僚として高官になっていて、祁氏、余氏は国に殉死している（以上の人名は、巻一「明聖二湖」注9に挙げた『校注』を参照)。寄園は、張岱の祖父が建てた別荘。巻五「芙蓉石」を参照。三代に渉って官僚を輩出した張岱の家は、諸氏とは対等の交際があった。

(2) 李供奉は、唐の詩人李白のこと、翰林供奉の官職に任じたことからいう。

(3) 天姥は、浙江省嵊《じょう》県と新昌県の間にあって、神人が住むという山の名。李白の「夢に天姥に游び吟じて留別す」詩に、「越人、天姥を語り、雲霓《うんげい》明滅すれば或は睹《み》る可しと」とある。

(4) 蝶庵—「荘周、夢の中に蝴蝶《こちょう》となりて、栩栩然《くくぜん》として蝴蝶たり。……俄然として覚むれば、則ち蘧蘧然《きょきょぜん》として荘周なり」(『荘子』)とあり、これを典故として、蝶庵とは、悠然と自適する蝴蝶のような隠逸者が住むいおりという意味を込めて命名した住居。すぐ後の原文「蘧榻」というのも、これを典故として、のんびりした安楽椅子という意味。

(5) 七十二則の則は、章、条の意、本書は七十二則で構成されている。

(6) 金虀膾—魚類の美しく精微な食べ物。

(7) 瑤柱—貝類の美味な食べ物。

(8) 古剣—張岱の祖籍は四川省にあった。それを意識して、古くは四川の剣州の出身という意味で自称にしている。

目次

巻二

巻四

巻五

西湖夢尋《せいこむじん》

張《ちょう》 岱《たい》
佐野公治《さのこうじ》 訳注

巻一

明聖二湖(1)

（漢代の）馬臻《ばしん》が（紹興の）鑑湖(2)を開発してから、漢から唐に至るまでは、その名はもっともはやく知られたのだが、のちに北宋になると、西湖の名が取って代わった。人はみな西湖に出かけるようになり、鑑湖は広々とあっさりしていることから、自然に西湖の美しさには肩を並べられなくなった。（紹興の）湘湖になると、片隅にひっそりとしていて、舟や車もほとんど行かない。だから、風流な人びとの話がそこにまで及ぶことはないのだ。

私の弟、毅儒（族弟の張弘）は、常々西湖を美人に、湘湖を隠士に、鑑湖を神仙に譬えていたが、私はそのようには思わない。私は湘湖を処女に譬える。つつましやかに恥(3)じらっているのは、嫁入り前のようすを見るようだ。鑑湖を名門の淑女とする。恭しくするのはよいが、馴れなれしいのはよくない。西湖ならば遊廓の名妓とする。声も姿もともに艶麗だが、入口の門に寄りかかって媚びた笑いを売っているから、誰でも馴れ親しむことができるのだ。誰でも馴れ親しむことができるからこそ、色っぽさを思い慕うことができる。色っぽさを思い慕うことができるからこそ、誰でも軽々しくみることになる。

春や秋には騒がしく熱を帯び、秋や冬には寂しく冷たくなってしまう。（二月十五日の）花朝節(4)には喧《やかま》しくなり、月の出る秋の夕べには星がまばらになるような淋しさがある。晴れ渡れば浮草のように集まるが、雨や雪が降れば、誰も訪れない寂しさである。

だから私はこう言ったことがある。「よく書を読むのは、董遇《とうぐう》の三余(5)に過ぎることはない。また、よく西湖に遊ぶ人にとっても、董遇の三余に過ぎるものはない」と。董遇は「冬は一年の余りであり、夜は一日の余りであり、雨は月の余りである」といったのだ。

冬に雪の積もった峰（巘《けん》）の梅の古木は、どうして春霞の堤の柳に劣ろうか。夜に月が空に明るく照らすのは、どうしてしとやかに咲く朝の花に劣ろうか。雨に景色がぼんやりと霞んでいるの(6)は、どうして晴れた日の湖水の光り輝き(7)に劣ろうか。物事の風情を深くわかる(8)かどうかは、それを解する人によるのだ。

西湖で有名な四人の賢者についても私はこういった。「白楽天（居易）(9)の浩瀚な知識は、もとより林和靖（逋《ほ》）の静かなたたずまいには及ばないし、李鄴侯《りぎょうこう》（泌）の大胆な振る舞いは蘇東坡（軾《しょく》）の精妙な詩興には及ばないのだ」。

そのほか、賈似道《かじどう》には豪奢、孫東瀛《そんとうえい》（隆）には華やかさがあっても、西湖に幾十年いて、銭を幾十万費したといっても、西湖の性質や西湖の風光については、実際には夢にも見たことがないのである。世間の貧しい連中は、どうしてたやすく湖に遊んだなどと言えようか。

（1）明聖二湖―西湖の別称。漢代に金牛が湖中に見えた。人びとは明聖の瑞といい、明聖湖と称するようになった（田汝成『西湖遊覧志』「西湖総叙」。以下『遊覧志』と略称）。

（2）鑑湖―張岱の故郷、浙江省の紹興城南三里に古くあった湖。鏡湖、長湖、南湖の別名がある。いつしか水が枯れて、田になった。澤村幸夫『江浙風物誌』（昭和十四年）に「酒に適する最良の水は鑑湖といはれてゐるが鑑湖はすでに涸れて、その湖の跡とその付近を流れてゐる河の水を持ちひてゐる」という。

（3）原文「眠娗《みんてい》」。もとは『列子』の寓言に見える人名。杭州地方の独特な言い方では、慎み深く穏やかなこと。田汝成『西湖遊覧志余』（以下に『遊覧志余』）「委巷叢談」に、「蘊藉《うんしゃ》にして暴躁ならざるものを眠娗と曰う、音は緬忝の如し」とある。

（4）「仲春十五日を花朝節と為す。浙間の風俗、以て秋序の正中と為す。百花争放の時、最も遊賞に堪う」（宋、呉自牧『夢粱録』）。降って民国時代江南の習慣では十二日だという（『江浙風物誌』）。

（5）董遇―三国時代の人、「読書百遍意自ずから通ず」の語や本文にある三余で知られる。ここの文章の意味は、冬の季節、夜半の時間、雨の日が読書の貴重な時間であるのと同じく、余分なものともみえる雪中の梅、夜の月、雨の景色を見るのは、貴重な趣きがあるものだということ。

（6）原文「涳濛《こうもう》」。『説文』に「水直流也」。『集韻』に「水直流貌」。空濛は、微雨迷茫の貌（『漢語大詞典』、以下『大詞典』と略称）、涳濛はこれと同じ意に用いている。

（7）原文「灩瀲《えんれん》」、水が光り耀く貌。

（8）原文「領略」、理会すること。以下の語義は『大詞典』、『漢語大字典』（以下『大字典』と略称）によるところがある。主なところは注記する。

（9）楽天―唐代の詩人、官僚であった白居易の号。以下典故、人名などは、孫家遂校注『西湖夢尋』浙江新華書店、一九八四年、李小龍評注『西湖夢尋』中華書局、二〇一一年によったところがあり、

『校注』、『評注』と略称して先行研究があることを明記する。唐代の白居易、李泌（鄴侯に封ぜられたことから李鄴侯ともいう）、北宋代の蘇軾（号は東坡）は、西湖の維持、治水の面で大きな業績があった代表的な為政者とされ、白や蘇は西湖についての詩文も多くあり、張岱が好んだことから以下に関連記事が多い。李泌は、唐代の京兆の人、代宗のとき杭州刺史となり、恵政あり、六井を鑿《うが》ち、西湖の水を城中に入れたという（『遊覧志』一六）。この三者が官僚としての功績があったのとは異なり、和靖は北宋代に西湖に隠棲した林逋である。林逋、賈似道、孫隆についても後述される。

賈似道は、敵対する北方の金に対抗する南宋の実権を握りながら、積極的な軍事的対金政策を取らず自己の保身を図ったとして後世には姦臣として筆誅されるが、張岱は、賈の一面について評価することがある。また、孫隆は、去勢して皇帝の側近に侍る宦官であり、明朝の万暦年間に、官僚組織とは別個に税収を図るために蘇州杭州方面に派遣された織造太監であった。宦官については、ふつう官僚知識人は口に出すのも好まないというが、張岱は、孫隆が杭州西湖の仏寺道観の復興維持に大きく貢献した点には好感をもっていたことは、後述にもみえる。

（本文に続いて、各則ごとに各人の詩文を載せている。西湖をめぐる詩文はきわめて多いが、張岱は、白居易・蘇軾・欧陽脩から、明代の袁宏道・徐渭・李流芳など、みずからが好んだ作品を採り、自作も多く採っている。内容も多岐にわたり、記事の歴史的背景、踏査記、逸話などを、伝わった多くの詩文から選択している。それは単なる付録ではなく、各人の詩文をあわせて読むことで、各則を幅広くふくらみをもって立体的に理解できる。また、どんな作品を採っているかをよく見ることは、張岱の文学観、歴史観を理解する上にも有用であろう。なお、巻一は詩の量が多く、それぞれ比較する上にも意味があることから、「明聖二湖」については全部に、「西湖北路」については一部の詩に原文を載せた)。

蘇軾(1)「夜　西湖に泛《うか》ぶ」詩

菰蒲無辺水茫茫、荷花夜開風露香。漸見燈明出遠寺、更待月黒看湖光。

菰蒲《こほ》は無辺　水は茫茫、荷花は夜開き風露香ばしし。漸く燈明の遠寺に出るを見、更に月の黒きを待ちて湖光を看《み》ん。

菰《まこも》と蒲《がま》が限りなく続き、水面は果てしなく広がっている。蓮《はす》(荷)の花は夜に開いて風と露とが香ばしい。遠くの寺の燈明が次第に見えてくるが、さらに月の出ない晩を待って、湖上に映る光を見よう。

また「湖上より夜帰る」詩

我飲不尽器、半酣尤味長。籃輿湖上帰、春風吹面涼。行到孤山西、夜色既蒼蒼。清吟雑夢寐、得句旋已忘。尚記梨花邨、依依聞暗香。

我飲むも器を尽くさず、半酣《はんかん》は尤《もっと》も味わい長し。籃輿《らんよ》もて湖上より帰れば、春風面を吹きて涼し。行きて孤山の西に到れば、夜色既に蒼蒼たり。清吟　夢寐《むび》に雑《ま》じり、句を得て旋《ま》た已《すで》に忘る。尚お記《おぼ》ゆ梨花の邨《むら》、依依として暗香を聞くを。

私は酒を飲んでも飲み尽くすことはしない。ほろ酔いがもっとも味わい深いのだ。籃輿《こし》に乗って湖のほとりを帰ってくると、春風は顔に涼しく吹きかかる。孤山の西に至り着くと、夜のとばりはすっかり深まっている。清らかな吟声が夢の中に聞こえてきて、佳い句を得てももうすでに忘れている。(2)それでもまだ憶えているのは、梨花の咲く村里に秘かな香りを聞いたことである。

また「西湖を懐《おも》い晁美叔《ちょうびしゅく》に寄せる」(3)詩

西湖天下景、遊者無愚賢。深浅随所得、誰能識其全。嗟我本狂直、早為世所捐。独専山水楽、付与寧非天。三百六十寺、幽尋遂窮年。所至得其妙、心知口難伝。至今清夜夢、耳目余芳鮮。君持使者節、風采爍雲烟。清流与碧巘、安肯為君妍。胡不屛騎従、暫借僧榻眠。読我壁間詩、清涼洗煩煎。策杖無道路、直造意所便。応逢古漁夫、葦間自夤緣。問道若有得、買魚弗論銭。

西湖は天下の景、遊ぶ者は愚と賢と無し。深浅は得る所に随えば、誰か能《よ》く其の全きを識《し》らん。嗟《ああ》 我れ本《も》と狂直にして、早く世の捐《す》つる所と為《な》る。独り山水の楽しみを専らにすれば、付与は寧《なん》ぞ天に非《あら》ざらん。三百六十寺に、幽を尋ねて遂《かく》て年を窮む。至る所に其の妙を得て、心に知りて口に伝え難きも、今に至りて清夜の夢、耳目に芳鮮余る。君は使者の節を持し、風采雲烟に爍《かがや》くも、清流と碧巘《へきけん》、安《いず》くんぞ君が妍《がえん》と為るを肯ぜん。胡《なん》ぞ騎従を屛《しりぞ》けて、暫く僧榻《そうとう》を借りて眠らざる。我が壁間の詩を読まば、清涼　煩煎を洗わん。杖を策して道路と無く、直《ただ》ちに意の便なる所に造《いた》らん。応《まさ》に古《いにしえ》の漁夫に逢いて、葦の間に自ずから夤縁《いんえん》あらん。道を問いて若《も》しも得る有れば、魚を買うに銭を論ずること弗《なか》れ。

西湖は天下の景勝であり、そこに遊ぶ者は、愚者も賢人も問わない。深く知るか浅く知るかはそれぞれに随うとして、誰もそのすべてを知る人はいないのだ。ああ、私はもとから世間知らずの一本気（狂直）で、早くから世間には棄てられ、ただ、もっぱら山水を楽しんできたのだが、それは天から与えられたものではなかろうか。三百六十もの寺の幽趣を尋ねて、生涯を過ごしてきたのであって、至る処で妙趣を得ても、心にはわかっても口からは伝えにくいのだが、いまに至るまで清らかな夜の夢を見ていて、耳目にあふれるほどの鮮やかさである。君はといえば、使者の使命を持ち、その風采は雲の上にまで鮮やかに輝いているが、清らかな川の流れやみどりの山々は、君を美しく飾ろうとはしないのだ。どうして馬に乗って従う者たちを退け、しばらく僧の寝台を借りて眠ろうとしないのか。私が辺鄙な住いの壁に書いた詩を読めば、気持ちは清涼になり、わずらわしさが洗い流されるだろう。杖を策《つ》いて行き先の決まった道に依ることなく、まっすぐに心の思うところに到るのだ。きっと古の漁夫に出逢い、葦の間に自ずと依って行くところがあろう。(4) もしも道を問いて得るところがあれば、獲物の魚を買うにも銭の多少を問うことはないのだ。

（1）　蘇軾―北宋の文学者（一〇三七―一一〇一）。字《あざな》は子瞻《しせん》、号は東坡。四川省眉山の人。熙寧四年（一〇七一）、杭州通判となる。通判は行財政全般を管理する長官（刺史）を補佐する次官。七年の秋末に離任。三六～三九歳、侍妾の朝雲、銭塘の人をこのころ納れる。四四歳、一時杭州に隣接する湖州に在任、罪を得て下獄したことがある。その後、元祐四年（一〇八九）杭州刺史に赴任。六年中ごろ離任。五四歳から五六歳の間、二年少しの期間在任している（王宗稷『東坡先生年譜』による）。蘇軾は行政官として杭州に二度来任し、西湖に長堤の蘇堤をつくり、行政、治水に顕著な治績があり、この地の風光を愛して多くの詩文を残した。張岱がとくに好んだ詩人の一人であり、以下に関連する詩文を多く採っている。

なお、本書引用の詩文は、題名や内容は、原載の詩文集や後世の選集などと繁簡、字句の異同があることが多くあり、『校注』などに指摘する。本書では、とくに内容の理解に必要と思われる点については注記した。

（2）　原文「得句……已忘」は、『荘子』の「意を得て言を忘れる」などを踏まえた言い方。

（3）　晁美叔―北宋代の晁端彦、蘇軾と同年の進士。ときに司法検察官に当たる官職で杭州に在官した。「君は使者の節を持し」というのはこのことをいう。

（4）　「古の漁夫に出逢い……」は、高い境地を得た人と見なされて出仕を勧められた漁夫が、「相い忘るるを楽しみと為し」、「聊か以て憂いを忘る」漁師の生活を歌い、悠然と棹《さお》を鼓《うごか》して去ったという話（『南史』隠逸伝）と、同じく漁夫が、孔子の教える礼楽人倫は、「心を苦しめ形を労し以て其の真を危うくする」として、「爾《なんじ》の身を謹修し其の真を慎守せよ」といい、船を漕いで立ち去り、「葦の間に延縁（ゆっくり移動）していった」（『荘子』「漁夫」）との話、このふたつを踏まえている。

原文「奩縁」はこの延縁のこと（『評注』参照）。

李奎《りけい》(1)「西湖」詩

錦帳開桃岸、蘭橈繫柳津。鳥歌如勧酒、花笑欲留人。鐘磬千山夕、楼台十里春。回看香霧裏、羅綺六橋新。

錦帳桃岸に開き、蘭橈《らんとう》柳津に繫ぐ。鳥は歌いて酒を勧むる如く、花は笑いて人を留めんと欲す。鐘磬《しょうけい》千山の夕べ、楼台十里の春。香霧の裏《うち》を回看すれば、羅綺《らき》六橋に新たなり。

桃の花が開いて錦の帳《とばり》となっている岸辺に、遊覧船は蘭の橈《かじ》を舟着き場の柳の木に繫ぐ。鳥は酒を勧めるかのように歌い、花は笑って人を留めようとしている。鐘や石磬《せきけい》が千山に響く夕べ、楼台の十里四方は春の風情。振り返って花の香りに薫る霧(2)を透かして見ると、華やかな薄絹をまとった女性が新たに六橋(3)に見えてくる。

(1) 李奎―字は伯文、号は珠山。明代、湖州府帰安県の人、官僚。李攀龍・徐中行と交わり詩社を作る（『明人伝記資料索引』による）。明初にも同名の人がいるが、ここはこの李奎であろう。『校注』は河南汲県の人、『評注』は銭塘の人とする。

(2) 原文「香霧」は霧気を指すとする『大詞典』に従う。

(3) 六橋―蘇軾が建てたという西湖の蘇堤にあった六橋。また明代には楊孟瑛《ようもうえい》が裏湖に六橋を増建した。巻三「蘇公堤」を参照。また『遊覧志』二「孤山三堤勝迹」に記述がある。

蘇軾「西湖を開く」詩

偉人謀議不求多、事定紛紜自唯阿。尽放亀魚還緑浄、肯容蕭葦障前坡。一朝美事誰能継、百尺蒼崖尚可磨。天上列星当亦喜、月明時下浴金波。

偉人の謀議多くを求めず、事紛紜《ふんうん》を定むれば自《おの》ずから唯阿。尽《ことごと》く亀魚を放ち緑浄に還せば、肯《あ》えて蕭葦《しょうい》の前坡を障《さえ》ぎるを容れん。一朝の美事誰か能く継がん、百尺の蒼崖尚《な》お磨く可し。天上の列星当《まさ》に亦《ま》た喜ぶべし。月明の時下に金波を浴《あ》ぶ。

偉人はことを計画しても多くを求めることはない。混乱していたことが定まれば、ほとんど差はないのだ(1)。亀や魚をすっかり解き放して清らかな緑水に還せば、静かに生えるよしが目の前の堤を遮っているぐらいのことは許すとしよう。一朝の美事を誰が受け継ぐことができるだろうか。百尺の蒼崖を磨き刻みこんで、後世に伝えることもできるのだ。天上に列《つら》なる星も喜んでいることだろう。月明かりの中に、時には湖水に降りて来て金色の波を浴びている。

（1）原文「唯阿」は、『老子』に「唯と阿と、相去ること幾何《いくばく》ぞ」とあり、唯《い》と答えても阿《あ》と答えても（唯、阿は、もとは擬音語）、返事としては大差のないことをいう。

周立勲(1)「西湖」詩

平湖初漲緑如天、荒草無情不記年。猶有当時歌舞地、西冷烟雨麗人船。
平湖初めて漲《みなぎ》り緑は天の如く、荒草に情無く年を記さず。猶《な》お当時の歌舞の地有り、西冷の烟《いん》雨《う》麗人の船。

平湖は漲《みなぎ》りはじめて緑の水は天と同じに広がっている。荒れるにまかせた雑草は、心を持たず年月の見分けがつかない。いまもなお昔の歌舞の地の西冷橋には、烟雨の中に美人を乗せた船が行く。

（1）周立勲―松江府華亭県の人、崇禎頃の文人（『校注』）。

夏《か》煒《い》(1)「西湖竹枝」詞

①四面空波捲笑声、湖光今日最分明。舟人莫定遊何処、但望鴛鴦睡処行。
四面の空波笑声を捲き、湖光今日最も分明なり。舟人 何処に遊ぶを定むること莫《なか》れ、但《た》だ望むらくは鴛鴦《えんおう》の睡処に行かんことを。

あたり一面から風波が起こり、笑声が捲き上がる。今日は湖の光がこの上なく明るい。船人よ、どこに遊ぼうかは決めないほうがよい。ただ鴛鴦《おしどり》が眠るところには行きたいものだ。

②平湖竟日只溟濛、不信韶光只此中。笑拾楊花装半臂、恐郎到晩怯春風。

平湖は竟日《きようじつ》只だ溟濛、信ぜず韶光《しようこう》(2)只だ此の中にありとは。笑いて楊花を拾って半臂《はんぴ》を装い、恐るるは郎の晩に到りて春風を怯《おそ》るるを。

平湖はひもすがら雨がそぼ降って薄暗い。華やかな春の光はこの中にしかないとは信じられないことだ。笑ってやなぎの花を拾って臂《ひじ》に掛けて装いながらも、あなたが夜になると春風を怖がる（ことを口実にして遊びに出かけてこない）のではないかと心配している。

③行觴次第到湖湾、不許鶯花半刻閑。眼看誰家金絡馬、日駝春色向孤山。

觴《さかずき》を次第に行いて湖湾に到れば、鶯花《おうか》は半刻の閑を許さず。眼に看るは誰が家の金絡馬か、日駝《にちだ》(3)春色孤山に向かう。

酒を飲み交わしながら湖の湾曲に差しかかるが、鶯と花とは半ときも静かにさせてくれない。目に見える金の手綱を付けた馬はどこの家のだろう、日々に春景色を担って孤山に向かっている。

④春波四合没晴沙、昼在湖船夜在家。怪殺春風帰不断、担頭原自挿梅花。

春波四合して晴沙に没す。昼は湖船に在り夜は家に在り。怪殺す春風の帰り断たざるを、担頭原《もと》自り梅花を挿す。

春の湖水の波は四方から集まり、晴れた砂浜に打ち寄せて消える。昼は湖水に浮かべた船で過ごし、夜は家にいる。とてもおかしなことには春風を見捨てて帰りにくいことだ。荷の担ぎ手はもとから梅の花(4)をかざしている。

(1) 夏煒―浙江桐郷の人。万暦三十五年の進士(『評注』)。
(2)「韶光」は、美しい時の光、常に春光を指す(『大詞典』)。
(3)「日駝」は日ごとに荷物を運ぶ馬のことであろう。ただ、駝には北方で運送に当たる駱駝のイメージが付きまとう。
(4) 原文に「原自り」というところをみると、典故があるとも考えられる。元代の伯顔《バヤン》「梅関を度《わた》る」詩に、「担頭は江南の物を帯びず、只だ挿す梅花一両枝」(『皇元風雅前集』巻一)とあるのは、典故のひとつと見てよいだろう。『校注』は、明初の瞿宗吉《くそうきつ》「看潮詞六首の五」に「怪底香風来不断、担頭挿得木樨花」とあるのに倣ったとする。

欧陽脩(1)「西湖」詩(2)

菡萏香清画舸浮、使君寧復憶揚州。都将二十四橋月、換得西湖十頃秋。
菡萏《かんたん》(3)の香り清く画舸《がか》浮かぶ。使君寧《なん》ぞ復《ま》た揚州を憶《おも》う。都《すべ》て二十四橋の月を将《も》って、換え得たり西湖十頃《けい》の秋。

蓮の花の香りが清らかな中に、彩色の遊覧船が浮かんでいるのが見えるが、ご使者はどうして揚州のことを思い出されたのだろうか。揚州の二十四橋(4)にみる月をすっかり持って来れば、十頃の広さを持つ西湖にみる秋に置き換えることができよう。

（1）欧陽脩（一〇〇七―七二）は北宋代の官僚、文章家。『新唐書』、『新五代史』など多数の著書がある。蘇軾が師事したことから、本書後述にも関連する記事がある。

（2）欧陽脩「西湖」詩―『欧陽文忠公文集』一二（四部叢刊本）に「西湖戯作示同遊者」としてこの詩を載せ、初句「菡萏香清画舸浮」とする。『評注』本、通行本はともに「菡萏香消……」に作る。詩意からみて、消を清に訂正する。なお、『校注』は、この詩にいう西湖は潁《えい》州の西湖であり、張岱は誤ってここに置いたとする。『評注』も同じ。

（3）菡萏―蓮の花のこと。

（4）二十四橋―揚州にあったという二十四橋。

趙子昂《ちょうすごう》(1)「西湖」詩

春陰柳絮不能飛、雨足蒲芽緑更肥。只恐前呵驚白鷺、独騎款段繞湖帰。

春陰に柳絮《りゅうじょ》飛ぶ能わず、雨足りて蒲芽　緑更に肥ゆ。只だ恐るるは前呵《か》の白鷺を驚かすを。独り款段《かんだん》に騎《の》り湖を遶《めぐ》りて帰る。

花曇りの空に柳の綿毛は飛ぶことができず、雨が充分に降って蒲《がま》の芽の緑をさらに肥やしている。先触れの声を揚げれば(2)白鷺を脅かすことを恐れて、ひとり馬に乗ってゆったり(3)と湖を回って帰ってくる。

（1）趙子昂―趙孟頫《もうふ》、字は子昂、南宋末から元初、湖州の人。宋朝の末裔、文人で書画を善くした。

（2）原文「呵」は先導の護衛兵が進む合図の声を挙げればの意。その先触れの叱り声である呵声が白鷺を脅かすのをおそれて、行列を作らずにただ一人騎乗して帰るということ。

（3）原文「款段」は馬が緩慢に進むようす、また馬のこと。

袁宏道(1)「西湖総評」詩

龍井饒甘泉、飛来富石骨。蘇橋十里風、勝果一天月。銭祠無佳処、一片好石碣。孤山旧亭子、涼蔭瀟林樾。一年一桃花、一歳一白発。南高看雲生、北高見日没。楚人無羽毛、能得幾遊越。

龍井に甘泉饒《ゆた》かに、飛来 石骨に富む。蘇橋十里の風、勝果一天の月。銭祠に佳処無く、一片の好石碣あり。孤山の旧亭子、涼蔭 林樾《りんえつ》に瀟《ふか》し。一年一桃花、一歳一白発。南高に雲の生ずるを看《み》、北高に日没を見る。楚人に羽毛無く、能く幾たび越に遊ぶを得ん。

龍井(2)には甘《うま》い泉がゆたかで、飛来峯にはごつごつとした岩が多い。蘇橋(3)には十里の風が吹き、勝果寺には一天の月がかかる。銭氏の祠(4)はとりたてて佳い処ではないが、ただ一片の好ましい石碑がある。孤山の古いあずまやには、清らかな林に涼しい木陰が深く広がっている。(5)一年に一たび（赤い）桃花(6)があり、それと対照的に私には一歳に一たび白髪が発生してくる。南高峯には生まれてくる雲が看え、北高峯には沈む日が見える。遠い楚の人である私には羽はないのだから、この先いくたび越に遊ぶことができるだろうか。

（1）袁宏道（隆慶二年、一五六八―万暦三八年、一六一〇）、字は中郎、号は石公。湖北省公安県の人。万暦二〇年（一五九二）進士。二三年蘇州呉県の県令。二年ほどで退職。蘇州から杭州に遊び、陶望齢（字は周望、号は石簣）と交流。西湖杭州の風景文物を酷愛し、多くの西湖遊覧の詩文を作っている。二歳年下の最愛の弟小修は、後出の「昭慶寺小記」に出るように浄慈寺に寄寓したこともある。宏道は明代公安派文学の代表者であり、一面では仏教を好んで造詣が深く、詩文集のほかに『珊瑚林』（荒木見悟監修・宋明哲学研討会訳注『珊瑚林――中国文人の禅問答集』）、『西方合論』がある。張岱はこの両面にともに好意を持ち、明代文人の中でも多くの詩文を採っている。

（2）龍井、飛来、蘇橋、勝果、銭祠、孤山、南高峯、北高峯は、西湖周辺にある地名、名勝。本書に後出する。

（3）蘇橋―蘇堤にかかる橋、六橋。

（4）銭氏の祠―本書巻四に「銭王祠」がある。銭氏については各処に言及される。一片の好ましい石碑とは、『評注』は巻四の蘇軾作「表忠観碑記」を指すとする。

（5）原文「瀟」は深く清らかなさま。

（6）桃花―ここでは後文に白発とあるのと対句的になって、赤い桃の花を言うのだろう。発と髪は中古音（『広韻』）同音の文字。白発は、白髪が発生するとの意とみる湯谷祐三氏の説に従う。

范景文(1)「西湖」詩

湖辺多少遊観者、半在断橋烟雨間。尽逐春風看歌舞、幾人着眼看青山。

湖辺に多少の遊観者、半ばは断橋烟雨の間に在り。尽《ことごと》く春風に逐《お》われて歌舞を看、幾人かは眼を着けて青山を看る。

湖辺に多くの散策する人びとがあり、その半ばは雨もやの断橋のあたりにいる。みんなはすべて春風に追いかけられながら歌舞を見ているのだが、その幾人かは目を着けて周りの山々を見ている。

(1) 范景文(一五八七—一六四四)、河北省呉橋県の人、工部尚書、東閣大学士に至る。京師が陥落し、明朝が滅んだ後に投身自殺した。

張岱「西湖」詩

①追想西湖始、何縁得此名。恍逢西子面、大服古人評。冶艶山川合、風姿烟雨生。奈何呼不已、一往有深情。

西湖の始めを追想すれば、何に縁《よ》りて此の名を得んや。恍《こう》として西子《せいし》の面《おもて》に逢い、大いに古人の評に服す。冶艶《やえん》の山川合し、風姿は烟雨に生ず。奈何《いかん》と呼びて已《や》まざるは、一往に深情有らん。

想い起こしてみるに、西湖はその始めどこからこの名を得たのだろうか。恍惚としているうちに西施《せいし》の顔に出逢って、大いに古人の批評に承服したことである。(1)美しい山々と湖水とが一体になり、風流な姿がそぼ降る雨の中に浮かんでくる。古人が、なんだろうと叫んでやまなかった(2)のは、そこには、ずっと心に深い思いがあったのだ。

②一望烟光裏、滄茫不可尋。吾郷争道上、此地説湖心。潑墨米顚画、移情伯子琴。南華秋水意、千古有人欽。

烟光の裏《うち》を一望すれば、滄茫として尋ぬる可からず。吾が郷は道上に争い、此の地は湖の心を説く。潑墨《はつぼく》米顚《べいてん》の画、情を移す伯子の琴。南華秋水の意、千古に人の欽《よろこ》ぶ有り。

もやの光の中を見渡しても、はっきりと探し求めることはできないが、わが故郷では道路上の美を言い争い、この地では湖の美を言っている。(3)脱俗の米芾《ふつ》(4)の如くに筆を揮い、伯牙(5)の如く琴に思いを託するのだ。『荘子』の秋水にある自由に泳ぐ魚の心を知るあり方は、千古の昔から人びとに喜ばれている。

③到岸人心去、月来不看湖。漁燈隔水見、堤樹帯烟糢。真意言詞尽、淡妝脂粉無。問誰能領略、此際有髯蘇。

岸に到れば人心去り、月来たれば湖を看ず。漁燈　水を隔てて見え、堤樹　烟糢《いんも》を帯ぶ。真意に言詞尽き、淡妝《たんそう》に脂粉無し。誰か能く領略するやと問えば、此の際に髯蘇《ぜんそ》有り。

湖岸に到りつくと俗な人の心は去ってしまい、月が昇ると湖面は見えなくなっている。ただ漁火だけが湖水のかなたに見え、堤の上の木々は霞を帯びて見えている。この中にある真意(6)は、それを言うことばは尽きてしまって言い表せない。西施の薄化粧(7)には、飾り立てる紅やおしろいはないのだ。誰がこのことをわかっているかと問うならば、そこにはおひげの蘇東坡(8)がいる。

(1) 原文「西子」は西施のこと。古人の評とは、蘇軾の「飲湖上初晴後雨」詩に、西湖を西子になぞらえていることを指す（『校注』）。
(2) 「古人が……」――『世説新語』任誕篇にいう、「桓子野、清歌を聞く毎《ごと》に輒《すなわ》ち奈何《いかん》と喚ぶ。謝公之を聞きて曰く、子野一往に深情有りと謂《い》う可しと」の話を踏まえる（『校注』）。ここでは、五言律詩の尾聯二句一〇字中に、「奈何、……一往有深情」の七字を用い、もっぱら典故によって一詩を締めくくっているところに張岱の詩作技巧をみることができる。
(3) 「山陰の道上に従いて行けば、山川自ずから相い映発して、人をして応接に暇《いとま》なからしむ」（『世説新語』「言語」）とあり、張岱の故郷、山陰の陸行の美が言われる。これに基づいた表現（『校注』）。
(4) 原文「米顛」は、北宋の画家、米芾の異称。自由奔放であったことから「顛」と呼ばれる。
(5) 伯牙は、春秋時代の琴の名手。よき理解者である鍾子期の死後は、弦を断って演奏しなかったという。原文「移情」は情を移して意を忘れる、煩悶から離れること。
(6) 「真意」云々は、陶潜の飲酒詩にいう「この中に真意有り、辨ぜんと欲して已に言を忘る（此中有真意、欲辨已忘言)」を踏まえた詩句。

(7) 原文「淡妝」云々は、西施は脂粉をつけなくても、そのままで美しいということ。『淮南子《えなんじ》』俶務訓などを踏まえた表現。

(8) 原文「鬑蘇」は、蘇軾はひげが豊かで濃いことで有名。なお、③詩の「糢」は模糊、糢糊、ぼんやりとしているとの意。『校注』は模に作る。

また「西湖十景」詩

①一峯一高人、両人相与語。此地有西湖、勾留不肯去。(両峯挿雲)

一峯は一高人、両人相い与《とも》に語る。此の地に西湖有り、勾留されて去るを肯《がえん》ぜず。

一つの峯は一人の背の高い高尚な人(1)、ふたりが向き合って語り合っている。この地には西湖があり、引きとめられて立ち去ろうとはしないかのようだ。

②湖気冷如氷、月光淡于雪。肯棄与三潭、杭人不看月。(三潭印月)

湖気冷たきこと氷《こおり》の如く、月光は雪よりも淡し。肯《あ》えて棄てて三潭(2)に与え、杭人は月を看ず。

湖の空気は氷のように冷たく、月の光は雪よりも淡い。その趣きをあえて棄て去って三潭に与えてしまい、杭州の人たちは月を見ようとはしないのだ。

③高柳蔭長堤、疏疏漏残月。蹩躠歩鬆沙、恍疑是踏雪。（断橋残雪）
高柳　長堤に蔭《かげ》おき、疏疏として残月を漏らす。蹩躠《べっへき》(3)として鬆沙《しょうさ》を歩めば、恍《こう》として是れ雪を踏むかと疑う。

背の高い柳の木が長い堤防につくった木蔭から、まばらに残月の光が漏れ出ている。気をつけて湖岸の松原を歩めば、まるで雪を踏んでいるのかしらと思われる。

④夜気滃南屏、軽嵐薄如紙。鐘声出上方、夜渡空江水。（南屏晩鐘）
夜気は南屏《なんぺい》より滃《わ》き(4)、軽嵐は薄きこと紙の如し。鐘声上方に出で、夜　空江の水を渡る。

夜気が南屏から湧きおこり、山から吹く風は紙のように薄い。鐘の声が上から聞こえ、ひろびろとして何もない夜の江水を渉って行く。

⑤烟柳幕桃花、紅玉沈秋水。文弱不勝衣、西施剛睡起。（蘇堤春暁）
烟柳桃花に幕し、紅玉秋水に沈む。文弱　衣に勝《た》えず、西施　剛《いま》(5)に睡起す。

かすむ柳は桃花を隠し、紅の玉の実は秋のように清らかな水に沈んでいる。柔弱なわが身は衣の重さに堪えきれないのだが、西施はいまようやく眠りから覚めたようだ。

⑥頬上帯微酡、解頤開笑口。何物酔荷花、暖風原似酒。（曲院荷風）

頬上に微酡《びた》(6)を帯び、頤《い》を解きて笑口を開く。何物ぞ荷花を酔わせるは、暖風　原《もと》　酒に似たり。

頬にはうっすらとほろ酔いの紅が差し、頤《あご》をゆるめ口を開いて笑う。いったい何が蓮の花を酔わせたのだろうか、暖かに吹く風がもともと酒に似ているのだ。

⑦深柳叫黄鸝、清音入空翠。若果有詩腸、不応比鼓吹。(柳浪聞鶯)

深柳に黄鸝《おうり》叫び、清音　空翠に入る。若《も》し果たして詩腸有れば、応《まさ》に鼓吹に比べざるべし。

緑深い柳に黄色い鶯《うぐいす》が鳴き、清らかな鳴き声は空に昇って行く。もしも詩人にふさわしい心があるならば、きっと人工の鼓や笛の音には比べられないだろう。

⑧残塔臨湖岸、頽然一酔翁。奇情在瓦礫、何必藉人口。(雷峯夕照)

残塔　湖岸に臨み、頽然《たいぜん》たる一酔翁あり。奇情は瓦礫《がれき》に在り、何ぞ必ずしも人の口を藉《か》らん。

崩れ残った塔が湖岸に臨んでいるところ(7)、酔翁がひとりぐったりとしている。すぐれた心は瓦礫の中にもあるのだ。どうして人の手を借りて工作する必要があろうか。

⑨秋空見皓月、冷気入林皐。静聴孤飛雁、声軽天政高。(平湖秋月)

秋空に皓月《こうげつ》を見、冷気林皐《りんこう》に入る。静かに孤《ひと》つ飛ぶ雁を聴けば、声軽くして天政《まさ》に高し。

秋空に明るい月が現れ、冷気は丘の林に入って行く。静かにただひとつ飛ぶ雁の音に聞き入ると、まさにいま天高く軽やかな声である。

⑩深恨放生池、無端造魚獄。今来花港中、肯受人拘束。（花港観魚）

深く恨む放生池の、端無くして魚獄を造るを。[8] 今、花港中に来りて、肯《あ》えて人の拘束を受く。

心深くに残念に思うのは、魚を育てる放生池が理由もなく魚の牢獄となっていることだ。いまも花港の中にやって来て、あえて人びとから拘束を受けている。

（1）原文「高人」は、擬人法で背の高い山と高尚な隠者を掛けた語。西湖を高士湖と呼んだ詩人もいる。なお、各詩の末尾にある「両峯挿雲」などは西湖十景の名称。
（2）三潭は、西湖にあるという深くて測ることのできない淵。
（3）蹩躠―『荘子』「馬蹄」の成玄英疏に、「蹩躠は力を用いる貌」とある。ここでは「疏疏」に対する対照的なことばとして用いたのであろう。
（4）滃は、雲気の騰湧する貌（『大詞典』）。
（5）剛は、現代中国語の剛才、いまちょうどの意。
（6）酡は、酒を飲んで顔が赤いようす（『大詞典』）。
（7）臨は、『評注』本、通行本に「臨」。『校注』に「帰」に作るのは誤り。
（8）張岱は、魚が狭いところに押し込められて傷ついているさまに同情して、巻三「放生池」でも述べている。

余説　「西湖の題詠、古今に見ゆる者、之を裒《あつむ》れば無慮千首」（『遊覧志余』一三）といわれる。張岱もまた西湖詩を作り、踏襲を避けて新しい詩境を出そうとしている。

柳耆卿《りゅうきけい》(1)「海潮を望む」詞

東南景勝、三呉都会、銭塘自古繁華。烟柳画橋、風簾翠幕、参差十万人家。雲樹繞堤沙、怒濤捲霜雪、天塹無涯。市列珠璣、戸盈羅綺、競豪奢。重湖畳巘清佳、有三秋桂子、十里荷花。羌笛弄晴、菱歌泛夜、嬉嬉釣叟蓮娃。千騎擁高牙、乗時聴簫鼓、吟賞烟霞。異日図将好景、鳳池誇。（金主閲此詞　慕西湖勝景　遂起投鞭渡江之思。）

東南の景勝、三呉の都会、銭塘古自《よ》り繁華なり。烟柳　画橋、風簾　翠幕、参差す十万の人家。雲樹は堤沙を繞《めぐ》り、怒濤は霜雪を捲《ま》き、天塹　涯無し。市に珠璣列し、戸に羅綺盈《み》ち、豪奢を競う。重湖畳巘《じょうけん》の清佳。三秋の桂子、十里の荷花有り。羌笛《きょうてき》晴に弄し、菱歌《りょうか》夜に泛《うか》び、嬉嬉たり釣叟蓮娃《ちょうそうれんあい》。千騎高牙を擁し、乗時に簫鼓《しょうこ》を聴き、烟霞を吟賞す。異日に図《えが》くに好景を将《もっ》てし、鳳池に誇らん。（金主はこの詞を閲し、西湖の勝景を慕い、遂に鞭を投じて江を渡らんとの思いを起こす。）

東南の景勝、三呉（江南地域）の都会、銭塘は古えから繁華のところ。かすむ柳、彩色を施した橋、風に揺らぐ簾《すだれ》、緑の幔幕、入り混じる十万人の家。雲突く樹木は堤防の砂浜を巡り、怒濤は霜や雪を捲き上げ、水濠は果てしなく続く。店には美しい宝物がならび軒を並べて、薄絹をまとった美女があふれ、豪奢を競い合っている。重なる湖、連なる山々は清佳で、三秋《あき》の桂の花、十里に渉る荷《はす》の花がある。羌族の笛が晴天に響き、菱《ひし》採り歌が夜の湖中に浮かび、嬉々とした釣人や蓮採りの女性がいる。千騎の騎馬兵は高く牙《ほこ》をかまえ、馬に乗って簫や鼓を聞いてはかすみを賞味して口ずさむ。いつの日かこの好景を画に書いて、宮中の名園、鳳池に誇りたいと思っている。（原注。金のあるじはこの詞を閲覧して西湖の勝景を慕い、そこで兵を発して長江を渡ろうとする思いを起こした。(2)）

（1）柳耆卿―柳永、字は耆卿、北宋の著名な詞人。

（2）金のあるじはこの詞……―もと羅大経『鶴林玉露』巻一に記載された、よく知られた話。末句の「鳳池誇」の前に「帰去」二字がある。この話は、宋末元初の劉一清『銭塘遺事』巻一「十里荷花」にも載る。この書について『四庫提要』は、南宋一代の実紀だとして、『鶴林玉露』から採りながらその書名を著さない例をあげるが、その一例は上記の記事である。劉一清が自覚しながら転載したのであれば、著書の通弊の一例である。ただ、有用な記事もあるから後にも参照する。なお、この文は『遊覧志余』「雅致」にも載る。張岱は、そのいずれかに依っているのであろう。

余説　張岱はここで金主云々の話までもなぜ載せたのだろうか。原載の話だから、何も疑問は起きないかもしれない。しかし、詞人のいわば杭州西湖への賛歌が金の侵攻意図の誘因になったとは、考えにくい点がある。よく知られたこの話は、旧来もその誘因になったとは信じられていないようである。作者の羅大経はこの話に続けて、問題は、南宋の士大夫が「歌舞嬉遊の楽しみ」にふけり、

「ついに（宋の本拠地である北方領土の）中原を忘れた」ことにあるとして、この点こそが「深く恨むべきだ」といっている。旧来もこの点をあわせて話題にされている。史学について深い見識をもつ張岱がそれを知らないはずはない。むしろこの点を含めて記述するのが張岱の本来の意図であったと筆者は考える。よく知られた話の前半を書いて、後半を暗示する手法、いわば歇後語《けつこうご》のような文章技法は中国人の好むところである。

ではなぜ文章上に書き表さなかったか。ここには本書が著述された時点を考慮する必要がある。張岱は清初期に著述している。中国人は自国を文明国として誇り、四方の民族を蛮夷などと言って蔑視する。清初には民族意識からする江南の抵抗運動もあって、中国人から見て少数民族の夷狄ということになる清朝は、こうした面での差別意識、差別用語を徹底して弾圧したことはよく知られる。用語については、清朝に留まらず、元・金などの異民族支配時代の文献にも及んでいる。

明末清初を生きた張岱は、この事態に敏感であったことはいうまでもない。史学に詳しい張岱が単にゴシップ記事を書き加えたのではなく、隠された真意があったとみるのは、あながちに深読みとばかりは言えないだろう。広く言って、専制政治権力の強大な中国では、体制批判、政治批判はただちに身の危険に及ぶ。その中での処世の一方法として文筆に思いを込めることがある。文筆に隠された中に思想を読み、著者の姿勢を汲み取ることは、後世の読者に託されているのである。

兪国宝(1)「風入松」詞

一春常費買花銭、日日酔湖辺。玉驄慣識西湖路、驕嘶過、沽酒楼前。紅杏香中簫鼓、緑楊影裏鞦韆。暖風十里麗人天、花圧鬢雲偏。画船載得春帰去、余情付、湖水湖烟。明日重扶残酔、来尋陌上花鈿。

一春には常に買花の銭を費《ついや》し、日日に湖辺に酔う。玉驄《ぎょくそう》は西湖の路を慣れ識り、驕嘶《きょうせい》して過ぐ、沽酒の楼前。紅杏香《こうきょう》中の簫鼓、緑楊の影裏の鞦韆《しゅうせん》。暖風十里　人天に麗《かか》り、花は圧して鬢雲偏《びんうんかたむ》く。画船春を載せ得て帰去し、余情付せり、湖水湖烟。明日重ねて残酔を扶《たす》け、来たりて陌上《はくじょう》に花鈿《かでん》を尋ねん。

春にはいつも花を買う銭を費して、日々に湖辺に酔っている。玉驄《うつくしいあお》は西湖の路をよく知り馴れていて、声高く嘶《いなな》きながら酒楼の前を通り過ぎて行く。紅いあんずの香りが漂っている中に響く笛や太鼓、緑の楊柳の葉蔭にみえる鞦韆《ぶらんこ》。暖かな風は十里に渉って人間界天上界に吹きゆき、花に圧《お》されて高い丸髷は傾く。彩られた画舫《がぼう》船が春を載せて帰って行くと、霞む湖水に名残りは漂う。明日にはまた重ねて酔いざめの身を労わりながら、小路のあたりに花のかんざしを尋ねに来よう。

（1）所拠本は「于国宝」とする。「兪」の簡体字は于、二字は同音。日本では別字と見なすことがあるから、ここでは「兪」字を用いておく。周密『武林旧事』三「西湖遊幸」に、帝は西湖に遊んで断橋辺の酒肆に入り、兪国宝の書いた屏風の書に、上掲の詞の末尾、「明日は再び残酒を掲げ、来たりて陌上の花鈿を尋ねん（明日再掲残酒、来尋陌上花鈿）」とある句を見て、貧乏文人の臭みが抜けていないと笑い、前句を「明日重扶残酔」に改定したという。「残り酒」を改めたのである。『評注』

はこの故事を引用しているが、ただ高宗の故事としているのは正確でなく、「淳熙」とあることから見て、平和が訪れた、次の孝宗代の話にふさわしい。

西湖北路

玉蓮亭

白楽天が杭州を守ると、行政は公平で、訴訟は簡明に治まった。貧民の法律を犯す者がいれば、西湖に幾株かの樹木を植えさせ、富民の罪を弁償しようとする者がいれば、西湖に葑田《ほうでん》(1)数畝《ほ》を開拓させた。長年に官職を歴任したので、西湖の葑田はすっかり開拓され、樹木は木陰をつくった。楽天はいつもこの地において遊妓を肩輿《こし》に載せて山々を観望し、花を訪ね柳を愛《め》でた。居民は肖像を設けて祭ったが、そのあずまやは湖岸に臨んでいて、周囲には多くの青蓮が植えられ、公の潔白を象徴している。

右折して北にいくと纜舟亭《らんしゅうてい》があり、楼船(2)がびっしりと集まり、高い柳が長堤に続いている。遊覧者はここに来て画舫船を雇って湖に入るが、その喧噪なことは市場のようだ。東に行くと玉鳧園《ぎょくふえん》があるが、湖水の一隅にあって街並みからは遠く離れているので、船などはめったに来ない。西湖に仮住まいする人が人込みを避けようとすれば、この地ほど良いところはない。庭園の中には楼屋があり、窓辺によって南を望見すれば、砂浜の水打ち際は明るく澄み渡り、いつも水浴びの鳧《かも》が数百羽波間に出没するのが見える。この景色にはこの上ない深い趣きがある。

（1）葑田─西湖は現在では平均水深一・五五メートル（杭州市園林文物管理局編・施奠東主編『西湖志』、上海古籍出版社、一九九五年）であり、湖岸などは泥砂が流入して浅くなるから浚渫する必要がある。白楽天の白堤、蘇東坡の蘇堤は、ひとつには土泥を浚渫して積み重ねるという意味を持っている（巻三「蘇公堤」を参照）。浮草などの上に泥砂を積んで耕地にすることも行われ、これを葑田と称する。

（2）西湖には、古くから多くの遊覧船が浮かんでいた。遊覧船は、西湖の水が浅いことから、時代が降ると龍骨を持たない平底船を用いることが多くなり、甲板上に二層三層の楼屋をもった楼船、また船首などに装飾を施し、船体を彩色した画舫船が遊覧に供された。船は大小さまざまで、数人が乗る舟、妓女や伎楽人を送迎し食事料理を運搬する舟、多数の小さな漁船などもあった。すでに南宋代には、大きな船には百人を載せることができたという（『夢粱録』一二）。

白居易「玉蓮亭」詩

①湖上に春来たれば画図に似て、乱峯は囲繞《いにょう》し水は平鋪《へいほ》なり。松は山の面に排《なら》び千層翠に、月は波心を照らし一点の珠あり。碧毯《へきたん》緑頭、早麦を抽《ひ》き、青羅裙帯《くんたい》、新蒲を展《の》ぶ。未だ杭州を抛得して去《ゆ》く能わず。一半の勾留は是れ此の湖なり。

湖上に春が来ると絵画に似て、乱れ繁る峯々が囲み水は平らかに広がる。松は山の面に立ち並んで翠が積み重なり、月は波の中を照らして一点の玉を作る。青緑のじゅうたんから早生の麦が伸び、新しい蒲は青い裳裾《もすそ》や帯のように広がっている。杭州を投げ出して立ち去ることができない一半の理由は、この湖に引きとめられるからだ。

②孤山寺の北、謝亭の西、水面初めて平らかに雲脚低し。幾処の早鶯暖谷を争い、誰が家の燕子か新泥を啄《ついば》む。乱花漸く人の眼を迷わさんと欲し、浅草猶《な》お能く馬蹄を没す。最も湖東を愛するも行くに足らず、緑楊の深裏　白沙の堤。

孤山寺の北、謝亭の西は、湖水の面はもとから平らかで雲は低く垂れている。早くもどこかでは鶯は暖かい谷間に争って鳴き、新しく来たどこの家の燕だろうか泥を啄んで飛ぶ。ようやく咲き乱れだした花は人の目を迷わしていて、まだ背丈の低い草でも馬蹄の跡を埋め隠すには充分だ。湖東がもっとも好きなのだがいまは行くまでもなく、緑の楊柳の深いところ、白沙の堤にいる。

昭慶寺(1)

昭慶寺は獅子峯の屯霞《とんか》石から発した地脈の上にある。土地の吉凶を占う堪輿家《とちうらない》はこれを火龍といっている。

石晋元年（後晋の天福元年、九三六）に開創されたが、銭氏の乾徳五年（九六七）に毀《こわ》され、宋の太平興国元年（九七六）に重建して、受戒を授ける戒壇を建立した。天禧年間（一〇一七―二一）の初めに昭慶と改名したが、この歳にまた火災に遭った。明の洪武年間（太祖洪武帝、一三六八―九八）から成化年間（一四六五―八七）に至るまでに、修復して火災に遭うことが二度あった。（成化）四年には勅令によって再建されることになり、按察使の楊継宗が監修したところ、湖州の裕福な民は募金に応じて万金を持参してきて、殿堂から居室までこの上なく壮麗になった。

嘉靖三十四年（一五五五）には倭寇があって、占拠されて賊の巣となることを恐れ、急いで火をかけた。ことが治まってふたたび建造されたが、堪輿《かんよ》家の説を用いることになって、民屋を取り除いて寺門に水を見せ、火災を抑えた(3)。

隆慶三年（一五六九）にまた焼失した。万暦十七年（一五八九）には宦官職である司礼監太監の孫隆は、織物製造を監督する任務にあって、この寺の建設に助力し、幢幡《どうばん》を懸け、祭器の鼎《かなえ》を並べ、その盛観は空前絶後であった。そして、参道の両側には家屋が櫛の歯のように立ち並んでいて、みな市場の銘産店であった。「奇貨《きか》居《お》く可し（珍奇な品物、これは高く売れるぞ）(4)」。

春には香市(5)があって、南海・天竺・山東(6)からの、香を寄進して参詣する香客や、近辺の郷村の婦女児童が、行ったり来たりして商《あきな》いをやっていて、人声はけたたましく入り混じり、舌は破れ耳は聞こえないほどで、夏になるとやっとやむ。崇禎十三年（一六四〇）にまた火が出て、火焔は天を覆い、湖水が赤くなった。清の始めに至り、さらに華やかさを増し、(7) 戒壇は厳粛さを増して、前代に比べてさらに荘厳になった。

一説に寺を建てたときには、（呉越国の創始者）銭武粛王（銭鏐《りゅう》は五代後唐の長興三年、九三二に武粛と諡《おくりな》された）の八十の大寿であって、寺の僧侶である円浄は僧徒の故老の天香・勝蓮・勝林・慈受・慈雲などと盟約して蓮社を結成し、誦経し放生して、(8) 王のために長寿を祝禱した。毎月一日には壇上に登って説戒し、住民は香を供え仏を礼拝して王の功労を昭《あき》らかにしようとしたことから、昭慶と名づけたのである。いまでは、古徳たちの号を房屋の名称にしている。

（1）　昭慶寺―『遊覧志』八には、昭慶律寺として、「（後）晋の天福の間に呉越王が建て、宋の乾徳二年（九六四）に重修した。太平興国三年（九七八）には戒壇を寺中に建てた」とある。天福三年に建てられた（『十国春秋』）ともいう。乾徳は宋朝の年号だから、それによれば本文に銭氏の乾徳五年と言うのは正確ではない。ただ唐末から宋初にかけての五代の時期に、銭氏は杭州を本拠とする呉越国を作っていたが、宋の建国に伴ってひたすら従順の態度を取ったことは、後出の「保俶塔」などに詳しい。張岱は、戦国時代の五代に杭州地域に安定をもたらし、仏教の保護、寺院の建設に努めた銭氏には好意的であり、ゆかりの記事が散見する。

火災の記事は本書に多く載っている。『遊覧志余』二五に、「杭城に火が多いのはすでに宋時からそうである」として、その原因を、一、民居の密集、二、竈の煙突が連綿していること、板壁が多く煉瓦壁が少ないこと、三、仏の崇奉が盛んで、徹夜で灯火を焚き、幡幢がはためいていること、四、夜飲を禁止せず、童婢が倦んで灯燭の燃え滓を抛っておくこと、五、婦女が怠けて火元の点検をしないこととして、大火の実例を多く挙げている。

（2）原文「廉訪」。地方の行政を監察し管理する職。楊継宗は明・憲宗の成化年間ごろ、浙江按察使に任官した。廉訪使という官職名は明代には用いないが、宋元代に置かれた官職の廉訪使を、按察使の美称として用いている。

（3）堪輿家は土地の吉凶を占う術者、風水師ともいう。とくに明代の中国南方では強い影響力を持っていた。ここで、「水を見せ、火災を抑えた」ということからは、中国の寺院の前庭などに池が置かれることのひとつの理由がわかる。

（4）戦国時代末期のこと、商人であった呂不韋《りょふい》が、若い微賤な秦の始皇帝を見つけ出して言ったことば。ここでは、古典のことばをそのまま持ち込むことによって、軽いおかしみを持たせている。

（5）香市、香客―寺院に参詣して香燭を供えることを進香といい、参詣者を香客という。明代にはとくに盛んで、西湖周辺の寺院などに各地から集団で参詣した。その香客や買い物客を見込んで寺院の堂閣周辺から参道一帯に多くの店舗を設けて商売が営まれた。これを香市と称する。参詣して遊覧することからいって遊覧船ともかかわりが深い。時代によって各寺院の香市香客には盛衰があり、明代には昭慶寺は盛況をみた寺院のひとつであった。明代には阿弥陀仏などの名号を唱え、拝礼を繰り返し、五体投地の礼をしながら参詣することも多く見られた。張岱は、礼教の聖地とも言ってよい泰山に行ったときにも、このような進香の人びとを見ている（『瑯嬛文集』二「岱志」）。

（6）南海は、広東広州に南海県があり、福建を含めて東南地方をいうことがある。また南海は、杭州湾の東南にある舟山列島付近をいうことがあり、巻二「上天竺」には南海の潮音寺とあるが、いまは限定しない、山東は山東半島あたりをいうのだろう。天竺は、旧くは中国のはるか西南に五天竺があり、インドは南天竺に属するという言い方がある。張岱の見方はよくわからないが、ここの南海天竺とは、中国から遠い東南地域を広くいう語であろう。

（7）『文選《もんぜん》』序の「其の事に踵《きびす》して華を増す（踵其事而増華）」にもとづく語。のちには前事を継承してさらに発展させる意に用いられる。

（8）放生は、魚類などを殺生せずに放流することは功徳になると言われ、当時には盛んに行われた。張岱は魚が狭いところに押し込められて傷ついているさまに同情して、巻三「放生池」でも述べている。

袁宏道「昭慶寺小記」

銭塘門から西に行き、宝俶塔が地層の重なっている崖から突き出しているのを望見すると、もうすでに心は西湖の上に飛んでいくのである。昼時に昭慶寺に入り、茶を喫しおえると、すぐに小舟に棹さして湖に入る。山の色は美人の眉のようで、花の光は頬の色に似ている。暖かい風は酒のようで、湖に風がおこす波紋は綾絹に似ている。少しだけ頭を持ち上げてみると、知らないうちにもうすでに目も心もすっかり酔いしれている。このときになって、ひとことと口に出そうと思っても出てこない。おおまかに言えば、東阿王(1)がはじめて洛神に遇ったときのようだ。私が西湖に遊んだのはこの時が初めてで、万暦二十五年丁酉（一五九七）二月十四日であった。晩には子公[2]とともに浄慈寺に渡り、弟の阿賓（小修）[3]が以前に住んだ僧坊を探し求め、六橋・岳王墳・石径塘からの道をとって帰ってきた。翌日の朝には陶石簣《せきき》（望齢）[4]から文書が届き、十九日には陶石簣兄弟が学仏の人王静虚[5]とともに来て、湖山の好友が一時にみな集まった。

（1）東阿王―三国魏の王子で詩人の曹植のこと。「洛神賦」を作り洛水の女神、宓妃《ふくひ》を詠っている。

（2）子公―方文僎《ぶんせん》、字は子公、新安（歙《しょう》県）の人、袁宏道が呉県の県令となった時に文書事務を司り、出遊に際して常に随従した（『評注』）。

（3）阿賓―袁宏道の作品を集成した『袁宏道集箋校』によると、袁宏道著述の諸本には、呉郡袁叔度書種堂本、袁中道（小修）編『袁中郎先生全集』がある。この簡称して呉郡本と小修本には、この二字を「小修」に作っている。宏道の弟小修は、かつて浄慈寺の僧坊である蓮公房に蔣蘭居なる人とともに寓居して、禅を譚じた（『箋校』四六五頁）という。なお、清朝になって、浄慈寺は乾隆帝の勅命によって重建され、帝は乾隆十六年に南遊した際に、ここに行幸している（許承祖『西湖漁唱』二）。

（4）陶石簣―陶望齢（一五六二―一六〇六）、号は石簣、紹興の人、晩明の高名な詩人。弟の陶奭齢《せきれい》（号は石梁）とともに袁宏道と親交があった。本書に後出する。

（5）王静虚―王贊化、字は静虚、山陰の人（『校注』）。

張岱「西湖香市記」(1)

西湖の香市は、花朝節（旧暦二月十五日）に始まり、端午節（五月五日）に終わる。山東から普陀山に進香（参詣）する人が日ごとに来る、嘉興・湖州から天竺山に進香する人が日ごとに来る。来れば西湖の人びとと市《あきな》う。だから香市というのだ。

しかし、進香の人は三天竺に市い、岳王墳に市い、湖心亭に市い、飛来峯に市い、至るところで市うのだが、とくに昭慶寺にむらがり集まるから、昭慶寺の両側の回廊は市いが行われない日などはないのだ。夏殷周の三代、漢魏六朝の八朝の骨董、南蛮・東夷、南の閩《びん》・北の貊《ばく》(2)の珍異なものがみなここに集まる。

香市に行くと、仏殿の中央付近の通路の上下、池の左右、山門の内外に、家屋があれば店を張り出し、家屋がなければ小屋掛けをし、小屋の外にまた張り出しをする。張り出しの外にまた店を掛ける。一か所ずつ、少しずつ。およそ釵霜《えんしよう》(3)、かんざし耳飾り、骨製の物指し、はさみ小刀から経典、木魚、子どものおもちゃ(4)に至るまで、集まらないものはない。この時は暖かい春で、桃と柳は明るく美しく、すみきった音楽の音が聞こえ、湖岸に客のいない船はなく、旅館に居残りの客はなく、店に売れ残りの酒はない。

袁石公（宏道）がいうところの「山の景色は美人の眉のよう、花の色香は頰のよう、暖風は酒のよう、湖の波紋は綾のよう」とは、もうすでに西湖の三月を描き出しているが、ここに進香の客人が入り混じってくると光景はまた別である。上流の人の娘は奥ゆかしいが、農村山野から来る婦女の装い(5)にはかなわない。優雅な古くゆかしい香りは、香菜でできた合わせ香をいぶした香り(6)にはかなわない。糸竹管弦は、あの鼓を揺らせ吹奏するにぎやかな演奏(7)にはかなわない。鼎《てい》や彝《い》の不思議な光り輝きは、泥人形や竹馬を動かす人の心にはかなわない。宋元の名画は、あの湖の景色や仏寺仏像を描いた絵画の高い値段にはかなわない。逃げたり追ったり、走ったり追いかけたり、殴りつかみ合って離れない、引っ張り合ってやめない。幾百十万の男また男、女また女、年よりまた年より、若者また若者、毎日寺の前後左右に群がり集まっている者たち、おおよそ四か月でようやくやめになる。おそらく長江以東ではこのような土地は断じて二つとないのだ。

崇禎十三年庚辰（一六四〇）に昭慶寺から火がでた。この歳および辛巳（一六四一）壬午（一六四二）の年は連年の飢饉があり、住民の大半は餓死した。壬午（一六四二）には、山東との道はふさがり、進香客は途絶えて、やって来る人はいなくなり、市場はついに廃れてしまった。辛巳（一六四一）の夏、私は西湖にいて見てみると、ただ城中から飢え死の死体を担ぎ出し、担ぎ動かす者が連なっていた。

ときに杭州の太守劉夢謙は汴梁《べんりょう》（河南省開封《かいほう》の古称）の人であり、郷里から富裕な人を抜き出(8)して西湖に滞在させ、民の訴状（民詞）によって日ごとに食糧を贈った。軽薄な男が古詩を改めて悪口を言うには、「山は青山ならず楼は楼ならず、西湖の歌舞一時にやむ。暖風吹き得たり死人の臭い、かえって杭州をもって汴州に送る」と。これは西湖の実録とみることができる。

（1）『陶庵夢憶』七に同文がある。以下、この書に同文があるときは、松枝茂夫訳『陶庵夢憶』（平凡社「中国古典文学大系」、のち岩波文庫）によったところがある。
（2）閩は福建、貊はツングース族ともいうが、蛮夷は日本朝鮮を含めた外国をいい、閩は福建など南方の地域、貊は北方の辺境の地を指すとみてよいだろう。国の内外からの異域の名産品が商われているというのである。ここで言われている商品の産地がどこから来たかは明確ではないとしても、杭州西湖の市場は海外の東方や南北の地域、諸外国にも開かれていたとみることができる。各地の骨董なども売られていたことの一例。張岱は、昭慶寺の香市の商品であろう、霊璧山（安徽省）の硯を三十両出して買ったことがあった。もっとも、この硯は莫大な財産を湯水のように蕩尽していた張氏一族の燕客によって、粉々にされてしまったという。松枝茂夫訳『陶庵夢憶』付録「五異人伝」を参照。
（3）䅧霜―一種紅色の化粧品（『大字典』）。松枝訳に胭脂《べに》とする。
（4）子ども―原文は伢《が》。子ども、児童の意（『大字典』）。
（5）原文「喬画」、『水滸伝』などに用例がある。化粧、装うの意。
（6）原文「芫荽《げんすい》」は香菜ともいい、香料に用いる（『大詞典』）。民間で作られ、進香の時に薫蒸される香料をいうのであろう。
（7）原文「聒張《かっちょう》」、やかましく大きな音。
（8）古詩とは、松枝茂夫によれば、南宋の詩人林升《りんしょう》の「臨安の邸に題す」に「山外の青山　楼外の楼、西湖の歌舞　幾時か休《や》まん。暖風薫り得て遊人酔い、直ちに杭州を把《も》って汴州《べんしゅう》と作《な》す」とあるのを指す。末句は、北宋末の徽宗と子の欽宗は金軍に拉致されたが、欽宗の弟康王は首都汴京の官民とともに杭州に逃れて新都を建てた。南宋の高宗である。南宋の人にとっては汴京への郷愁の思いはついに消えやらぬとの意。これは杭州西湖の風景と繁栄ぶりをたたえて、かつ汴京の昔を偲んだ詩とのこと。

余説　これほどに香市を活写した文章は稀だろう。ここでは多数の人が群がる香市の盛況に庶民のエネルギーをみていて、庶民的な女性、商店の物品にも価値を見出している。もっともこれは張岱の一面であって、音楽や書画骨董にしても、彼の審美眼は奥の深いところがある。

哇哇《わわ》石

哇哇石は棋盤山(1)の山辺にある。昭慶寺の後ろには深くて測り知れない石池があり、けわしい壁が空に横たわっていて、面積は三、四畝(2)であり、何もない谷間は声で呼びかけると声で答えて、子どもの啼き声に似ている。上には碁盤石があり、山頂に聳え立ち、その下は烈士祠で、朱蹕《しゅひつ》・金勝・祝威の諸人のためのものであり、みな宋のときに金人との戦難に死んだ人たちで、その生前に民衆を護衛する功があったことから、いまに至るまで祀られている。

(1)　棋盤山は風篁嶺の北、海抜二四三メートル（『西湖志』四）。

(2)　中国の度量衡は時代による変遷がある。面積の単位である一頃は一〇〇畝、一畝は二四〇歩、一歩は五尺。一尺は、明代では、三一・一センチ。

屠隆《とりゅう》(1)「哇哇宕《わわとう》」詩

昭慶の荘厳は尽《ことごと》く仏図、如何ぞ空谷に呱呱《ここ》有るや。千児は乳墜して賢劫を成し、五覚声聞《しょうもん》は給《きっ》孤《こ》に報ず。流出せる桃花　古宕に縁《よ》り、飛来せる怪石冰壺《ひょうこ》に入る。身を巌下に隠して消息を伝え、任爾に崖に臨んで地を動《どよも》して叫ぶ。

昭慶寺の荘厳なたたずまいはみな仏の居るところ(2)であるのに、どうして空谷に呱呱《ここ》の声がするのか。千もの多くの児が生まれ墜ちて賢劫を形成し、五人の覚者や仏弟子たちは祇《ぎ》樹給孤《じゅきっこ》独《どく》園《おん》に居ます釈迦牟尼の恩顧に報じた。流れ出た桃の花は古い洞屋に寄り添い、飛来した怪石は冰の壺に入る。身を巌石の下に隠して消息を伝え、岸に臨んでほしいままに大地を揺り動かして叫ぶのだ。

（1）屠隆（一五四二―一六〇五）、浙東の寧波府鄞《ぎん》県の人、万暦五年の進士。知県、礼部主事などを歴任。致仕ののち、売文によって生計を立てたともいう。詩人、劇作家としても知られ多数の著書がある。中年に道教の女性道士、王曇陽に傾倒し、晩年には仏教に帰依した。仏教に関しては『仏法金湯編』がある。巻五「雲栖」の注を参照。

（2）原文「仏図」は、仏の版図、仏土の意。「乳墜」は、鳥獣などの産卵産子をいう。古典にも用例がある。五覚声聞は、五覚は釈迦が悟りを開いた後に、最初に入門した五人の修行者。声聞は、衆生覚・声聞覚・三（二）乗覚・菩薩覚・仏覚と、分けて説くこともあるが、ここでは、広く仏弟子たち（声聞）の意にとる。後出の原文「給孤」は祇樹給孤独園の略、須達《すだった》多長者が寄進した釈迦の故地の邸園を言う。ここでの説法は仏典の大きな部分をなしたと伝えられる。

大仏頭

大石仏寺は、旧い歴史に尋ねると、秦の始皇帝が東方に遊んで海に入り、船をこの石につなぎとめた。のちに賈平章《かへいしょう》(1)は裏湖の葛嶺に住み、宋の宮廷が鳳凰山にあって二十余里隔たっていたので、平章は朝に鐘の声を聞くとすぐに湖船に乗り、櫂や竿を用いずに錦の大綱を用いて盤車を絞り動かしたから、船は早馬のように往《い》った。大仏頭は、その艫綱《ともづな》をつないだ石椿《いしくい》(2)である。平章が敗れると、のちの人は彫り削って半身の仏像をつくって黄金で飾り、殿宇を構えて覆い、大石仏院としたが、元末に焼かれた。明の永楽年間に僧の志琳《しりん》が重建して、勅令によって、大仏禅寺の寺名を賜った。

賈秋壑《かしゅうがく》（似道）は国を誤った奸人であるが、その山水の書画・骨董においては、およそ彼の鑑賞を経たもので精妙でないものはない。製造した錦の艫綱もまた人の心に叶うものだ。

ある日臨安で火災が起きた。賈はちょうど半間堂で蟋蟀《こおろぎ》を闘わせていて、知らせる者がしきりに来ても、賈はまったく振り向かず、ただ「皇帝の歴祖を祀る太廟に至ったら知らせよ」というだけだった。にわかに、知らせる者が「火はすぐに太廟に至ります」といった。賈は小さな肩輿《こし》を従えて四力士がごぼう剣で護衛し、輿《こし》かつぎは一里ほどですぐに代わり、たちまちに燃える火のところにやって来ると、粛然と命令を下し、ただ「太廟を焼いた者は、長官指揮官を切る」と言っただけだった。そこで指揮官は勇士数十人を従え、身を躍らせて建屋の上にのぼり、またたく間にたたき消した。賈は奸雄だとはいっても威令は必ず行われ、人を気持ちよくさせるところがあったのだ。

（1）賈平章（一二一三―七六）、名は似道、字は師憲、号は秋壑《しゅうがく》。南宋末に王朝の全権を手中にした権臣。浙東の天台県の人。金の侵攻に際して和平を図ったが、臣下が反して殺害された。宋代の公式記録の『宋史』には姦臣伝に入れる。ここでいう賈平章とは、国の全権を把握して異例の平章軍国重事なる職についたことからいわれる。賈似道は国の進路を誤らせた姦臣として常に筆誅されるが、ここでは張岱は賈似道にも見るべきところがあったことをいい、後文でも言及している。南宋の都は杭州（臨安）であり、賈は湖上に居住した。本文では朝の鐘を聞いて船に乗ったことをいうが、『宋史』などでは、住居で朝政を執りしきったとする。

（2）石椿―原文「椿」は椿《とう》の誤字。椿は切り株、柱をいう。石椿は石柱のこと。

張岱「大石仏院」詩

余は少《わか》きより嬉遊を愛し、名山を恣《ほしいまま》に探討す。泰嶽は既に峗峨《ぎが》、補陀は復た杳渺《ようびょう》たり。天竺は光明を放ち、斉雲に百鳥集う。活仏と霊神と、金身皆《み》な貌小。南明山に到る自《よ》り、石仏は雲表に出づ。食指及び拇指《ぼし》、七尺尚お未だ了《おわ》らず。宝石は更に特殊、当年石工巧みなり。磬《かく》石数丈高く、止《た》だ一頭脳を塑《そ》するのみ。其の半截腰を量れば、丈六も猶お少きを嫌う。仏は幾許《いくばかり》の長さかと問えば、人天も暁《さと》ること能わず。但《た》だ往来の人を見れば、盤旋すること虱蚤《しらみのみ》の如し。而して我れは独り然らず。参禅已に老に到る。地に入りて天を摩せば、何ぞ仏道に非ざる在らん。色相に如来を求むれば、鉅細《きょさい》皆な心に造る。我れ大仏頭を見れば、仍然《じょうぜん》たり一茎の草。

私は若いときから遊びを好み、名山を気の向くままに探索した。泰嶽(1)は高くそびえていたが、補陀山は遠くかすんでいた。天竺山は光明を放ち、斉雲には百鳥が集まっていた。活仏と霊妙な神々はみな小さなお姿であったが、南明山に行くと、石仏は雲の上に出ていて、ひとさし指からおや指まで計れば七尺でもまだ足りなかった。宝石山はもっと特殊であり、当時の石工は巧みで、巨石は数丈の高さにあり、ただ頭だけを彫っている。その腰の半ばまでを測ってみると、(仏の身長とされる)丈六といってもまだ少ない嫌いがある。仏の身長はどれほどかと聞いても、人間界天上界でもわからないのである。ただ往来する人をみると、動き回っているのが虱《しらみ》や蚤《のみ》のように見える。しかし私だけはそうではなく、参禅すること(2)すでに老練の域に入っている。大地に入り込み、また天を撫でさすることがどうして仏道ではないといえようか。如来は姿形で求められているが、巨細共にみな心が造るのであり、私が見る大仏の頭は、依然としてひと茎《くき》の草なのだ。

(1) 泰嶽―中国第一の名山とされる山東省の泰山。張岱はその山に登り探訪記を書いた(『瑯嬛文集』二「岱志」)。

(2) 張岱は、仏教との直接の関わりを明言することは少ないが、ここで参禅をいうのは目を引く。ただ、前後の句とのつながりはわかりにくい。

甄龍友《けんりゆうゆう》(1)「西湖大仏頭の讃」

色は黄金の如く、面は満月の如し。尽《ことごと》く大地の人は、ただ一橛《けつ》を見るのみ。

色彩は黄金さながら、お顔は満月のよう。地上に棲む人は誰しもが、(仏を彫りだした木ではなく)ただ切り株を見ているだけなのだ。

(1) 甄龍友—南宋代、浙江・温州府永嘉の人。紹興年間の進士(『評注』)。この讃は『遊覧志余』にも載る。

保俶塔

宝石山は高さ六十三丈、周囲十三里。銭武粛王は寿星を宝石山に封《ほう》じ、(1)羅隠(2)は記念の文をつくった。その絶頂を宝峯といって保俶塔《ほしゆくとう》があり、一名を宝所塔という。思うに保俶塔というのは、宋の太平興国元年(九七六)のこと、呉越王の銭俶《しゆく》は後唐が滅んだと聞いて怖れ、そこで妻の孫氏、子の惟濬《いしゆん》、孫の承佑《しようゆう》とともに宋の朝廷に伺候したが、そこで拘留されることを恐れ、自国に塔を造る許可を得て、それを帰国する保証にしようとした。保俶といって俶のいみなを称したのは、(自分を卑下して)天子を尊んだのである。都に至ると礼賢の居宅を賜り、賞与の品は甚だ厚かった。留まること二月で還されるときに黄色の布包を賜ったが、封印署名がとても厳重であり、「途中でこっそりと見るべきだ」と戒められた。これを開いて見ると、すべて俶を都に留めることを群臣が願い出た上疏《じょうそ》の文章だった。俶は甚だ怖れ感じ入った。帰ってからは塔を造って仏恩に報じたのだが、保俶の名を誤って保叔としてしまったので、知らない者に、「保叔(叔父を保つ、または善いことを保つの意)といったのに、どうして保たれなかったのか」という句があった。

俶は敬虔で慎み深い性質であり、解放されて帰国した後には、仕事をする時は、東の片はしに座を移して、左右の者に西北には神京があって天子は間近におられる[3]から、俶《わたくし》はのんきに過ごすわけにはいかないのだといった。つねに身を修め、入貢に際しては香を焚き、その後に使者を送りだした。ほどなく領地を宋に帰すと、俶は淮海国王に封ぜられた。

その塔は元の至正末年に焼けたが、僧の慧炬《えきょ》が重建した。明の成化年間(一四六五―八七)にまた焼け、正徳九年(一五一四)に僧の文鏞《ぶんよう》が再建した。嘉靖元年(一五二二)にまた焼け、二十二年に僧の永固が再建した。隆慶三年(一五六九)に大風がその頂きを折り、塔もまた次第に崩れたが、万暦二十二年(一五九四)に重修した。その地には寿星石、屯霞《とんか》石があり、寺から百歩のところに看松台があり、大きな谷を見降ろし、松の梢を凌駕して、看る者を驚かせた。

塔の下にはひとつの石の壁がそそり立ち、壁に沿って四、五間の草廬があって、「天然図画閣」(4)になっている。

(1)　丙戌の年、九二六年に呉越国は巨石山を封じて寿星宝石山とした。山高六十三丈、周囲十三里。一説に落星石を封じて寿星石とした。「石の大きさ数十囲、これを望めば塊然として根無く、これを望めば斬《き》るが如し」(『十国春秋』七八)という。これによれば、天上から落下した巨大な隕石のごとき石か。ここで丙戌と書いたのは、『十国春秋』の原文に「宝正六年」と、呉越の年号を用いているからである。独自の年号を用いるのは、帝王を僭称することにつながるから、後にひたすら北宋に帰順する呉越国に、かつては自立する意図があったか否かの問題として史家の論ずるところでもある(同上書七八、「論曰」を参照)。

(2)　羅隠(八三三—九〇九)、紹興府余杭の人、唐末から五代の文人。呉越王銭鏐《りゅう》に仕えた。散逸した文章を集編した著作集がある。近年には李定広『羅隠集繋年校箋』二〇一三年、人民文学刊があり、年譜を付載している。

(3)　原文「天威は違わず、顔は咫尺にあり」、天子はすぐ側にいるということ、『春秋左氏伝』僖《き》公九年にある語。

(4)　天然図画閣は、保俶塔の西側にあったという殿閣。現存しない。

余説　銭俶は、先出の銭鏐の孫。父子の間に弱肉強食の曲折があった後、呉越国王となった。五代の後唐が亡び、北宋が諸地域を支配していく中で、俶は宋に臣従する。本文はその時期のことを書いている。この頃について、『新五代史』六七「呉越世家」に次の記事がある。諸国が宋に帰順していく中で、孤立した俶は国を傾けて宋に貢献し、宋の太祖の時には来朝したところ、厚く礼遇されて国に還された。俶は喜び器服珍奇を夥しく献上したが、太祖は、これはみな吾が財産中の物だ。何のために献上するのかと言った。太平興国三年（九七八）には、勅令により俶に上京を命じ、俶は一族を挙げて京師に帰順して、その国は名実ともに除かれたということである。のちに南宋代に杭州に朝廷が置かれたときには、行宮は銭王の旧宮に置かれた（『遊覧志』七）。

本文にいうのは、太平興国元年の来朝には妻子孫を挙げて帰順の意を示し、都に幽閉蟄居させられるのを恐れ、保俶塔を造り、実名の俶字を入れてひたすら帰服した。ようやく帰国は叶えられたが、帰国の途中に見よといって、皇帝からの下賜品であることを示す袱紗《ふくさ》につつんで与えた下賜品は、なんと国もとの忠実な部下たちが、実は主君の俶を都に抑留してほしいと、自己の保身を図るために宋朝に奉った上疏文であった。宋にとっては、俶個人の存在などはもうなんの意味も持たない。俶を自由なままで帰国させ、さらに彼の輩下の実態を報せることで、宋皇帝の偉大な恩渥をいやが上にも知らしめたのである。

呉越王銭氏の特色は、唐代から五代の諸国諸勢力の対立時代にあって、中原において覇権を得ている勢力に随順する方向をとり、本則に見るように、北宋の成立後は早く臣従して、浙東、浙西地域に戦禍を及ぼさなかったことがある。杭州に城郭を築き、とくに西北からの侵攻に備えたことは（羅隠「杭州羅城記」）、杭州史上に特筆される（もっとも本則注1にあるように、年号からみて呉越国が自立して覇を唱えようとする意図があったか否かという問題に注意する必要もある）。それとともに、仏教、道教を保護したことも大きな特色である。寺院道観の復興、維持に力があったことは、本書の随処に記事がある。『十国春秋』は呉越の世家列伝の記事に、王の親族や臣下の伝とともに、相対的に見てかなりの量の僧伝を（少数の道人・道士を加えて）載せる。その記事に、永明延寿は弟子千七百人を度し、呉越王の委嘱を受けて仏典を博捜して『宗鏡録』百巻を著す。賛寧は両浙の僧統に任じ、後に『宋高僧伝』を著す、という。前著は言うに及ばず、後著の資料の多くも浙江の地に収蔵されていたと考えることができ、仏・法・僧を重んじた呉越王国の仏教保護を裏づける。

黄久文(1)「冬日　保俶塔に登る」詩

峯に当たりて一塔微《かす》かに、落木烟浦《えんほ》に浄《きよ》し。日に寒く山影痩《や》せ、霜は石棱《せきりょう》を渤《きざ》むこと苦《しき》りなり。山雲自ずから悠然、来る者適《たまた》ま主と為《な》る。子《きみ》と与《とも》に心を談ぜんと欲すれば、松風吾れに代わりて語る。

峯に当たって一塔が微かにみえ、落木は清らかな烟霧の浦《うら》に浮かぶ。日々に寒くなり樹木は葉を落として山容は痩せ、霜は岩の角をしきりに刻む。山雲はありのままにゆったりとし、たまたま浮かびやって来ては主役になっている。君とともに心を談じ合おうとすれば、松風が私に代わって語ってくれる。

（1）黄久文—待考。

夏公謹(1)「保俶塔」詩

客として西湖の上《ほとり》に到れば、春遊尚《な》お時に及ぶ。石門深く険に歴《ふ》り、山閣静かに危《たか》きに憑《よ》る。午寺の鳴鐘乱れ、風潮に去舫《きょぼう》遅し。清樽に歓極《きわ》まらず、酔筆に更に詩を題さん。

客として西湖のほとりに到ったところ、春の遊びにまだ間に合った。石の門は深く険しいところに時を重ね、山閣は危《たか》いところに静かに寄り添っている。昼の寺から鳴る鐘の音が乱れて聞こえ、風と潮の中に画舫船はなかなかに立ち去っていかない。樽酒《たるざけ》に歓びは尽きることなく、酔筆を執ってさらに詩を書くとしよう。

（1）夏公謹―夏言（一四八二―一五四八）、字は公謹、江西の人。官は首輔に至ったが擡頭してきた厳嵩《げんすう》との権力抗争があり、罪に落とされ死罪にされた。無実であったともいわれる。

銭思復(1)「保俶塔」詩

金刹に天は画を開き、鉄簷《てつえん》に風は鈴に語る。野雲秋と共に白く、江樹晩《おそ》くに逾《いよい》よ青し。屋を鑿《さく》して巌《いわ》に雨を蔵し、黏崖《ねんがい》に石は星を墜《お》とす。下に湖上の客を看れば、歌吹　正に沈冥なり。

黄金の仏塔は天の開いた絵画であり、鉄のひさしには風が鈴に語っている。郊野の雲は秋とともに白くなり、川辺の樹木は日暮れになって青さを増している。室屋を巌谷に掘って雨から身を隠すと、黏崖の石は天より墜ちた星のよう。湖上の客を見降ろしてみると、ちょうど歌声や管弦はやんで静まりかえっている。

（1）銭思復―銭惟善、字は思復、元代の銭塘の人（『校注』）。

瑪《め》瑙《のう》寺

瑪瑙坡は保俶塔の西にあり、砕石の文《もよう》はあざやかで、質《せいしつ》は瑪瑙のようだ。土地の人たちはそれを採って篆字《てんじ》の図案をきざんだので、晋の時には瑪瑙宝勝院が建てられることになった。元末に焼かれ、明の永楽年間（一四〇三―二四）に重建した。芳洲なる僧がいて、従僕が竹を植えると湧泉が得られたので、僕夫泉と名づけられた。山の頂きに殿閣があり、空を凌《しの》いで独り立ち、そこからの眺めはこのうえない勝景であり、俗に瑪瑙山居といわれている。寺の中にある大鐘は、音の大小がうまく調和して、ゆったりとして遠くからも聞こえる。上には『妙法蓮華経』七巻、『金剛般若波羅蜜経』三十二分が鋳《い》てあり、昼夜十二の時に六人の僧が奉仕してこれを撞《つ》き、一声撞くごとに法華経七巻、金剛経三十二分の文字がすべて音声になるのである。私が思うに、清らかな夜に鐘の音を聞いて人の心に道を思う念を起こしても、一旦夜が明け昼間になれば、すっかり失われてしまうのであるが、いま夜が明けて真昼に鐘の声を聞けば激しく目覚めさせられ、大地山河はすべて震動するのであり、ゴーンと一声響けば、それが『法華経』を一転させ、『般若経』を一転させるのだ。仏典には、「世間に鐘の声が鳴りやまない間は、この間に地獄の衆生は刑具からしばらく脱け出るのである」という。王朝が変革してからは、おそらくは寺僧の怠慢で前のようにはできていないようだ。

（1）原文には「晋時」とあるが、『遊覧志』に「晋開運三年（九四六）、銭氏建つ」とする。

（2）原文「侈《し》弇《えん》」、侈は口小腹大で声は沈郁、弇は口は大、腹は小で声は促迫。引伸して口腔の開合の大小から発音が明らかに変化することをいう（『大詞典』）。

（3）『金剛般若波羅蜜経』は、三十二節に分節されている。

（4）原文「不無牿亡」、牿亡《こくぼう》は消滅する意。『孟子』の「平旦之気……則ち其の旦昼の為す所に、牿亡することの有り矣」にもとづく。

張岱「瑪瑙寺長鳴鐘」詩

女媧錬石如錬銅、鋳出梵王千斛鐘。僕夫泉清洗刷早、半是頑銅半瑪瑙。錘金琢玉昆吾刀、盤旋鐘紐走蒲牢。十万八千法華字、金剛般若居其次。貝葉霊文満背腹、一声撞破蓮花獄。万鬼桁楊暫脱離、不愁漏尽啼荒雞。昼夜百刻三千杵、菩薩慈悲涙如雨。森羅殿前免刑戮、悪鬼猙獰斉退役。一撃淵淵大地驚、青蓮字字有潮音。特為衆生解冤結、共聴毘盧広長舌。敢言仏説尽荒唐、労我闍黎日夜忙。安得成湯開一面、吉網羅鉗都不見。

女媧《じょか》石を錬《ね》ること銅を錬るが如く、鋳出す梵王千斛《せんこく》の鐘。僕夫泉は清らかに洗刷早く、半ばは是れ頑銅半ばは瑪瑙《めのう》。金を錘《う》ち玉を琢《みが》く昆吾の刀、鐘紐を盤旋し蒲牢を走らす。十万八千法華の字、金剛般若其の次に居る。貝葉《ばいよう》の霊文　背腹に満ち、一声撞破《とうは》す蓮花《れんげ》の獄。万鬼桁楊《こうよう》を暫く脱離し、漏尽に荒雞啼《な》くを愁えず。昼夜百刻に三千杵《しょ》、菩薩の慈悲、涙　雨の如し。森羅殿前に刑戮を免れ、悪鬼猙獰《そうねい》斉《ひと》しく退役す。一撃淵淵として大地驚き、青蓮の字字に潮音有り。特に衆生の為に冤結を解き、共に毘盧の広長舌を聴かん。敢えて言えば仏説は尽《ことごと》く荒唐にして、我が闍黎《じゃり》を労して日夜に忙《せか》せしむ。安《いずく》んぞ成湯の一面を開くを得て、吉網羅《ら》鉗《かん》をして都《すべ》て見ざらしめん。

　女媧《じょか》は銅を錬るのと同じに石を錬り、梵王の千斛《こく》の鐘を鋳出した。清らかな僕夫泉ですばやく洗い清めたところ、半ばは頑銅であったが半ばは瑪瑙だった。金《かね》を錘《う》ち玉を磨く昆吾《こんご》の刀があり、鐘の紐に廻《めぐ》らせて（鐘に彫られた海獣）蒲牢(1)を走らせ（鐘が鳴るようにす）る。十万八千の『法華経』の文字、『金剛般若経』はその次にいる。この貝葉《ばいよう》の霊験のある文字が（鐘の）腹背に満ちて、ひと声で蓮華《れんげ》の獄を撞き破る。よろずの悪鬼が枷《かせ》からしばらく脱け出し、夜明け前に荒雞が悪声で啼いたにしても愁《うれ》いることもない。昼夜の百刻を刻む三千のきねの音、菩薩の慈悲の涙は雨のように降りそそぐ。森羅万象の殿閣の前に、刑罰を免れた凶悪な悪鬼は一斉に役目を退く。鐘の一撃がえんえんと響いて大地は驚き、清らかな青蓮のような一つひとつの文字には（仏の音楽、）海潮音(2)がある。とくに衆生のために無実の冤罪を解いて、毘盧《びる》舎那《しゃな》仏《ぶつ》(3)の広長舌を聴くのだ。敢えて言えば、仏の説くところはみなことごとく荒唐無稽であって、我らが闍黎《そうりょ》(4)を日夜に忙しくさせている。どうにかして中華伝統の聖王成湯が現れ、厳しく取り立てる冷酷な官吏(5)を見えなくしてほしいものだ。

（1）蒲牢―古代伝説上の海獣。鐘を飾る彫刻に用いる。
（2）海潮音―『妙法蓮華経』（『法華経』と略称）「観世音菩薩普門品」に「妙音観世音、梵音海潮音、勝彼世間音」とあり、観世音菩薩の仏の音声音楽は、海潮の音のごとくに世間のさまざまな音声よりは優れているという。これにもとづく言い方。
（3）原文は「毘盧」、毘盧舎那仏を略した言い方。
（4）「闍黎」は阿闍梨《あじゃり》、僧侶をいう。仏の教えを実行するのに忙しくさせているとの意。
（5）原文は「吉網羅鉗」。吉・羅は過酷に税金を取り立てた唐代の酷吏の姓、酷吏のことをいう。どうにか成湯が新たに一面を開いて、厳しく求める酷吏をみな見えなくさせてほしいものだ。

余説　この詩は、典故を多用した典雅な詩であって、仏教思想を背景に置き、仏教語彙を多用して、平易簡明な前出「西湖十景」詩とは異なった詩境を打ち出そうとしている。それは他にも類例があり、本書も採っている王世貞や擬古派の詩風にもいくぶん近づいていると感じられる。

智果寺

智果寺は古くは孤山にあり、銭武粛王が建てた。宋の紹興年間に四聖観を造って大仏寺の西に移した。これより先、蘇東坡が黄州の太守のときに、(浙江)於潜《おせん》の僧道潜、号参寥子《さんりょうし》は江蘇呉県から訪ねて来た。夢の中で東坡は詩を詠んでやったが、「寒食節、清明節はともに過ぎたが、石泉、槐火《かいか》は一時に新しい」(1)の句があった。

後に七年経って、東坡は杭州の太守となった。参寥は智果寺に住まいを定めると、湧泉が石の裂け目から流れ出て来た。寒食節の明日に東坡が来訪すると、参寥は泉水を汲んで茗茶《めいちゃ》を煮《い》れたが、夢に見たところとちょうど符合した。東坡はあたりの祭壇を見て、参寥に、「私は今までにここに来たことは一度もなかったが、目に入るものは、みなふだんに経験したことがあるように見える。ここから上の懺悔堂に登るには九十三段あるはずだ」といった。数えると果たしてそのことばどおりだった。そこで参寥子に言うには、「私の前身は寺の僧である。今日の寺の僧は、みなわが仏法の仲間なのだ。私は死んだ後には、身を捨てて(捨身供養して)寺中の伽藍となろう」といった。参寥はそこで東坡の彫像を造り、伽藍に陳列して偈《げ》を壁間に書き留めたが、「金剛力士は口を開いて鐘楼を笑い、鐘楼は金剛力士が雨に頭を打たれているのを笑う。ただ有隣が一線を通じてくれるのを待てば、二つの公案を一時に修めることになろう」とあった。

のちに寺は廃《すた》れたが、崇禎壬申(五年、一六三二)の歳に揚州の学生(茂才)の鮑同徳《ほうどうとく》、字は有隣という者が寺に寄寓していたところ、夢の中に東坡が二度入って来て、寺の修復を依頼した。鮑は、「貧士がそれをやることなどできましょうか」と辞退すると、公は、「君はただそれをやれば、自然に君を助ける者がある」といった。翌日、壁間の偈に「有隣」の二字があるのを見て、心が動いて願を立て、『西冷記夢』の文を作り、人に逢うたびにとり出して示した。ある日役所に行き、維揚（揚州の別称）の姚永言《ようえいげん》に遇ってその夢を詳しく言うと、座の中に粤東《えつとう》（広東）の謁選[2]進士の宋公兆論《ちょうやく》[3]という者がいて、とても驚いた。後日に宋公は人事選衡で仁和県に職を得ることになった。永言はそれを励まし、宋公は困難な任務に努めて、寺を再興することができた。ときに泉水が寺の後ろから湧きだすことがあり、それによって好事家は参寥泉と名づけたのである。

（1）寒食節……—東坡が夢の中で見た参寥の句であるが、実質は蘇東坡の作とみなされる詩句。槐火は疫病を払うために焚かれる火で、冬には槐《えんじゅ》の木を焚くという。ここでは、この詩句が、後に東坡が杭州に赴任し、参寥が智果寺に住して両者が再会する予言となったことを言っている。

（2）謁選は、官僚の人選を司る吏部が行う選衡に赴くこと（『大詞典』）。

（3）宋公兆論—公は敬称。宋兆論は、広東掲陽の人。崇禎元年（一六二八）の進士。初め任官した後に服喪のために帰郷した。この話は、宋がその後に吏部の選衡に上京する途中での逸話ということになる。のちに仁和県の官職を得て寺の再興に努めたというのは、県令などの当地の官僚は、公費を支出できることもあり、また事業の遂行に地元の有力者の協力を得ることができよう。

六賢祠

宋の時の西湖には三賢祠がふたつあった。そのひとつは孤山の竹閣にあり、三賢は白楽天・

林和靖・蘇東坡である。そのひとつは龍井の資聖院にあり、三賢は趙閲道（抃《べん》）・僧辨才・蘇東坡である。宝慶年間（南宋代、一二二五―一二七）に、袁樵は竹閣の三賢祠を蘇公堤に移し、亭館を建て、そこで官酒を沽《う》った。

ある人は詩に題して、「和靖・東坡・白楽天、三人は秋菊を寒泉に薦《すす》む。今は満面に塵土を生ずるも、却って袁樵とともに酒銭に赴く」と言った。また陳眉公（継儒）(2)の『筆記』(1)によると、銭塘に水仙王の廟があり、林和靖の祠堂に近い。東坡先生は和靖の清潔な生き方が世間に光を放っていることから、神像を移して水仙王の陪食として（傍らに）祀った。黄山谷（庭堅）に水仙花の詩があり、このことを用いている。「銭塘にむかし水仙廟があったと聞いているが、荊州にはいま水仙花が見られる。ひそやかな香り美しい色から詩句を選べば、孤山に棲んで官職に就いていない処士の家にあるのがふさわしい」とあって、宋の時に祀られたのはただ林和靖ひとりに止まった。明の正徳三年（一五〇八）、杭州府の太守楊孟瑛《もうえい》(3)は、重ねて西湖を浚渫して四賢祠を建てて、李鄴侯・白（楽天）・蘇（東坡）・林（和靖）の四人を祀った。杭州の人は楊公（孟瑛）を増して、五賢と称した。その後に楊公を移し、周維新・王弇州《えんしゅう》（世貞）を増祀して、六賢祠と称した。張公亮（明弼《めいひつ》）(4)は、「湖上の祠は久しくその地にいて風流を標榜するのがよい。山水と深く契りを結んだ人こそが列せられるべきだ。周公は冷静無私のうえに神の如き明智を持っているが、別の祠がある。(5)弇州は文人であって、西湖と古い結びつきがあるのではない。いま四公と座を並べるのはおそらくしっくりしないのではないか」と言った。人びとはその確かな議論に納得した。

（１）袁樵―袁韶（一一六一―一二三七）、浙江鄞《ぎん》県の人、嘉定四年（一二一一）臨安府尹となり十年近く在任した（『評注』）。

（２）陳眉公―諱は継儒、号は眉公（一五五八―一六三九）、江蘇、松江華亭の人。高名な文人。

（３）楊孟瑛―字は温甫、四川豊都の人、成化二十三年（一四八七）の進士。杭州知府に任じた（『校注』）。

（４）張公亮―字は明弼。江蘇金壇の人。崇禎十年（一六三七）の進士（『評注』）。

（５）周維新は、周新として知られ、杭州の城隍神として祀られている。巻五「城隍廟」を参照。王弇州は後出。

張明弼「六賢祠」詩

山川亦《ま》た自《おの》ずから声気有るも、西湖は人と与《とも》に熱し易《やす》からず。五日の京兆王弇州《えんしゅう》、冷面の梟司《きょうし》寒鉄と号す。原《も》と湖山と久要なるに非ず、心胸に復た風月を留めず。猶お議す当時の李鄴侯《りぎょうこう》、西冷に尚お未だ舟楫《しゅうしゅう》を通ぜずと。惟《た》だ有り林・蘇・白楽天、真に烟霞《えんか》と相《あ》い接納す。風流の俎《そ》豆《とう》自ずから千秋、松風菊露　梅花の雪。

山川にはやはりもともと同声相い応じ同気相い求める（『易経』）ところがあるが、西湖は人とともに熱しやすくはない。短い期間の長官だった[1]（漢代の張敞《しょう》にも似て、在任の短かった）王弇州（世貞）(2)、冷静無私な役人で冷面寒鉄と号された周新は、もともと湖山と古い関わりがあるのではなく、心にあまり風流を留めてはいない。当時の李鄴侯にも、まだ西冷に舟を通わせてはいないとの議論があった。

ただ、林・蘇・白楽天はまことに烟霞と結びついている。風流の祀りは千秋に続き、松に風菊に露、梅花には雪である。

（1）短い期間……―原文「五日京兆」、五日の短期間でも首都（京兆）の長官（尹）に就いた漢代の張敞は権力を行使したことをいう。ここでは、それと同じく、在任期間が短かった王弇州（世貞）という意。

（2）王世貞（一五二六―九〇）、山東弇州の人。明代文学史上では高名な擬古派文学者の一人として知られ、官僚としては、刑部尚書に至り、太子少保の称号を受けている。王錫《しゃく》爵《しゃく》撰『神道碑銘』（『献徴録』四五）によれば、世貞は浙江布政使下の次官級の参政に任官したことがある。隆慶二年（一五六八）の年末に命を受け、翌年四月に着任（着任や任務中の移動に長時間を要するのは、明代官僚制の通弊）、十二月に山西按察使に転任した（章培恒『王世貞年譜』復旦大学出版社、一九九三年）。杭州地区に在任したのは一年足らずであった。本文に後出する張明弼詩はこのことをいう。王世貞は後出の「岳王墳」にも一詩を採っている。

西冷橋

西冷橋のひとつの名は西陵である。ある人は、「蘇小小が同心を結んだところだ」と言っている。方子公(1)の詩を見ると、「数声の漁笛はどこから聞こえるのか、おそらく西冷の第一橋かもしれない」とあり、陵を冷に作っている。蘇小をいうのはおそらく誤り（という）。私は「構わないが、ただ、西陵のほうがよい。また、白（楽天）公の断橋詩に「柳色青を蔵す蘇小の家」(2)とあり、断橋はここから遠くはない。どうにかしてこれを借りて西冷の故実とすることはできないか」といった。

むかし趙王の子孫、孟堅（子固）(3)は、いつも武林に客人となっていたが、菖蒲節《しょうぶ》（端午の節句）に当たって、周公謹(4)は好事家とともに子固を迎えて西湖に遊んだ。酒宴が盛りになると、子固は帽子を脱ぎ酒を頭髪に振りかけて足を投げ出して座り、「離騒《りそう》」を詠って、あたりに人がいても全く気にかけなかった。薄暮に西冷橋に入り、孤山をかすめて通り過ぎ、繁茂する樹木の間に船仕度を整えて、林のふもとの最も奥深いところを目指して行くと、目を見開いて叫び、「これは真の洪谷子・董北苑(5)の得意の筆なのだ」といった。隣り合う船は数十、みなとても驚歎して、真に天上から降った謫仙人だとした。山水の趣味を得た人は、蘇東坡の後にもまたこの人がいたのだ。

（1）方子公―方文僎《ぶんせん》（?―一六〇九）、字は子公、新安の人。袁宏道の官仕、遊歴に随伴した（『袁宏道集箋校』一五〇〇頁）。

（2）白居易の「杭州春望」詩（『白氏長慶集』二〇）に「柳色春蔵蘇小家」とあり、諸書の引用でも誤りはない。張岱が、詩名を「断橋詩」とし、詩句を「柳色青蔵蘇小家」とするのは誤りである。

（3）原文「趙王孫孟堅」。趙孟堅、字は子固。宋の宗室の末裔であることから趙王孫と称する。

（4）周公謹―周密、字は公謹。宋末の官僚、文人としての名がある。著述に南宋の行事、遊幸などを記した『武林旧事』などがある。

（5）洪谷子・董北苑―洪谷子は荊浩の自称、董北苑は董源、ともに五代の画家。

袁宏道「西冷橋」詩

西冷橋、水長在。松葉細如針、不肯結羅帯。鶯如衫、燕如釵。油壁車、砍為柴。青驄馬、自西来。昨日樹頭花、今朝陌上土。恨血与啼魂、一半逐風雨。

西冷橋に水長《つね》に在り。松葉は細きこと針の如く、羅帯を結ぶを肯《がえ》んぜず。鶯は衫《さん》の如く燕は釵《かんざし》の如し。油壁(1)の車は砍《き》られて柴《しば》と為り、青驄馬《せいそうば》は西自《よ》り来る。昨日樹頭の花、今朝陌上《はくじょう》の土。恨血と啼魂と、一半は風雨に逐《お》わる。

西冷橋に水はいつもある。（しかし今は）松の葉は針のように細く、（昔に遊客と蘇小小を結びつけたのとは違って、心を同じくする誓いとして）薄物の帯を結び合わせようとはしていない。鶯燕は上着やかんざしのように（今も女性を飾っているが）、小小を載せていた車は切られて薪となってしまった。（遊客を乗せた）青白の駿馬の青驄《あお》は西から来たが、昨日の樹頭に咲いていた花は、今日はあぜ道の土となってしまっている。恨みの血涙と泣き叫んだ悲しみの魂の半ばは、風雨に追われたのだ。

（1）油壁の車─蘇小小が乗ったという車。この詩全体は巻三「蘇小小」を参照。

また「桃花雨」詩

浅碧深紅大半残、悪風催雨剪刀寒。桃花不比杭州女、洗却胭脂不耐看。

浅碧深紅　大半残り、悪風　雨を催して剪刀寒し。桃花は杭州の女に比べられず、胭脂《えんし》を洗却《せんきゃく》すれば看るに耐えず。

浅緑の葉や深紅の花が大半は残っているのに、悪風が雨を催《もよお》して剃刀のように鋭い寒さ。だが桃花は、杭州の女性が紅《べに》おしろいを洗い流すと見るに堪えないのとは、比べものにならないのだ。

李流芳（1）「西冷橋題画」

余嘗為孟暘題扇。多宝峯頭石欲摧、西冷橋辺樹不開。軽烟薄霧斜陽下、曽泛扁舟小築来。西冷橋樹色、真使人可念。橋亦自有古色。近聞且改築、当無復旧観矣。対此悵然。

余は嘗《かつ》て孟暘《もうよう》のために扇に題す。多宝峯頭　石摧《くだ》けんと欲し、西冷橋辺　樹開かず。軽烟薄霧斜陽の下、曽《かつ》て扁舟を泛《うか》べて小築に来ると。西冷橋の樹色は、真に人を使《し》て念《おも》わしむ可し。橋も亦た自ずから古色有り。近ごろ聞くに且《ちか》く改築せんと。当《まさ》に復た旧観なからん。此れに対して悵然《ちょうぜん》たり。

私は孟暘《もうよう》(2)のために扇に詩を書いたことがある。「多宝峯の石は砕け落ちそうに見えるが、西冷橋辺の樹木はまだ花開いてはいない。薄く軽い烟霧が斜陽のもとにあるなかに、扁舟を浮かべて居家（小築）(3)にきたのである」と。西冷橋あたりの樹色は、まことに人にものを思わせる。橋にもともとからの古色があるが、近く改築すると聞いている。きっともう旧観は失われるだろう。ここに向き合ってみると、傷ましく思われる。

（1）李流芳、字は長衡《ちょうこう》（一五七五—一六二九）、蘇州府嘉定県の人、万暦三十四年挙人となる。その後官仕していない。西湖周辺を周遊して詩文を残し、張岱はそれを好んで本書に引用している。流芳は「学仏に精勤し、既に去来の際に了然たり」（銭謙益『牧斎初学集』五四「李長衡墓誌銘」）といわれ、仏教信徒であった。『檀園集』一二巻があり、伝記資料を増補した『李流芳集』浙江美術出版社、二〇一二年がある。「墓誌銘」を書いた銭謙益は、郷試同年の友人である。

（2）孟暘は二人あり、一は鄒之嶧《すうしえき》（一五七四—一六四三）、字は遁園、銭塘の人、一は程嘉燧（一五六五—一六四三）、字は孟陽、号は松円、安徽省徽州府休寧の人。書画にすぐれ、詩人として名がある。唐時升・婁堅・李流芳と嘉燧の詩を合刻した『嘉定四先生集』があり、『明史』には、徐渭・袁宏道・李流芳などとともに巻二八八「文苑伝」に載り、上記四人の伝は続いて書かれている。李流芳はこの二人の孟陽との交際があった。董其昌は流芳について、「平生の交わりに二孟陽有り、一は程孟陽為り、善く書を鑑すること程に過ぐ。蓋し程は画を能くするを以て、故に法の縛りを受けず。而して鄒孟陽は六橋、三竺湖山の間に居り、毎《つね》に長衡の遊屐の至るところ、必ず之れと倶《とも》にす」（『容台集』。『李流芳集』所引）という。これによれば、二人の孟陽のうち、鄒孟陽は西湖に住居を持ち、同じく住居をもった流芳とは日常の交誼があった。銭謙益撰「李長蘅墓誌銘」には、「其の尤も敬愛する者は、曰く、程嘉燧　孟陽」とある。これによれば、流芳と程孟陽の交誼はとくに親密であった。流芳の作品にもその名が出てくる。この詩の孟暘は、右からみると鄒孟陽だと思われる。

（3）原文「小築」、小は謙譲語、築は建造物、住居をいう。つまりわが住まい、住居の意。流芳は西湖付近に住居をもっていた。小築の語は本書にも見え、また『檀園集』にも見える。

岳王墳

岳鄂王《がくがくおう》(1)が死ぬと獄卒の隗順《かいじゅん》はその屍体を背負い、城を乗り越え北山に至って葬った。のちに朝廷が懸賞金をかけて葬ったところを求めると、順の子はそれを知らせた。棺を開けてみると生きているときのままだった。そこで礼服を着せて礼式に従って埋葬したのである。(2)

隗順は史書には記載されていないが、鄂王がいまに至って厚く奉祀され、連綿として千年にも及んでいるのは、みな順の力なのである。史官の倪元璐《げいげんろ》は、「岳王の祠は土を練って忠武を形どり、秦檜《しんかい》と万俟卨《ばんこうけい》(3)を鉄で鋳造した。檜と俟卨を朽ちさせないとの人びとの思いは、忠武

（を朽ちさせないと）の思いよりも大きいのだ」といった。思うに岳公の諡《おくりな》を忠武と改めたのは、隆慶四年（一五七〇）である。[4] 墓前に秦檜・王氏・万俟卨の三像があるのは、正徳八年（一五一三）に始まり、指揮の李隆はそれを銅で鋳造したが、やがて遊覧者によって打ち砕かれた。のちに張俊の像をひとつ増して、四人は反対向きになり祠廟の赤い壇に向かってひざまずいた。万暦二十六年（一五九八）に按察司副使の范涞《はんらい》が鉄に替えてから、遊覧者が撃ちかかることはますます甚だしく、四つの首は同じように落ち、体の下部は乱れ飛ぶ石に打たれ、ただ肩と背だけが露出した。そばの墓は銀瓶《ぎんべい》お嬢さんであり、王が殺されると、その娘は銀瓶を抱えて井戸に身を投げて死んだ。楊鉄崖《てつがい》（維楨）の楽府《がふ》に、「岳家の父は国の守り城、秦家の奴《やっこ》は城を傾けた。天は霊験を顕わさず、わが父と兄を殺した。ああ、わが銀瓶はわが父の為にしようとして、漢の孝女緹縈《ていえい》と同じく、生きながらえて父の死を贖《あがな》うことができなければ死んだ方がましだとした。千尺の井戸、一尺の瓶、瓶中の水に精衛[5]は仇恨に報いることを誓って鳴くのだ」といった。

　墓前には檜の分割された死体がある。天順八年（一四六四）、杭州の副知事馬偉は、のこぎり引きにしてこれを置き、首と下体の場所を分けて、檜を磔《はりつけ》にした状態を示した。隆慶五年（一五七一）、大雷がそれを撃ち折った。史官の朱之俊は「秦檜はひとつであるのに、鉄の首、木の心臓も保全できずにこんなになるのか」といった。天啓七年丁卯（一六二七）、浙江の巡撫は祠を建造して宦官魏忠賢《ぎちゅうけん》に諂《へつら》った。建築は精巧を窮め、蘇堤の第一橋を百歩の外に移し、数日の間にたちまち出来上がり、その迅速ぶりには驚かされた。崇禎に改元（元年、一六二八）して宦官の魏《ぎ》（禧）が失脚すると、その祠は毀《こわ》された。その木や石で鄂王の廟を修理しようと相談して、これを鄂王に占ったところ、王は許されなかった。(6)

岳雲は王の養子で、年十二で張憲に従って戦い、役立って大いに勝ち、「贏官人《えいかんじん》」(7)と称賛され、軍中はみなこれに喝采した。手に鉄鎚を二つ握り、重さ八十斤、王の征伐に行動を共にしないことはなく、そのたびにすぐれた戦功を立てたが、王はいつも隠していた。官は左武大夫、忠州防禦使に至った。死んだ年は二十二歳であり、安遠軍承宣使を贈られた。使用した鉄鎚はいまも保存されている。

張憲は王の部将であり、しばしば戦功を立てた。紹興十年（一一四〇）、兀朮《こつじゅつ》は兵を臨潁《りんえい》に駐屯したが、憲はその兵を破り、追奔すること十五里、中原は大いに振い立った。秦檜は和議を主導して軍兵を還したが、檜は張俊と謀って岳飛を殺そうとして、飛の部下に飛のことを告訴するように誘ったところ、応ずる人はついに出なかった。張俊は憲を叩き打ちのめして、完膚なきまでに拷問したが、頑強に弁じ立てて屈服せず、ついには無理やりに殺された。景定二年（一二六一）、烈文侯に追封された。正徳十二年（一五一七）に、民間人の王大祐は発掘して墓碣《ぼけつ》（丸みを帯びた墓碑）の石を得たので、墳墓の土を高くして祀った。府の太守梁材が廟を建て、翰林院修撰の唐皐《とうこう》はこれを記録した。

牛皐《ぎゅうこう》の墓は栖霞嶺のほとりにある。皐、字は伯遠、汝州の人、岳鄂王の部将であり、平素から戦功を立てていた。秦檜は、彼が自分を恨んでいることを恐れ、ある日多くの軍士を会同して、毒を盛って殺害した。皐は死に際して嘆息し、「われは年六十に近く官は侍従郎に至ったからは、ひとたび死んでも何の恨みもないが、ただ恨むのは和議がひとたび成れば、国家は日ごとに削られる。大丈夫たる者が、戦場で戦死して馬の皮で死体を包まれて君父に報いることができないこと、これが嘆かれるのだ」といった。

（1）岳飛は、後世に忠武、鄂王と追贈された。北宋の末年、侵入した金軍と戦い、功を立てたが、政府内の反対勢力のために死んだ。後に墳墓、廟宇を作って顕彰され、反対勢の首謀者であった秦檜は、その廟前に像が置かれ、民衆によって侮辱された。逆境に置かれた官僚・軍人が時の経過で名誉を回復し、その反面で権勢のあった反対勢力が徹底して批判されるという政治方程式はよく見られた。宋代では、岳飛の話はそのもっとも目立った例であり、張岱はその方程式の典型例を描いている。

（2）礼式に従って埋葬―原文「殮《れん》」、礼服を着せ、官位相応の礼式に従って埋葬すること。

（3）侯髙―原文「髙」は、『大字典』には、また契に作る云々とある。

（4）岳飛を忠武と改めて称号を贈ったことについて、『評注』は、岳飛の後裔、岳珂《がくか》所編の『金陀続編』によって、南宋代の宝慶元年（一二二五）とし、ここの記事には誤りがあるとする。後世の史書はこの宝慶元年の改謚《かいし》とすることが多い。

（5）精衛―神話中の鳥の名、炎帝の娘は海中に溺れて鳥になり、誓って河の水を飲まなかったともいう。鳥誓ともいい、のちに仇恨を必ず報復する比喩に用いられる（『大詞典』）。

（6）その後、張岱は岳飛の墳墓、廟宇などを修復しようとして、勧募の文章を書いている（「募修岳鄂王祠墓疏」『瑯嬛文集』二）。
（7）贏官人─原文「嬴」は「籯」。勝利の意。「贏官人」は、『宋史』岳雲伝にある岳雲に対する賛辞。

張京元[1]「岳墳小記」

岳少保の墳墓の廟祠、祠は南向きで、もとは市街にあった。宦官顕臣の孫（隆）が民居を買い、西湖に臨む道を開いたので、とても見た目が良くなった。祠の右には衣冠を葬ってある。標識の門柱は、形は大きくはないが、古雅な色合いがある。

（1）張京元は江蘇省の揚州泰興の人。万暦三十二年の進士。浙江左参議に任じている（『浙江通志』）。本書にその詩文の引用が多い。著に『西湖小記』がある。伝承のない逸書だが、『古今図書集成』（方輿彙編・山川典・西湖部）には引用がある。

周詩[1]「岳王墳」詩

将軍埋骨処、過客式英風。北伐生前烈、南枝死後忠。干戈戎馬異、涕涙古今同。目断封邱上、蒼蒼夕照中。
将軍の骨を埋めし処、過客は英風に式る《のっと》。北伐は生前の烈、南枝は死後の忠。干戈戎馬は異なるも、涕涙は古今に同じ。封邱の上を目断すれば、蒼蒼たり夕照の中。

将軍の骨を埋めたところでは、訪問する客は崇高な風格に礼儀を正す。北に征伐したのは生前の烈忠、南に枝が向くのは死後の忠烈である。(3) 干戈戎馬の戦いは異なっても、流す涕涙は古今に同じである。墓丘のあたりを眺めれば、蒼蒼とした空を夕暮れの太陽が照らしている。(2)

（1）周詩―明代には同名の士人は複数いるが、『校注』に、字は以言、蘇州府・崑山の人とする。

（2）北伐・南枝―「古詩十九首」に「胡馬は北風に依り、越鳥は南枝に巣くう」とあり、後世にはさまざまに詠われる。ここでは、南の杭州に都をおいて北の金と戦った南宋時代を踏まえて詠っている。また、岳飛の墓上の木はみな南を向いていたという（『遊覧志』）。

（3）「生前の烈、死後の忠」は、忠烈と謚《おくりな》されたことから、忠と烈を分けて二句に用いて対句にしている。

高啓(1)「岳王墳」詩

大樹無枝向北風、千年遺恨泣英雄。班師詔已成三殿、射虜書猶説両宮。毎憶上方誰請剣、空嗟高廟自蔵弓。棲霞嶺上今回首、不見諸陵白霧中。

大樹に枝の北風に向くは無く、千年の遺恨に英雄を泣く。班師の詔已に三殿に成るも、射虜の書猶お両宮を説く。毎《つね》に憶う上方、誰か剣を請うと、空しく嗟《なげ》く高廟の自ら弓を蔵するを。棲霞嶺上に今首を回《めぐ》らせば、諸陵は見えず白霧の中。

大樹には北風に向かう枝はなく（みな南を向いていて）、千年の遺恨を晴らそうとした英雄に感泣している。宮中では軍師を撤退せよとの詔がすでに完成していたが、虜敵の金を討とうとして矢を射かける射虜の書信には、まだ抑留されている徽宗・欽宗のことを説いている。いつも想うことだが、誰が全権委任の上方剣(2)を取ることを願うのだろうか、いまとなっては高宗が自ら弓矢を蔵《おさ》めたことが嘆かれる。棲霞嶺(3)上にいま首を回《めぐ》らしても、南宋の諸帝の陵墓(4)は白霧の中に隠れて見えてこないのだ。

（1）高啓（一三三六—七三）、明初の高名な詩人。
（2）上（尚）方剣は、天子が全権を委任する時に授与する剣。
（3）棲霞嶺は、西湖北岸の葛嶺近くにある山。
（4）南宋の諸帝の陵墓—南宋滅後、元初には南宋朝および大臣の陵墓は発掘された（巻二「飛来峯」注4）。また、もとの宮城を壊して五寺を建て、白塔の下には鎮圧のために、南宋の諸帝の骨に牛馬の骨を混ぜて入れたともいう（巻五「宋の大内」）。

唐順之(1)「岳王墳」詩

国恥猶未雪、身危亦自甘。九原人不返、万壑気長寒。豈恨蔵弓早、終知借剣難。吾生非壮士、於此髪衝冠。

国恥猶お未だ雪《そそ》がざれば、身危きも亦た自ら甘んず。九原(2)より人返らず、万壑《ばんがく》に気長《つね》に寒し。

豈《あ》に恨まんや蔵弓の早きを、終《つい》に知る借剣の難きを。吾が生は壮士に非ざるも、此《ここ》に於いて髪は冠を衝く。

まだ皇帝が拉致された国恥は雪《そそ》がれていないのだから、自身の危険にも甘んじていたのだ。死んだ人は帰って来ず、よろずの谷間の気はいつも寒い。早く弓矢を蔵《おさ》めたことを恨みにはしないが、終《しま》いには直接に強く諫言することの難しさを知るのである。私は壮士ではないが、ここに至って逆巻く怒髪は冠を突き上げるのだ。

（1）唐順之（一五〇七―六〇）、明代の高名な学者・文人。江蘇、常州府武進の人。倭寇に際して軍を率いて功績があった。

（2）九原は、「九泉」「黄泉」に同じ。あの世、墓地のこと。

（3）原文「借剣」、漢代の朱雲の故事から、悪臣の排除をもとめて君主を直接に諫めることをいう。

蔡汝南《さいじょなん》（1）「岳王墓」詩

誰将三字獄、堕此一長城。北望真堪涙、南枝空自栄。国随身共尽、君恃相為生。落日松風起、猶聞剣戟鳴。

誰か三字獄を将《も》って、此の一長城を堕さん。北を望めば真に涙に堪えん。南枝空《むな》しく自ら栄う。国身に随って共に尽くるも、君恃みて相《とも》に生を為す。落日に松風起こり、猶お剣戟の鳴るを聞く。

三字獄⑵でもって、この国を守る長城の如き人を堕《おと》すことが誰にできようか。北を望めばまことに涙に堪えきれないが、南に向く枝はただ空しく栄えている。国は岳飛の身とともに尽きようとも、君主は頼りにしてともに生きていこうとしたのだ。落日に松風は吹きおこり、なお剣戟の音が鳴り響いている。

（1）　蔡汝南─蔡汝楠（一五一四─一六五）、湖州府徳清の人。『自知集』の著がある。
（2）　三字獄─岳飛に関する処置を非難した韓世忠に対して、秦檜は、岳飛への嫌疑は、その事実は「莫須有」だといったところ、世忠は「莫須有（おそらくあるだろう、あるかもしれない）」の三字だけで天下を納得させることはできないと反論した（『宋史』「岳飛伝」）。後世には無実の罪に落とすことを三字獄という。

王世貞「岳墳」詩

落日松杉覆古碑、英風颯颯動霊祠。空伝赤帝中興詔、自折黄龍大将旗。三殿有人朝北極、六陵無樹対南枝。莫将烏啄論勾践、鳥尽弓蔵也不悲。

落日に松杉は古碑を覆い、英風颯颯として霊祠を動《どよも》す。空しく伝う赤帝中興の詔、自ら折る黄龍大将の旗。三殿に人有りて北極に朝《ちょう》し、六陵に樹の南に対する枝無し。烏啄《うたく》を将《も》って勾践《こうせん》を論ずること莫《な》かれ、鳥尽きて弓蔵《かく》さるるは也《ま》た悲しからずや。

落ちかかる太陽に照らされた松杉は古碑を覆い、颯々《さっさつ》と吹く風は霊祠を動かしている。赤帝(1)の中興の詔が空しく伝えられ、黄龍大将の旗は自ら折ってしまわれた。三殿にいる朝廷の人は北極に向き合っているが、南宋の六皇帝の墓には南に向かう枝はない。口が鳥の咮《くちばし》に似ているということを以て勾践《こうせん》を論じてはならないのだ。(2)鳥を撃ち尽くして弓矢が収蔵され和平が結ばれるのは、また悲しいことではないだろうか。

（1）赤帝―漢の高祖は赤帝の子とされ、漢の皇室は赤帝と結びつけられる。ここでの赤帝は、南宋の高宗を意味する。黄龍大将は、岳飛が黄龍府で勝利して酒を酌み交わした故事から、ここでは岳飛を指すとみる。赤帝、黄龍を対照的な詩語として用いている。

（2）古代の勾践は長頸《ちょうけい》・烏啄《うたく》であった（『史記』四一）。烏啄は烏に似た口。越王勾践は呉国に敗北したことを反省し、会稽の恥を雪《そそ》ごうと臥薪嘗胆《がしんしょうたん》、苦心して国力を蓄え報復した。都をおいた会稽はいまの紹興、南宋の都臨安は杭州であり、この地域は勾践の越国の領土であった。ここでは、この地域で国家を確立し国土を守った越王勾践を論ずるには、口が烏に似ていたという末梢的なことは問題にならないというのである。

徐渭《じょい》(1)「岳墳」詩(2)

墓門は惨淡たり碧湖の中、丹雘《たんわく》・朱扉は水を射て赤し。四海の龍蛇、寒食の後、六陵の風雨、大江の東。英雄幾夜、乾坤に博（搏《あらそ》）い、忠孝家に伝えて俎豆《そとう》同じ。腸は両宮に断たれて朔雪を終え、年々の麦飯春風を隔つ。

墓門は碧の湖の中にさびしげに立ち、赤い廟[3]・朱い扉は水に赤く映っている。四海の龍蛇は寒食節の後に現れ、大江の東の六陵には風雨が訪れる。英雄は幾夜にも天地乾坤に争い[4]、家には忠孝が伝えられ、俎豆を供えて祀られる。（北方へ拉致された）宋末の二帝を断腸の思いで思いやるうちに雪の季節は終わり、春風に隔てられて、その先には麦飯が供えられるのだ。

（1）徐渭（一五二一―九三）、字は文長、号は青藤道人など。紹興府山陰の人。晩明の詩人書画家として知られる。張岱は同郷の先人として親近感をもち、その詩文を学ぶことがあり、好んで本書にも採っている。巻五の「鎮海楼」の記文を参照。『徐渭集』全四冊。中華書局、一九八三年などがある。

（2）『徐文長全集』「岳公祠」（香港広智書局版一一一頁）には、一・二句「墓門朱戟碧湖中、湖上桃花相映紅」、六句「忠孝誰家俎豆同……」に作る。その他は同文、ここでは本書に従って訳しておく。

（3）原文「丹雘」。『書経』梓材《しざい》に「惟だ其の塗は丹雘」。その孔穎達疏に、「雘は彩色の名」とある。

（4）原文「博」、『評注』に搏に通じ、争奪の意とする。これに従う。

張岱「岳王墳」詩

西冷の烟雨　岳王宮、鬼気陰森《いんしん》たり碧樹の叢《くさむら》。函谷の金人長《つね》に涙を堕《おと》し、昭陵の石馬自ら風に嘶《いなな》く。半天の雷電　金牌冷やかに、一族の風波　夜《や》壑《がく》紅《くれない》なり。泥塑《でいそ》の岳侯　鉄鋳《てっちゅう》の檜《かい》、祇《た》だ千載に奸雄を罵《ののし》ら令む。

西冷橋の烟雨のなか、岳王宮は鬼気陰森《いんしん》として、碧樹の草むらの中にある。函谷《かんこく》の金人(1)は常に涙を堕《おと》し(2)、唐太宗の昭陵に置かれた石馬(3)は、みずから風に嘶《いなな》いている。半日ほども続いた雷電によって鄂王自身の霊の宿る金牌は冷やされ、その一族の起こした風波は今に及んで、夜の壑《たに》は紅く染まっている。誰の目にも見える土造りの岳侯と鋳鉄造りの秦檜があるが、これはひたすら千載にわたって奸雄を罵っているのだ。

(1) 函谷の金人—函谷は都を守る函谷関、秦の始皇帝は武器を溶かして十二金人を造り、国の守りとした。

(2) 常に涙を堕し—漢の武帝は仙人を求めて金銅の仙人を作り、魏の明帝はこれを鄴城《ぎょうじょう》に移した。李賀「金銅仙人辞漢歌」の小序に、「仙人載るに臨んで、乃《すなわ》ち潸然《さんぜん》として泪《なみだ》下る（仙人臨載、乃潸然泪下）」とある（『校注』）。

(3) 石馬—唐太宗の陵墓、昭陵におかれた六匹の石馬。この二句は、国の守りに関わる史上の故事と用語を用いて詠んでいる。ところで、『唐会要』二〇に「石に刻して常の乗る所と為し、敵馬六匹を闕下に破る（刻石為常所乗、破敵馬六匹于闕下）」とある。これが典故になったとすれば、後出の巻三「関王廟」に同じ故事を用いて石馬を鉄馬と誤った一因は、あるいは「鉄（鐵）」と「敵」との字形の近似にあったとも推測できよう。

董其昌《とうきしょう》[1]「岳墳柱対[2]」

南人は南に帰り、北人は北に帰る。小朝廷に豈《あ》に活を求めんや。孝子は孝に死し、忠臣は忠に死す。大丈夫は当《まさ》に是《かく》の如くなるべし。

南人は南に帰り、北人は北に帰る。小さい朝廷にどうして生きることを求めようか。孝子は孝に死し、忠臣は忠に死す。大丈夫はまさにこのようにあるべきだ。

（1）董其昌（一五五六―一六三七）、江蘇省松江府華亭の人、官僚としては礼部尚書に至る。明末の著名な書画家。

（2）柱対―廟堂の柱などに掛けられる対聯。張岱のころには、仏寺道観の堂内には柱対などが所狭しと掛けられていた。張岱は徐渭（文長）の対聯を好み、『徐文長逸稿』に入れて刊刻し、また自作を集録している（「柱銘鈔自序」）。本書にも、文長や自作の柱対を多数収めていて、文学作品として自認していたことがわかる。

張岱「岳墳柱銘[1]」

鉄製の像が天に呼《さけ》んで悲しむのは、この恨みがまだ晴らされていないからだ。かつて唐太宗の昭陵にある六匹の石馬[2]は哭泣していると聞いたことがある。（それに対して）岳飛が地を拓いて黄龍府に勝利して痛飲したのは[3]、その志が報われたからであり、蔣帝は雨が降らないようにして戦いを助けたが、その蔣帝の廟に置かれていた泥作りの兵士の脚が、（蔣帝が引き受けた）

雨で湿っているのが見られたのだ。(4)

（1）この銘の前半は、志がまだ遂げられていないことから現れた現象、後半は志が遂げられたことから現れた現象であり、前半と後半とを対の表現にしている。

（2）唐太宗……昭陵は唐太宗の陵墓、そこには六匹の石馬が置かれた（『唐会要』）。

（3）黄龍府……岳飛が金との戦いで黄龍府を撃ち、勝利を祝って痛飲した故事。

（4）蔣帝の廟……六朝時代、斉の皇帝は、雨を司る蔣帝神に祈り降雨を止めて魏軍を破ったが、凱旋の後には廟中の人馬の足にはみな湿った泥が付着していた、つまり、神は扶助を許して皇帝軍を援けるべく、神廟中の人馬が降雨を止めるために出動したという故事（『南史』五五）。

紫雲洞

紫雲洞は烟霞嶺の右にある。その地は奇怪な岩や鬱蒼とした緑樹が空を引き裂き、山頂は積み重なって、天が構えた巨屋のようである。賈似道は工人に命じて削り開き、草庵を建てて大士像をその上に刻ませた。二つの石が依り合って門を作り、清風が時に吹いてくると、谺《こだま》が通り抜けて来て、長く座っていると寒さに震え上がる。またひとつの隙間が洞の中に突き出してきれいな水を蓄えているが、その底は計り知れない。洞のもとには懶雲窩《らんうんか》があり、四方の山に囲まれ、竹や木に覆われていて、その中に庵が結ばれている。遊覧してここに来た有名な賢者たちは、誰でも世を捨てようとの思いをもつのだ。洞のそばには奥深いひとつの谷があり、昔の人が石を掘っていて、金鼓の音を聞いてとりやめたことから、金鼓洞と名づけられた。洞の下には泉があり、白沙という。好事家は汲み取って茶を煮る。その名声は虎跑泉《こほうせん》と肩を並べている。

王思任《しじん》詩(1)

筍輿《じゅんよ》もて幽を遍《あまね》く討《たず》ぬれば、大壑《たいがく》に気沈沈たり。山葉は秋に逢いて酔い、渓声は午《ひる》に入りて瘖《いん》す。是の泉は竹に従《よ》って護られ、石の雲に深からざるは無し。骨に沁みて涼風至り、僧寮は絮《じょ》碧《へき》の陰《かげ》にあり。

竹の輿《こし》に乗って幽趣を隈なく訪ねると、大きな壑谷《たに》には深々とした気が漂っている。山の木の葉は秋に逢って酔ったように赤くなり、峪《たに》川の音は昼になっておとなしくなって来る。ここの泉は竹によって護られ、石はみな深い雲の中にある。骨に沁みる涼風が吹き至り、僧の寮舎は深緑の続く木蔭にある。

(1) 王思任(一五七二―一六四六)、字は季重、号は謔庵《ぎゃくあん》。張岱と同じ浙東山陰の人。晩明の詩人。明朝滅亡後、魯王に仕え、その敗亡のあと泰望山に入り絶食して死んだ。

余説　張岱の祖父は王思任と同年の進士であることから、科挙上では祖父と同じと見て「年祖」の敬称を用いた書簡を書いている（『嫏嬛文集』三「王謔庵年祖」）。親しい間柄であり、彼の逸話を多く書き（『快園道古』）、没後には「王謔庵先生伝」を書いている。その末尾に、「北（清朝の）使は江を渡り人ごとに牛酒を具《そな》う。先生の出《いつ》るを邀《むか》うる者有り、先生門を閉ざし、大書して「降《くだ》らず」と曰う。明朝の（魯王）監国　越に至り、顧問に備わらんことを請う、仍《よ》りて一席の笑談を以てし、遂に大位を致す。江上の兵散じ、跡を山居に屏《かく》す。（清軍の長）貝勒《ばいろく》　城中に駐蹕《ちゅうひつ》するに、先生誓いて朝見せず、薙髪《ちはつ》せず、入城せず。偶《たま》たま微痾《びか》に感じて、遂に飲食を絶ちて僵臥《きょうが》す。時常《つね》に身を擲《なげう》ちて起ち、弩目握拳《どもくあくけん》、涕洟鯁咽《ていいこういん》し、瞑《し》に臨んで「高皇帝」と連呼すること三たび、聞く者之を（北宋末の）宗沢の死に瀕して三たび「過河」と呼《さけ》ぶに比《くら》ぶ」とある。

本則に挙げる思任の詩は、まだ明朝滅亡して清軍南下し、東南方の抵抗を排除、制圧する以前の作だろう。その後、思任は明の官僚であったこともあり（この点で未官仕の張岱とは立場が異なる）、残明政権を樹立した魯王軍に参加し、その敗亡後、抵抗姿勢を崩さずに、忠節を守り満州族の風俗である辮髪令に従わず、微痾に感じた事実があったにしても、死を望み、絶食して死している。張岱の文はその詳細な経過を省き、抑制した簡約な表現に止め、わずかに宗沢の「過河」の叫びに思任の思いを託している。中国には度重なる政権の交代があり、唐末以後を見れば周辺異民族の権力掌握、首都の変遷など大きな政治的変動があった。こうした中で中国の士人民衆は自らの思いを後世に伝え続ける。いま、張岱は成立期にあって残明勢力の動向に鋭敏な異民族清の王朝のもとで、明に殉じた王思任の生涯を、その最後をできる限り最大限に文章にしたのがこの伝であった。ここに宗沢の「過河」の叫びに思いを託した理由がある。

動乱期の人心の向背はわかり難いが、『宋史記事本末』によれば、北宋の欽宗・徽宗《きそう》が北方の金に拉致され、金軍は河北を占拠して南下する勢いを示す中に、宗沢は、あくまで対金抗戦・北進論を主張し、一時政権の中枢にいた李綱にも推されて、首都汴京《べんけい》（開封《かいほう》）の留守職および開封知府になり、あの抗金の勇士岳飛を見出して用いた。即位した徽宗の子、南宋の高宗に都に還らんことを請うたのだが、しかし奸臣にさまたげられ果たさず、憂憤して疽《そ》を背に発して死んだ。宗沢は、「吾れは二帝の蒙塵《もうじん》を以て憤激此《こ》こに至る。汝ら能く敵を殲滅せば、即ち我れ死すとも恨み無し」といい、「但だ河を過《わ》たれ」と連呼すること三たびして卒《しゅっ》したという。

本書には、五代呉越から北宋、北宋から南宋、南宋の滅亡から元という王朝変革期の記述が意外に多い。ひとつには杭州西湖の歴史的地理的位置にもよるのだが、そこには同じく変革に直面した張岱の思いを感じ取ることができるのではないだろうか。本書には西湖の風物の粋を凝らした表現とともに、その歴史への筆遣いがあると思われる。

巻二

西湖西路

玉泉寺

玉泉寺はもとの浄空院である。南斉の建元年間（四七九―八二）に、僧侶の曇起《どんき》がここで説法すると、龍王が来聴して掌を撫でて泉を湧き出させたので、龍王祠が建てられた。

晋の天福三年（九三八）に初めて浄空院を泉の左に建てた。宋の理宗皇帝は「玉泉浄空院」の額を書いている。祠の前には一畝ばかりの池があり、泉水は玉のように白く、水は澄みきっている。深みにはすっぽん類は潜んではおらず、中に五色の魚が百余匹いて、だんごえさを投げ与えると背びれ尾びれを奮いたてて撃ちかかり、攫《つか》み争って旋回する様子はまことに面白い。泉の底には穴があり、ふいごのように空気を出す。これが神龍の泉穴である。また細雨泉というものがあり、晴れの日に水面が雨だれの点滴のようになっているが、そのわけはわからない。泉水が流れ出すと田畑四千畝を灌漑できる。

近くにあるのが鮑家田《ほうかでん》で、呉越王の家臣鮑慶臣の采領地であった。万暦二十八年（一六〇〇）には、司礼太監の孫東瀛《そんとうえい》が池のほとりに大士（菩薩）(1)の楼居を改築した。春には遊覧客がとても多く、それぞれに菓子やえさを持ってきて魚を鑑賞する。えさをたくさん与えるので、魚はみな食い飽きてしまい、これを放生池にくらべれば、「ちっぽけな男（侏儒《しゅじゅ》）は食べ飽きて死にそうだ[2]」ということになるのだ。

（1）大士―元来はひろく菩薩を指すが、観世音菩薩の尊称として用いることが多い。
（2）ちっぽけな男（侏儒）……―漢代に東方朔《とうほうさく》が武帝に向かって、つまらない男たちは食べ飽きているのに、自分は餓えて死にそうだと、採用するように訴えたことばをひねって転用したもの。

金堡[1]「玉泉寺」詩

在昔　南斉の時、説法に曇起有り。天花碧空より墜ち、神龍法語を聞き、掌を撫でて一たび讃嘆すれば、泉を出して白乳と成る。澄潔　更に空明にして、寒涼　酷暑を卻《しりぞ》く。石破れて冬雷を起こし、天驚きて秋雨を逗《とど》む。如何ぞ烈日の中、水紋　砕羽の如しとは。言《ここ》に橐籥《たくやく》の声有り、気孔は泉底に在り。内に海の大魚多く、猙獰《そうどう》数百匹。餅餌《へいじ》驟然《しゅうぜん》と投ぐれば、遮《さえぎ》らんと要《もと》めて振旅を全くす。食を見て即ち生を忘るるは、盗賊の聚《あつま》るを怪しむこと無し。

むかし南斉のころ、曇起が説法したとき、花が天から碧空に降ってきた。神龍は法語を聴き、掌を撫でてひとたび讃嘆したところ、泉が湧いて乳白色となった。水は清らかに澄み渡り、その涼しさは酷暑を寄せ付けない。石が割れると冬の雷が起き、天が驚くと秋の長雨を引きおこすのだが、どうして炎暑の日には、水紋は砕いた羽のようになるのだろうか。ふいごの音がするというのは、気孔が泉の底に在るからだ。水の中には多くの海の大魚がいて、数百匹がひしめいている。団子えさが投げられるたびに、全力を尽くして遮ろうとして隊列をつくる。食い物を見て生命の安全を忘れる様子は、盗賊の集まりと変わるところがない。

（1） 金堡―字は衛公、杭州仁和の人、崇禎十三年の進士。清軍の南方侵攻に抗した魯王の軍に参じ、後に隠遁して仏門に入り、道隠、澹帰などと号した。康熙本『西湖夢尋』に序文を書く。また、巻四「南高峰」にも一詩を採っている。光緒本では、ともに金堡の姓名を伏せて「道隠」作としている。『明遺民詩』には、釈今釈として詩七首を載せる。伝は『明遺民詩』、『明遺民録彙輯』に詳しい。

集慶寺

九里松は唐の刺史（杭州太守）袁仁敬が植えたものである。松並木は天竺にまで続き、長さはおよそ九里、左右に三列ずつ並び、各列の間隔は八、九尺ある。蒼翠が道を挟み、藤づるが路に張り出し、その下を行く人の顔はみな緑色にみえる。一里ほど行くと、集慶寺があり、宋の理宗が寵愛した閻妃《えんひ》の功徳院(1)である。淳祐十一年（一二五一）に建造された。

閻妃は、鄞《ぎん》県（現在の寧波）の人であり、妖麗で后宮の寵愛を一身に集めた。寺の額はみな皇帝の宸筆《しんぴつ》(2)であり、巧麗なることは他の寺から抜きんでている。造営のはじめには、遠くに立木を見ては切り倒して、功績のある勲臣旧臣のものでも容赦せず、人びとを鞭打って追いやり、騒ぎは鶏や豚にまで及んだ。ときに法堂の太鼓に、「浄慈・霊隠・三天竺も、閻妃の面《つら》の皮の好さにはかなわない」と書いた人がいた。理宗はこれを深く恨み、下手人を一大捜索したが見つからなかった。(3)この寺にはいまに至るまで理宗の肖像画二軸が伝来している。宋帝の六陵はすでに掘り返されて、(4)冬青（もちの木）も生えなくなったが、理宗皇帝の遺像は閻妃の面の皮のおかげで保存することができたのだから、どうして軽々しくそしることができようか。寺は元の末に焼失し、明の洪武二十七年（一三七四）に重建された。

（1）　功徳院―仏寺を建てて仏を供養することが閻妃の功徳になることを願って建てた寺院。因みに、南宋の陳世崇『随隠漫録』五に「閻妃は特旨を以て、霊隠寺の菜園を奪い、功徳寺を建つ」とある。

（2）　宸筆は、皇帝の直筆、真筆。

（3）『銭塘遺事』一「顕慶寺」に、臨安の霊隠・浄慈・上中下の三天竺寺は皆宋朝祖宗の功徳寺だという。そして淳祐庚戌（十年、一二五〇）には貴妃閻氏の功徳寺として諸寺を越える土木工事を顕慶寺に起こし、時の人は賽霊隠寺と名づけた。ところが、大鼓の上に「浄慈・霊隠・三天竺は、閻妃の両（頬）の皮に似ず」と大書する者がいたことから、警戒が厳重になったという。

（4）　巻五「宋の大内」を参照。

張京元「九里松小記」

九里松は、いまではわずかに一株二株だけが残って見えるが、飛龍が空を引き裂くように雄古奇偉な姿である。その当時を思えば、万緑は天に届くほどで、松風の音は銭塘の潮音よりも壮大だったが、いまはもうすでに何もなくなった。さらに千百年が過ぎて桑田が滄海《おおうみ》に変われば、おそらく北高峰の上には巻貝どぶ貝の殻があるだろう。樹木の有無などは問うまでもないことだ。

陳元暉(1)「集慶寺」詩

①玉鈎斜め内にする一閻妃《えんひ》、姓氏猶お伝うるは真に奇とするに足る。宮嬪《きゅうひん》若《も》し能く仏に佞《ねい》するに非ざれば、御容焉《ぎょよういずく》んぞ招提《しょうだい》に在るを得ん。

白玉の胸飾りを斜めにかけた閻妃、その姓名がいまも伝えられているのは、まことに数奇な人である。宮中の女官たちがもしも仏にへつらわなければ、(2)その(理宗の)お姿は、どうして仏寺にあることができただろうか。

②地に黄金を布きて紫薇《しび》を出づれば、官家も一閻妃に若《し》かず。江南の賦税誰れに憑《よ》りて用いん。日々に縦《ほしいまま》の平章は、水に恣《ほしいまま》に嬉《あそ》ぶ。

大地に黄金を敷き詰めて作るという仏寺(3)へと紫薇の宮中を出たのだから、宮中の人すべてでも一人の閻妃に及ばないのだ。江南の賦税は誰が使うためのものであるのか。（それを用いて）勝手気ままな平章（賈似道《かじどう》(4)）は、日ごとに湖水を恣《ほしいまま》にして遊んでいたのだ。

③荒を開き土を築き壇壝《だんい》を建つ。功徳嶷峨《ぎが》として石碑に在り。集慶猶お存するも宮殿毀れ、面皮は真個、閻妃に属す。

未開の地を開いて土石を築き、祭祀の殿堂を造った。その大きな功績は石碑に書かれている。集慶寺はまだ存続しているのに宮殿は毀れてしまったが、（理宗が寵愛した）面《つら》の皮は、ほんとうは閻妃のものなのだ。

④昔日曽《かつ》て伝う九里の松。後に聞く、寺を建つれども一朝に空しと。放生は自ら禽鳥を出羅することにて、闍黎《じゃり》に聴信するに功有りと説く。

むかしは九里の松の名が伝えられていた。後には寺を建てても、一朝のうちに空しくなったと聞いている。放生は禽鳥がみずから網から飛び立つことなのだが、闍黎《そうりょ》（阿闍梨《あじゃり》、僧侶）に尋ねたところでは、功徳があるということだった。

（1）　陳元暉―浙江省嘉興府海塩県の人。万暦四十一年の進士。

（2）　宮中の女官……―仏教嫌いの人士は、仏を信仰して供養することを佞仏だと悪口を言うが、女官が仏教を信仰して閻妃の功徳院が建てられることがなければ、理宗のお姿が保存されることもなかったということ。招提は僧侶仏寺をいう仏教語、ここでは仏寺のこと。
（3）大地に黄金……―長者が釈尊に帰依して土地に黄金を敷き詰めて招いたという故事。ここでは仏寺をいう形容詞として用いる。至高の仏寺である功徳院に入った閻妃にはかなわないとの意。
（4）平章は賈似道のこと。この詩の話題になっている理宗代に宰相を務めている。巻一「大仏頭」を参照。

飛来峯（1）

飛来峯は角ばった石の地層が透けて見え、えぐられて穴があき、虚空に屹立したありさまは鮮やかで美しい。これは石狂いの米芾《べいふつ》（2）が袖中にしたひと塊の珍奇な石なのだ。もしも石の趣味に凝った人がみれば、きっと礼装を整え笏《こつ》をもち、へりくだって礼拝し、安易で馴れ馴れしい呼び方はせずに、ただ（米芾のように）石丈（石の長老）とだけこれを呼ぶ（3）のである。深く恨まれるのは、毛なしの楊の奴《やつ》（4）が、全体にすっかり仏像を彫り、羅漢や世尊とかをぎっしりと隙間なく並べたことである。西施の花のように艶やかな肌と白く輝く体を掘り削って、丘と池、鶏と獣にしてしまい、なんと黒々と塗りたててしまった。真に珍しい自然の規格を超えた天成のものが、むやみやたらに彫ったり突いたりされたことは、思うたびに痛みが骨にまで沁みる。思い返しても恨まれるのは、その姿を西方に隠さずに、軽々しく霊鷲山《りょうじゅせん》（5）から出て辱めを受けたことであり、それはまた君子が生まれても時節を得ない時に身を収めて隠遁せず、傑出した才能が反って押し砕かれてしまったようなもので、郭璞《かくはく》・禰衡《でいこう》(6)などもこうした傷ましい目にあっているのだ。

慧理《えり》(7)が一嘆して、どうして飛来することにしたのかと言ったのは、思うにこれを痛んだのであり、またこれを惜しんだのである。さらに楊の奴が渓流に沿って刻んだ羅漢は、みな自分の姿をかたどり、獅子に騎《の》り象に跨り、侍女がみな裸体で花をささげていて、その例は少しばかりではないのだ。

田汝成はそのひとつを打ち摧《くだ》いた(8)が、私も若い時に呴嶁《くろう》山房に読書したおり、そのひとつを砕いた。聞くところでは、楊の奴はその頃には徳蔵寺に住んでいて、もっぱら古い塚をあばき、喜んで死体と淫交したという。

また寺の後ろに来提挙夫人と陸左丞の化女(9)があり、ともに生きていたときそのままの体(10)を水銀に浸して納棺してあるからだと知って、楊は塚墓をあばくことを命じた。

真諦という僧がいて、生まれつき愚かであったことから、寺の中で焚き木づくりや水汲みをしていたが、これを聞いて大いに怒り、叫び声をあげてそのはずかしい行いを責めたてた。堂主の僧らはわざわいが及ぶことを恐れて、これを閉じ込めた。五つどき（午前八時）になって楊の奴が起き上がり、人びとをせかせて発掘しはじめると、真諦は垣根を越えて現れ、韋駄天《いだてん》の杵《きね》をとり出して楊の奴を思いきり打ちのめし、その脳天を引き裂いた。付き人は救おうとしてみな傷つけられた。真諦が人の間を跳ねまわり、その度に数メートルを飛び越える様子は、まるで隼《はやぶさ》が飛び下り虎が跳ね上がるようであり、その素早い動きはとても人の力でできることではなかった。灯火や炬明《たいまつ》はみな一斉に消え、鋤《すき》やもっこ天秤《てんびん》棒はすべてばらばらに壊れた。楊の奴は大いに畏れて、これは韋駄天が顕れ出たと思い、それ以上墓をあばこうとはせず、みなを引き連れてあわてて立ち去り、もう問いただそうとはしなかった。この僧はまことに山霊のために気を吐いたのである。

（1）飛来峯―霊隠寺の前方にあり、海抜一六七メートル。石灰岩によって構成され、地殻変動によって形成されたことから周囲の群山とは遥かに異なる景貌をもち、奇岩怪石洞窟が多い（『西湖志』二〇九頁）。飛来峯がインドから飛来したという伝説は、北宋時代にも知られていた。「中天竺の霊鷲山（より）一小嶺飛来す。峰の北面に霊隠寺を造り、南面に天竺寺を造る也」（成尋『新校参天台五台山記』七一四頁）。

（2）米芾―原文「米顛」、宋代の画家。自由奔放であったことから「顛」とも呼ばれる。巻一「玉蓮亭」に既出。

（3）石丈とだけこれを呼ぶ―葉夢得《しょうぼうとく》『石林燕語』にみえる話（『校注』）。

（4）楊の奴―元代のラマ僧、楊璉《ヤンレン》（漣）真伽《チエンカ》のこと。原文の「髡《こん》」は、頭髪のないことを侮る言い方。楊は世祖の時に江南釈教総統となり、宋王朝および大臣の陵墓一百一か所を発掘。奪取した財宝は、計金一千七百両、銀六千八百両、玉帯九、玉器大小百一十一、雑宝貝一百五十二、大珠五十両、鈔一十一万六千二百錠、田二万三千畝といわれている（『元史』二〇二）。杭州地区は甚大な被害を蒙ったのである。

（5）霊鷲山はインドにある霊峯。釈迦牟尼の語に、「われは常に霊鷲山に住む、常在霊鷲山」（『法華経』「寿量品偈」）とある。

（6）郭璞・禰衡―郭璞は晋の人、禰衡は後漢の人。ともに高い学識を持ちながら非業の死を遂げる。

（7）慧理―インドから渡来した僧。「咸和元年（三二六）西天沙門《しゃもん》の竺《じく》慧理、銭塘の武林山に至り、驚きて曰く、中天竺の霊鷲の小嶺《りょうじゅ》、何《い》れの年にこの地に飛来するやと。因りて天竺山飛来峯と名づけ、寺を建てて霊隠と曰う」（『仏祖統記』三六。大正四九・三三九）。

（8）田汝成……―砕いたのは当時の杭州知府、陳士賢であって、田汝成はそのことを文章に書いたという（『評注』）。関連して言えば、張岱は、浙江地域には飛来と言われる山は二つあるとする。ひとつは上述の飛来峯であり、ひとつは越城の飛来山だという。後者について、「余は又、古逸書に干宝の著すところの「山亡」を見るに、「夏桀無道にして、東武山一夕に亡《に》げ去り、会稽山陰の西門の外に堕つ」と。この語、無拠に非ざるに似る」といい、『呉越春秋』、『水経注』、干宝「山亡」などを引いて論じている（『瑯嬛文集』二「怪山」）。

（9）化女は、女性の亡骸《なきがら》。

（10）原文「色天」は、色界に生存する者（『広説仏教語大辞典』）、生きているままの姿の意。

袁宏道「飛来峯小記」

湖上の諸峰の中でも、まさに飛来峰を第一とするべきである。峰の石は数十丈を超え、蒼色の玉が立っているようである。餓え渇いた虎、奔《はし》る獅子《しし》（猊《げい》）もその怒りを表すには足らず、神霊が叫び鬼神が立ってもその怪を表すには足らず、秋水、暮烟《ぼえん》もその景色を表すには足らず、米顚（米芾）の書、呉道子の画もその変幻屈曲を表すには足りないのである。岩の上には多くの変わった木があるが、その根は土に依らずに岩の外につきだしている。岩峯の前後に大小の洞穴が四つ五つあり、中に奥深く通じており、鍾乳石が垂れて花になっている様子は、まるで刻み鏤《ちりば》めたようである。壁の間の仏像はみな楊の奴が作ったもので、美人の顔に残った傷跡のように醜く厭わしい。

私は都合五回、飛来峯に登った。最初は黄道元(1)・方子公とともに登り、単衣《ひとえ》の着物を短くはしょって、まっすぐに蓮花峰の頂上をきわめた。一つの石を見るたびに発狂して大きな驚きの声をあげずにはいられなかった。その次は王聞渓(2)と一緒に登り、その次は陶石簣・周海門(3)と、その次は王静虚・陶石簣兄弟と、その次は魯休寧(4)とともに登った。ここに遊ぶごとに、いつも詩をひとつ作りたいと思ったが、ついにできなかった。

（1）黄道元―永嘉の人、崇禎三年（一六三〇）修仁県（広西省）知県に任ず（『評注』）。
（2）王聞渓―『評注』に、「王禹声、字は文渓、聞渓。万暦十七年の進士」云々とする。湖広承天府知府となる。のちに宦官について諫言したために革職された。そのため『明清進士歴科題名碑録』などにその氏名は見えない。
（3）周海門は、『評注』に、袁宏道の原文には周海寧とあることを指摘する。周廷参（一五五〇―九九）は海寧知県に任じたから、周海寧と称している。
（4）魯休寧―字は子与、南彰人、万暦十一年進士、休寧知県（『校注』）、ただし『明人伝記資料索引』に、南漳人、万暦二十三年進士云々とする。しかし、上記『碑録』には両人ともに見えない。また、南漳は現在の湖北省南漳県だが、南彰は『中国歴史地名大辞典』にも見えない。

また「戯れに飛来峯に題す」詩

試みに飛来峯に問う、未だ飛ばざるとき何処に在りや。人世多少の塵あり、何事ぞ飛び去らざると。高古にして鮮妍、揚・班(1)も賦する能わず。白玉は其の顚《いただき》に簇《あつ》まり、青蓮は其の色を借る。惟《た》だ虚空心のみあるも、一片も描き得ず。平生の梅道人は、丹青を識らざるが如し。

試みに飛来峯に尋ねてみよう。まだ飛来する前はどこにいたのか、人の世には俗塵が多いのに、どうして飛び去らないのかと。高潔にして古雅、そして目のさめるように美しい様子は、揚雄・班固という名手でも、辞賦に詠うことは難しいほどだ。白玉がその頂きにむらがり集まり、青蓮はその色を借りている。ただ虚空を思う気持ちがあるだけでは、その一端さえも描けない。平素から梅花道人と号した呉鎮（元代の画人）(2)でも丹や青の色づけがわからないようだ。

（1）揚は前漢の揚雄、班は後漢の班固、ともに高名な詩賦文学者。
（2）梅道人は元代の呉鎮、浙江嘉興の人。梅花道人と号す画家として知られる。隠居して仕えなかった。

張岱「飛来峯」詩

①石に原《もと》より此の理無く、変幻して自ら形を成す。天巧は鑿《のみ》を経たるかと疑われ、神功は型を受けず。空を捜し或いは水に洚《くだ》れば、開闢《かいびゃく》は必ず雷霆《らいてい》ならん。応《まさ》に軽々しく飛至するを悔ゆるべし。端無くして巨霊に遭《あ》うを。

岩石にはこのようになる道理はないのだが、自然に変幻して形が出来上がったのである。天然の巧みさは、人工の鑿《のみ》を加えられたのではないかと疑われるが、その神わざは定まった型を受け付けない。空中を捜しまた水中に降下(1)してみると、天地のはじめにはきっと雷霆の力があったのだろう。軽々しく飛んできて、わけもわからずに巨大な霊力に遭遇したことを、きっと後悔しているに違いない。

②石の意は猶お動かんことを思う。躨跜《きじ》(2)して勢い撑《ささ》うるがごとし。鬼工曲折を穿ち、児戯玲《れい》瓏《ろう》を斫《き》る。深入して三窟を営み、蚕に開き五丁を倩《か》る。飛来し或いは飛去し、防爾するは身軽きが為なり。

(飛来した)石の心は今もなお動こうとしていて、蠕動《うごめ》いて天を支えているようだ。鬼才の工匠が曲折を施したが、(楊髡は)児戯の細工をして玲瓏の美しさを切ってしまった。(だが)深く入って三窟(3)が営まれ、荒々しく開鑿して(4)神話にいう五人の力士の力を借りている。飛来するかあるいは飛去するか、備えられる(5)のは身が軽いお蔭なのだ。

（1）原文「洚」は、降の意。
（2）躨跜—虬龍《きゆうりゆう》の動く貌、獣の動く貌。
（3）三窟とは、上記の袁宏道「小記」にいう洞穴のことであろう。文字を変えて次句の五丁と対照的なことばにしている。
（4）原文「蛮開」の蛮は、凶暴粗野の意。章炳麟『新方言』「釈言」に「凡そ専□自恣者は、通じて之を蛮と謂う（□は所拠本不鮮明）」とある。
（5）原文「防爾」は、備える防ぐとの意、爾は添え字の助辞。

冷泉亭

冷泉亭は霊隠寺山門の左にあり。丹《あか》い垣根、緑の樹木、その蔭《こかげ》は暗い森に映っている。亭は切り立った崖に面し、深い淵は冷たく水を湛《たた》えて、涼しげに清らかな水音が耳に入ってくる。亭の後ろには西栗(1)の木が十数株、大きさはみなひと抱えもあり、涼しい風が暗い木陰を吹きわたり、体中が清涼になる。秋のはじめには栗の実が熟し、大きさはゆすらうめのようで、殻をわって食べると、色は琥珀色、香りは蓮の花房のようである。

天啓四年（一六二四）甲子に、私が呴嶁《くろう》山房で読書したとき、寺僧はこれを採ってさわやかな供物にしてくれた。私が思うには、雞頭《けいとう》の実はそれほど柔らかでないが、鮮胡桃(2)の実もその甘い芳香には及ばないのである。

夏のころには、涼しさに乗じて枕を亭の中に移し、横たわって月を見ると、渓の水はさらさらと流れ、音楽が一斉に起こってくる。張公亮(3)は、この水声を聞いて林丹山(4)の詩を吟じた。「西湖に流れ出す時は歌や舞いを載せるが、振り返ってみると山に在る時とは似ていない」。これは水声が金石の音を帯びていて、すでにあらかじめ歌舞音曲となっていることを詠じているのである。西湖に入らずにどこに入るというのか。

私はこういったことがある。西湖に住むどんな人でも歌舞音曲を帯びない人はいない。どの山も歌舞音曲を帯びない山はない。どの水も歌舞音曲を帯びない水はない。厚化粧と派手な衣装は、村娘や山僧でも免れないのだ。それで眉公(5)（陳継儒）が言ったことばを思い出した。「西湖には名山はあるが、処士はいない。古刹はあるが高僧はいない。紅おしろいはあるが佳人はいない。花の朝はあるが月の夕べはない」と。

また曹娥雪(6)はこれを嘲って詩を作った。「鵝鳥・羊肉を焼き、石灰湯で煮て喰らう。まず湖心に行き、次は岳王廟だ。陽が西に傾いても沈まない中は、客はまだ酔っていない。みんな明月をうっちゃって銭塘江に進もう」。

私が西湖にいた時は、湖水に浮かべた舟を寓居にすることが多く、夜ごとに湖上の月を眺めていた。そして今また霊隠の喧噪を避けて、夜は冷泉亭に坐り、また夜ごとに山間の月に向かい合っているのは、何という幸せを受けることか。私はもともと西湖の静けさを観賞するのは蘇東坡を超える人はないと思うのだが、それでもやはり夜になると街中に帰ることから免れてはいないのであって、深山の静寂、白い月明かり、石を枕にして流れで口を漱《すす》ぎ、花の姿影に寝起きするのは、林和靖・李呴嘍《くろう》(7)の外には多くの人がいるわけではないのだ。慧理と駱賓王《らくひんおう》(8)もやはり同じところで寝ることを許していなかったのである。

（1）西栗―慧理が西天竺から持ってきたといわれる果樹で、実は小さく葉は美しい（『評注』所引『杭州府志』）。
（2）雞頭は、ひしの実。鮮胡桃は未詳。
（3）張公亮―「六賢祠」に既出。
（4）林丹山―宋代の詩人、諱は稹《しん》、丹山は号、長州の人、熙寧九年の進士。
（5）眉公―陳継儒（一五五八―一六三九）、字は仲醇、号は眉公、江蘇の松江華亭の人。処士として著述に従事。本書巻二「青蓮山房」、巻四「于墳」に詩文を載せる。「解説」を参照。
（6）曹娥雪―嘉興府嘉善の人、崇禎元年（一六二八）の進士。
（7）呴嘍―李茇《りばつ》の号、後出の「呴嘍山房」を参照。
（8）駱賓王―後出「韜光庵」を参照。

袁宏道「冷泉小記」

霊隠寺は北高峰のふもとにあり、寺はこの上ないすぐれた勝景である。門からの景色がとても好い。飛来峯から冷泉亭に至る一帯は、谷川の水が白玉のように溜まり、画を書いたような岩壁から香りが流れている。ここは山の極め付きの勝地であり、亭は山門の外にある。かつて読んだ白楽天の記には言っている。

「亭は山下の水中、寺の西南隅にある。高さは一尋《ひろ》の倍まではなく、広さは一丈を重ねるほどはない。奇勝を探し求めれば、形を隠し通せるものはないのだ。春の日には、草は薫り木は歓び、気分はなごみやわらぐ(1)。夏の日には、風は冷たく泉はよどんで(2)、煩熱を除き、悪酔いを覚まさせる。

山の木々が蓋《おお》いとなり岩谷は壁となって、雲は棟屋から出て水は階石と同じ高さになる。坐って楽しめば、足を床の下で濯《すす》ぐことができ、伏臥して馴れ親しめば、釣り糸を枕の上から垂れることもできる。入り組みくねる清らかな水は甘く柔らかく、眼目《まなこ》に映る騒がしさや心舌に浸みた垢は、洗い流さなくとも立ちどころに取り除かれる(3)」と。

この小記をみると、当時の亭は水の中にあったのだろうが、いまは澗水《かんすい》に沿って建っていて、澗水の幅は一丈ほどしかなく、亭を置くことはできない。そうであれば、冷泉亭の景色は、旧時にくらべておそらく十分の七に減っているのだ。

(1) 気分は……——原文「導和納粋」の試訳。
(2) 原文「渟」は、水が停止して動かない貌。

（3）　白楽天の記──『白氏長慶集』四二「冷泉亭紀」。上記の文は節略したところがある。

霊隠寺

明代の末に昭慶寺が焼失し、それほど経たないうちに霊隠寺は火災に遭い、それほど経たないうちに上天竺寺もまた火災に遭い、西湖の三大寺は相次いで焼失してしまった(1)。この時、具徳和尚(2)は霊隠寺の住持をしていたが、数年も経ずに霊隠寺だけが、いち早く再建された。

そもそも霊隠寺は、晋代の咸和元年（三二六）に僧の慧理が建立したもので、山門の扁額には「景勝覚場」とあり、伝えるところでは、葛洪が書いたものという。寺には石塔が四つあり、銭武粛王が建てた。宋の景徳四年（一〇〇七）に寺号を景徳霊隠禅寺と改めた。元の至正三年（一三四三）に焼失し、明の洪武年間（一三六八―九八）の初めに再建され、霊隠寺に改めた。宣徳七年（一四三二）に僧の曇讃《どんさん》が山門を建立し、良玠《りょうかい》が大殿を建立した。殿の中には拝石があり、長さ一丈あまり、花草や魚鱗亀甲の模様があり、巧みな細工は画のようである。正統十一年（一四四六）に玹理《けんり》は直指堂《じきしどう》を建て、堂の額は張即之が書いた。隆慶三年（一五六九）に焼失し、万暦十二年（一五八四）に僧の如通が重建した。同二十八年には司礼監の孫隆が重修した。崇禎十三年（一六四〇）に至ってまた焼失した。

具徳和尚が如通の残した古い書類を調べると、費用は八万であったが、いま工事費用を計算するとそれの倍はかかるはずだった。具徳和尚は苦心惨憺して経営し、たちまち目途がついた。その因縁はまことにゆゆしいもので、おそらく蓮池大師[3]や金粟如来《こんぞくにょらい》[4]でも及ぶことはできないのである。

具徳和尚は私の親族の縁では弟筋にあたる。丁酉の年（清順治十四年、一六五七）に私が訪ねて行くと、大殿や方丈はまだ着工していなかったが、東のあたり一帯には、奥深い殿閣や立派な堂舎がすべて九棟建ち、客房僧舎は百十余間あって、竹や木の藤机、寝牀や、置き並べる器皿は、他から持ってこなくても備わっていた。厨房では、その初めに三つの大きな銅鍋を鋳造して、鍋の中で三担（三石）の米を煮込み、千人が食べられる量であった。具徳和尚は私に鍋を指さし示していった。「これは私が十余年来、家計をやりくりしてきたものです。これだけ多くの食事を僧に用意するのは、やはり他の寺院にないことです」。

昼になってようやく私のお斎《とき》に付き添った。見ると、見習い僧の沙弥《しゃみ》が薄い書類[5]を見せに来た。何事かわからなかったが、沙弥に対しては、ただ「庫頭（倉庫の主任）に命じて倉を開けよ」とだけいうと、沙弥は立ち去った。私の食事が終わった後に寺門を出て見ると、千人あまりが群がり集まっていて、肩の上に布袋があり、米五斗が入る。一斉に倉庫の前の倉入口に来て、数袋を抜いてこれを量り、五百石の米をたちまちに倉に積み上げ、少しの音も立てずに、終わると忽然と立ち去った。

私が和尚に尋ねたところ、和尚は「これは丹陽[6]の施主某が、年に米五百石を寄進し、水夫や担い手の運び賃など小さなところまですっかり自分で用意して、寺に常備のものはひと杓の水も飲むことも許さずに、七年このようにしているのです」といった。私は感嘆の声をあげた。そして大殿はいつ頃できるのかと聞くと、和尚は「明年六月、私は六十になりますが、信者は一万人おりますので、一人十金いただくと十万金になります。それで私の普請《ふしん》もできるでしょう」と答えたのであった。そして三年が経って大殿と方丈がともに落成したのである。私は詩を作ってその盛んなることを記すことにした。

（1）　霊隠寺は、北宋の建隆元年（九六〇）に重建された（『十国春秋』八一）。霊隠寺と三天竺寺は宋元代には山門を共用していたという（『銭塘遺事』）。ここでは、千人の僧に食事を供することをいうが、寺院に夥しい僧俗が集うことをいうのは目立った特徴である。記事によって大きく見積もられることがあるのは確かだが、大寺院には僧のほかに雑役に従事する人びともあり、進香する信者が多数あることを考えれば、寺院に集う多数の人があったのは事実である。ここでは大なべが三基あり、三石の米が炊けるというのは、千人の人数に見合う数量である。のちに丹陽の篤信者から五百担の寄進があったが、それは半年分の食糧を賄える数量ということになる。

（2）　具徳和尚―具徳弘礼（一六〇〇―一六七）。杭州に家があったが、章句の学を好まず、「黄冠導引の士と遊び」、後に臨済禅に帰順して各地に住した。霊隠寺には順治六年に住し、諸堂の再建、建築に努め、康熙五年には径山に住し、翌年没した（戒顕撰「本師具徳老和尚行状」、『霊隠寺志』所収）。この則は、同じ張氏一族の張岱が伝える逸話である。

（3）　蓮池大師―雲栖袾宏のこと。巻五「雲栖」を参照。

（4）金粟如来―維摩居士《ゆいまこじ》の前身をいうとされる。『仏教語大辞典』には、典故・用例として『碧巌録』第四則をあげるが、見当たらない。
（5）薄い書類―原文「赫蹏《かくてい》」。古く『漢書』に見える語で、応劭注に「薄小の紙」と解釈される。
（6）丹陽―江南の大運河沿いにある丹陽県。遠隔の地から多量の米穀の寄進があったことがわかる。
余説　同時代に中国各地を旅行した旅行家、徐霞客《じょかかく》は、霊隠寺では多数の乞丐《きつかい》をみている（『徐霞客遊記』二）。おそらく参拝の香客を目当てに参道に坐り並ぶ人びとと同じ状景である。張岱は山東の泰山参道に坐り並ぶ物乞いを「岱志」（前出）に書き、山中の恨むべきものの一つとしている。民国時期から近年に至っても乞丐は見られたという（『民国杭州飲食』一五九―一六四頁）。

張岱「具和尚を寿《ことほ》ぎ、あわせて大殿の落成を賀す」詩(1)

飛来の石上に白猿立ち、石は自ら猿を呼び、猿は石に応《こた》う。具徳和尚　行脚より来れば、山鬼は啾啾《しゅうしゅう》として寺前に泣く。生公は石を叱ること、羊を叱るに同じ。沙は飛び石は走り山は奔忙す。駆使される万霊皆な辟易《へきえき》し、火龍之が為に洪荒《こうこう》を開く。正徳初年、簿対《ぼたい》あり、八万は今当《まさ》に一倍を増すべしと。談笑の間に事已に成る。和尚の功徳　思議す可けん。黄金の大地、慳貪《けんどん》を破り、聚《あつ》まりし米は丘を成し、粟は山の若《ごと》し。万人団簇《だんぞく》すること蜂螘《ほうがい》の如く、和尚　杖を植《う》えて意自ずから閑《しずか》なり。余、催科を見るに、只だ数貫のみにして、県官敲朴し、煆煉《かれん》を加え、白糧の升合に尚《な》お怒呼するも、坻《きし》に如《ゆ》き京に如《ゆ》けば半ばに盈《み》たず。憶うに昔、師を訪れて法堂に坐するに、赫蹏《かくてい》数寸、丹陽より来る。和尚の声色易《か》え動かさず、第《た》だ侍者を令《し》て倉場を開かしむ。去りて時を移さず階圮《かいし》(2)乱れ、白粲《はくさん》の駄来ること五百担。倉に斗斛《とこく》を上《あ》ぐるも寂として声無く、千百の人夫、頃刻に散ず。米を追呼せず人を繫がず、座前に送り至りて猶お気を屏《おさ》う。公侯の福徳、将相の才、羅漢の神通、菩薩の慧。此の如き工程は戯謔《ぎぎゃく》に非《あら》ず、師に向かい之を頌《しょう》せんとするも師は諾《うべな》わず。但だ言う、仏に自ら因縁有り、老僧は只だ因果の錯《あや》まるを怕《おそ》るるのみと。余言を聞きて自《よ》り受記を請う。阿難は本より如来の弟なればなり。師と同じく住すること五百年、挟み取りて飛来し復《ま》た飛去せん。

飛来峯の石上に白猿が立ち、石は自ら猿を呼び、猿は石に応える。具徳和尚が行脚してここに来ると、山の鬼は寺の前ですすり泣いていた。生公（晋の竺道生）のように、石を叱るとともに羊を叱る(3)と、砂は飛び石は走り、山は慌ただしい。駆使された万霊はみな驚き辟易《へきえき》して退き、火龍によって、未開の天地（洪荒）は切り開かれるのである。

正徳の初年に書類審査（簿対）があったが、その八万の経費はいまでは一倍に増やすべきだとされた。（それにもかかわらず）談笑している内に工事はすでに完成したのであり、和尚の功徳は測り知れないものがある。大地に黄金を敷き詰めるという寺の工事は、貪欲吝嗇《どんよくりんしょく》の習いを打ち破り、聚《あつ》まった米は丘のように、粟は山のように夥しい。万人は群がり集まること蜂や蟻のごとくであったが、和尚は杖を大地に植《た》てて手をこまねき、心はのどかなままだ。（ところがこれに比べて、）私が見るところ（政府官用の税糧は）、割り当ての数量はただ数貫だけなのに、県の官吏は棒で敲《たた》いて激励し鍛錬を加え、京に供出する穀物（白糧）(4)の一升一合にさえ怒号していても、船着き場に至り京師まで到るのは（割り当て量の）半分にも満たないというのだ。(5)

思うにむかし具徳師を訪れて法堂に坐っていた時、数寸の赫蹄《しょるい》が丹陽から届いた。和尚はそれを見ても顔色を変えず、ただ側近の侍者に命じて倉を開かせた。使者が立ち去るとすぐに階段のあたりが騒がしくなり、精米の荷が五百石やって来た。一斗一斛倉に積み上げられても静寂なままで人声もせず、千百の人夫はすぐに散っていき、米の荷を促し叫ぶこともなく、人を拘束することもない。送り至って前に坐った者も、息を静めて慎んでいる。ここには高貴な公侯の福徳、将軍大臣の才能、羅漢の神通力、菩薩の智慧がある。このような寺院を構築する工事の進陟は、遊び戯れではないのだ。

具徳師にこのことを讃える文を書こうと申したが、師は承知されず、ただ、仏にはおのずから因縁がある。老僧はただ因果を取り違えることがないようにおそれているのだと言う。私はこのことばを聞いてから、仏縁の因果を記す受記を書こうと願い出た。釈迦如来の仏説を聴いて記録し伝承した阿難尊者は、もとは如来の俗縁の従弟なのだから（師と私が同族の弟であるように）。師と同じくこの世に五百年住み、挟み持って飛来し、また飛び去ろう。

（1）同文は、「具徳和尚霊隠寺落成剛値初度作詩寿之」として『張子詩粃』巻三（『張岱詩文集』所収）に収める。

（2）階戺—階下の敷石の意。

（3）生公……羊を叱る—生公は六朝の晋の竺道生のこと、虎丘山に入り、石を集めて従徒とし、我の説くところは仏心に契《かな》うかと尋ねると、石たちはみなうなずいたという故事（もと『蓮社高賢伝』に出る。虎丘山は蘇州の虎丘山とされる）と、皇初平なる者は牧羊をしていて道士に見出されてから金華山中に入った。四十余年たって兄が探し出して羊の所在を尋ねると、無数の白石を見せ、これを叱り羊起てというと、白石はみな羊に変じたという故事（『芸文類聚』九四所引葛洪『神仙伝』）とを用いている。

（4）原文「白糧」は、江南の五府から、宮廷や官員用として徴発される最上級の米穀をいう。

（5）原文「坻《ち》」は、川岸。ここでは穀物を輸送する運河の岸をいう。ここの文意は、租税として供出された米穀は中途で搾取され、目的地の京に到るのは半分に満たないということ。

張祜《こ》(1)「霊隠寺」詩

峯巒《ほうらん》一掌に開き、朱檻幾環《いくかん》か延《の》ぶ。仏地に花　界を分かち、僧坊に竹　泉を引く。五更楼下の月、十里郭中の烟。後塔は亭後に聳え、前山は閣前に横たう。渓沙　水を涵《たた》えて静かに、洞石　苔に点じて鮮《あざやか》なり。好《よ》し是れ猿　父を呼び、西巌に深響連なる。

山の嶺々は開いた手のひらひとつに収まり、朱い回廊の欄干がいくつか延びている。仏の住む境には花が界を分かち、僧のいる房屋は竹の樋《とい》で泉を引いている。夜明けの五更（四—六時）

には楼屋の下に月があり、十里の村中には炊事の煙が立っている。後の塔は亭の後ろに聳え、前の山は楼閣の前に横たわっている。谷川の砂は静かに水をたたえ、澗流の石は苔の上に鮮《あざ》やかに点在する。ちょうどいま猿が父を呼ぶ声がして、両岸の岩山にこだまが深く連なっていく。

（1）張祜（七九二？―八五三？）、字は承吉、南陽の人（『評注』）。

賈島「霊隠寺」詩

峯前峯後、寺に新たな秋、絶頂の高窗《こうそう》に沃洲見ゆ。人は家中に在りて蟋蟀《しつしつ》を聞き、鶴は栖《す》む処に于《あ》り獼猴《びこう》は挂《か》かる。山鐘、夜度《わた》る空江の水、汀月　寒生ず古石楼。心に帆を懸けんと欲するも、身未だ逸《のが》れられず。謝公（1）此の地に昔曾《かつ》て遊ぶ。

前と後ろとの峯の間に、寺は新たな秋を迎え、絶頂の高窓からは湖中の中州が見える。人は家の中で蟋蟀《こおろぎ》を聞き、鶴は住みかにいて獼猴《さる》は木にぶら下がっている。山間の鐘の音は静かに川の水に広がっていき、水際の月の寒さが古石楼に生じてくる。心では帆を懸けて引退したいと思いながらも、体はまだ世間から逃れられないでいるのだ。謝霊運公はむかしこの地に遊んでいる。

（1）謝公―謝霊運のこと。東晋、劉宋時代の詩人、仏教学者。後に浙東の会稽に住んだ。

周詩「霊隠寺」詩

霊隠何年の寺、青山此《こ》こに向《お》いて開く。礀流元より断たず、峯石自ら飛来す。樹は覆う空王の苑、花は蔵す大士の台。冥を探れば玄度あり、夕陽を遣《し》て催《うなが》さしむること莫《な》かれ。

霊隠寺はいつの頃からの寺だろうか。青山がここに開けている。澗水は元から絶えず流れていて、峯の石は自ら飛来したものだ。樹木は仏（1）の庭苑を覆い、花は菩薩（大士）の土台を蓋《おお》い蔵《かく》している。幽冥のところを探ると仏法の深い妙味（玄度）がある。（月を待ったために）夕陽が沈むのを急かせることはないのだ。

（1）仏は原文「空王」、空王は釈迦牟尼仏の異称ともいい、仏典では種々に説かれるが、ここでは次の大士（菩薩）と対になって、ひろく仏の意に用いている。

北高峰

北高峰は霊隠寺の後ろにある。石畳が数百段、三十六通りに折れ曲がっていて、上には華光廟があり、五聖を祀っている。山の半ばには馬明《めみよう》王（1）の廟があり、春には蚕の飼育を祈る者はみんなそこに出かける。山峯の頂上には、七層の仏塔があり、唐の天宝中（七四二―五五）に建てられ、会昌（八四一―四六）年間（の法難）に毀され、銭武粛王が修復したものの、宋の咸淳七年（一二六五）にまた毀れた。このところには聳え立つ群山が屏風のように取り巻き、湖には水が鏡のように湛えられている。上から下を見ると、画舫船や漁舟が、かもめやかもと同じに波間に出没していて、煙る波は遠くになるほどかすみ、ただその影が見えるだけである。西の方には羅刹江《らせつ》(2)を望むが、洗いたての白絹(3)のように遠く海の色につながっていて、ぼんやりとして果てしがない。

張公亮の、「長江は白く波立って、海と接している。青みがかった呉の山々を見終わると、越の山々がやってくる」との句には、詩の中に絵がある。杭州府の街は、ちょうど大江と海が交わるところにあり、曲がりくねって、左右に映りあっている。家々は魚鱗《うろこ》のように隙間なく並び、竹林や樹木がこんもり青々と茂っている様子は、鳳凰が舞い龍がとぐろを巻くという感じで、まことに帝王の気が湧き興っているのだ。

山麓には無着禅師(4)の墓塔がある。師は名を文喜といい、唐の粛宗のときの人であり、遺骨はここに埋められている。韓侂胄《かんたくちゅう》が取りあげて葬地にしようとしてその塔を啓《ひら》くと、陶製の厨子《ずし》があり、中の遺骸の容貌顔色は生きているままで、髪は肩まで垂れ、指の爪はうねり曲がり体を取り巻いていて、舎利《しゃり》が数百粒あり、三日経っても壊れなかったので、とうとう荼毘《だび》（火葬）に付した。

（1）馬明王―蚕の神。馬頭娘、馬頭菩薩ともいう。
（2）羅刹江―銭塘江の別名。羅刹はインド神話上の悪鬼。銭塘江中に羅刹石と呼ばれる石があり、商船旅船は風濤に苦しめられて転覆することがあったことから名づけられたともいう（陶宗儀『南村輟耕録』）。

（3）原文「疋練」は、白絹、波の形容。

（4）『評注』に、張岱は二人の無着を混淆していることをいう。無着は巻五「勝果寺」にも出る。たしかに二か所の無着を同一人物とみると、年代が合わない。これは「北高峰」と「勝果寺」との記事を異なる人物伝に基づいて書いていることに起因する。「勝果寺」には、「唐乾寧間、無着（喜）禅師建」とある『遊覧志』七の記事をそのまま用いたのである（『遊覧志』には喜字が入る）。その結果、乾寧（八九四―九七）と、「北高峰」の唐の粛宗時（在位七五六―六二）の人という記事との間には、年代が懸隔することになった。このように考えるべきであろう。無着や文喜の記事は僧伝にいくつかあるが、そのうちで杭州西湖に関連が深く顕著な事績をもつのは、ここにいう無着禅師と称する杭州文喜であることは、僧伝と張岱の記述ともに紛れはない。杭州文喜の没後について、『伝灯録』一二に、天佑二年（九〇五）に叛乱兵は、「師の塔を発《あば》いて、肉身壊れず、髪爪倶《とも》に長ずるを観る。武粛王之を奇とし、裨将劭志《しょうし》を遣して、重ねて封瘞《ほうえい》せしむ」とある。

蘇軾「霊隠の高峯塔に遊ぶ」詩

言《ここ》に高峯塔に遊ばんとして、蓐食《じょくしょく》して始めて野装す。火雲秋に未だ衰えざるも、此《こ》こに及びて初めて旦涼なり。雰霏《ふんび》岩谷暗く、日出でて草木香る。我と同来の人、又た雲水の郷に便するを嘉《よ》みす。小《すこ》しく足を挙ぐるを相勧む、前路は高く且つ長からんと。古松に龍蛇攀《よ》じ、怪石は牛羊坐す。漸く聞く鐘磬の音、飛鳥皆《み》な下りて翔《と》ぶ。門に入るに空しくして有ること無く、雲海浩く茫茫。惟だ見る聾《ろう》道人、老病にして時に糧を絶つと。年を問えば笑って答えず、但だ穴あく梨床を指さすのみ。心に復た来ることあらざるを知り、帰らんと欲して更に彷徨す。別れに贈りて匹布を留む。今歳天は霜早からん。

高峯塔に遊ぼうとして、寝床で早い朝食をとり、山野に行く仕度をする。燃える火のように暑い夏の雲は秋になってもまだ衰えてはいないが、ここに至って、初めて朝は涼しくなってきた。雲が厚く岩谷は暗いが、陽が出ると草木の香りがする。私と同行する人が、また雲水の郷にも慣れているのは喜ばしい。前路は高く長い道のりだから、もう少し足を挙げよと勧めてくれる。

古松は龍蛇がよじ登るかに見え、奇怪な石は牛や羊が坐っているようだ。次第に鐘や磬《けい》の音が聞こえて来ると、飛鳥もみな下方を翔《と》んでいる。寺の門に入ったところは、からっぽで何もなく、雲海は茫茫と広い。

ただ一人の耳の不自由な道人がいて、老いて病があり、ときには食べものが何もないとのこと、年を聞いても笑って答えない。ただ穴のあいた梨の木の寝床を指さすだけだった。心ではもう来ることはないとわかっていたから、帰り際に今いちど歩き回る。別れの贈り物に布一枚を置いておく、今年は霜が早く降りそうだから。

韜光《とうこう》庵

韜光庵は霊隠寺の右の山の中腹にあり、韜光禅師が建てたものである。禅師は蜀（四川省）の人で、唐の太宗の時に、その師のもとを辞去して出遊した。そのとき師は依嘱して、「天に遇ったら留まるのがよく、巣に逢ったらすぐさま止《とど》まれ」といった。禅師は霊隠山にある巣穴のくぼ地（溝塢《こうう》）に遊行していたときに、ちょうど白楽天が府の太守となっていたので、悟って、「わが師はこれを命じられたのだ」といい、そこでここに錫杖を止めた。楽天はこれを聞き、そこで友人となり、その堂には法安の題額を掲げた。内庭には金蓮池、烹茗《ほうめい》井があり、壁間には趙閲道(1)・蘇子《し》瞻《せん》(2)の姓名が書かれ、庵の右は（道教の仙人）呂《りょ》純陽の祭殿である。万暦十二年（一五八四）に建ち、布政使司参政の郭子章は記を作った。

駱賓王(3)は亡命して僧となり、寺の中に隠れ住んでいた。宋之問(4)は左遷後に任地から還るときに江南に来て、たまたまここに宿った。夜の月がこの上なく明るく、之問は長廊下で詩句を求めていて、「鷲嶺は鬱《うつ》として岧嶢《ちょうぎょう》（高くたかい）、龍宮は鎖《とざ》されて寂寥《せきりょう》」と吟じたが、後句が続かず、思索してとても苦しんでいた。ある老僧が常夜灯（長明灯）を点灯して、「お若い方は夜も寝ないで声に出して詠い、とても苦しまれているが、どうされたか」と聞いた。之問は、「たまたまこの寺を詩に詠もうとして上の対句はできたが、下の対句が続かないのです」といった。

僧が上の対句を詠んでほしいというと、宋はそれを口ずさんだ。老僧は、「どうして、楼より観る滄海の日、門は対す浙江の潮（楼観滄海日、門対浙江潮）と言わないのか」といった。之問は愕然として、流麗で力強いことをふしぎに思ったが、そのまま詩篇に続けることにした。夜が明けて尋ねたところ、もう老僧はいなかった。あるもの知りは、これは駱賓王なのだと言った。

（1）趙閲道―趙忭《べん》、字は閲道。衢《く》州《しゅう》西安の人、熙寧三年（一〇七〇）資政殿大学士をもって杭州知府となる。

（2）蘇子瞻―子瞻は蘇軾の字。

（3）駱賓王―唐代初期の詩人、初唐四傑の一人。浙東の義烏《ぎう》の人。以下の話は『本事詩』に載っている。

（4）宋之問―初唐の高名な詩人。

袁宏道「韜光庵小記」

韜光は山の腰にある。霊隠を出てからあとの二、三里は、路すじはとても感じが良い。古木は伸びやかに舞い、草は香り泉はうるおい、さらさらという音が分岐したり合流したりして、山の家の厨房に届いている。庵の中から銭塘江を望めば、波模様が数えられる。私がはじめて霊隠に入ったときには、疑って、宋之問の詩には似つかわしくない、古人の叙景もまた、近代の詞客のように、（文字を）拾い集めているものなのかと思ったが、韜光に登ってはじめて、滄海、浙江、捫蘿《もんら》、刳木《こぼく》の数語[1]は、一字一字が画境に入っているのであり、まことに古人には及ぶことができないことを知ったのであった。韜光に宿った翌日、私は陶石簣・(方)子公とともに北高峰に登り、頂上を極めて降りてきた。

（1）宋之問の「霊隠寺」と題する詩には、本文の二句に続き、「捫蘿　塔に登ること遠く、刳木　泉を取ること遥かなり（捫蘿登塔遠、刳木取泉遥）」の句がある。

張京元「韜光庵小記」

韜光庵は霊鷲の後ろにある。鳥が通り蛇はとぐろを巻く路を一歩一歩喘ぎながら行く。庵に着いて一小室に入って坐る。削ったような岩壁がそそり立ち、泉水が石の隙間から流れ出てあつまり池になっていて、金魚数匹が飼われている。低い窓に曲がった手すりがあり、向かい合って茗茶《ちゃ》を啜《すす》れば、まことに世を超えた武陵桃花源[1]の想いがある。

（1）桃花源は武陵の漁師が訪れた平和な夢幻の理想郷、陶淵明「桃花源記」にもとづく。

蕭士瑋《しょうしい》[1]「韜光庵小記」

月初めの二日、雨中に韜光庵に上る。霧の中に木々は牽きあい、風烟が薄く被っている。梢からの飛流は川となり海となって降り懸かる。物憂くなって石に跨って座り、竹に寄り添って休憩する。おおむね山の姿は樹があって美しく、山の骨格は石があって蒼涼《すずし》く、山の営みは水があって活気づく。ただ韜光の道だけにはこれがすべてであった。はじめて霊隠に行って、謂うところの「楼より観る滄海の日、門は対す浙江の潮」を求めても、結局何もなかったのだが、韜光に行くと、すっかりわが目の中にあった。白太傅《たいふ》（居易）の碑文を読むことができ、雨中の泉を聞くことはできたが、話のできる僧侶が少なかったのは残念だった。枕元には波が湧きたち、夜通し休めなかった。聞くのも視るのもただ独りだけであり、騒がしさが行きつくと反って静かになるものだ。音声そのものには哀楽はない(2)ことを、ますます信ずるようになったのである。

（1）蕭士瑋（一五八五―一六五一）、字は伯玉、江西の泰和の人。万暦四十四年の進士、官は光禄寺少卿。銭謙益作の「墓誌銘」がある。

（2）音声そのものには哀楽はない――三国魏の竹林七賢の一人嵆康《けいこう》に「声に哀楽無し」という論文があり、音声自体には哀楽はなく、哀楽は聞く人の感性にあるといっている。

姚肇和《ようちょうわ》(1)「韜光自《よ》り、北高峰に登る」詩

高峯千仞、玉嶙峋《りんしゅん》、石磴《せきとう》を攀躋《はんせい》すれば翠靄《すいあい》分かる。一路の松風、長く雨を帯び、半空の嵐気、自ずから雲を成す。上方の楼閣、参差《しんし》して見え、下界の笙歌、遠近に聞こゆ。誰か似る当年の蘇内翰、登臨すれば処々に遺文有り。

高峯は千尋の深さから白い玉石が聳え立ち、石の階段を攀じ登ると翠《みどり》の木々がそれぞれに分かれて見えてくる。路の途中にずっと雨を帯びた松風が吹いていたが、（ここに至ると）空中のもやが集まって自然に雲になっている。上の方には楼閣が入りまじって見え、下界からは笙《しょう》の音が遠く近く聞こえてくる。誰が昔の蘇内翰に似せたのだろうか。登ってくると処々に遺した（と称している）文字がある。(2)

（1）　姚肇和――待考。

（2）　蘇内翰――蘇軾のこと。蘇軾は五十一歳から五十四歳まで翰林学士に任じ、その後に杭州知府に任じている。内翰の語をとくに用いたのは、中央政府の文章官は名誉な職とされるから、美称としている。ここでは、その蘇軾の名を用いた落書きがあることを詠んでいる。

白居易「韜光禅師を招く」詩

白屋に香飯を炊き、葷羶《くんせん》は家に入れず。泉を漉《こ》して葛粉《くずこ》を澄ませ、手を洗いて藤花を摘む。青菜は黄葉を除き、紅薑《こうきょう》は紫芽を帯ぶ。師に命じて相《とも》に伴食せん、斎罷《ときおわ》れば一甌《おう》の茶あり。

粗末なわが家に、仏僧にふさわしく香ばしい飯を炊き、なまぐさものは家に入れない。泉水を漉して澄んだ葛粉汁《くずこ》にし、手を洗って藤の花を摘んでくる。青菜から黄葉を取り除き、紫の若芽のついた紅生姜を使って念入りにお斎《とき》を整える。韜光禅師に命じて一緒に食事をしよう。

お斎が終われば一杯のお茶もありますよと。

韜光禅師「白太守に答える」詩

山僧は野性にして林泉を愛す。毎《つね》に巌阿に向かい、石に倚《よ》りて眠る。松を栽《き》り、玉勒《ぎょくろく》に陪するを解《よ》くせず。惟だ水を引き青蓮を種《う》うるを能くするのみ。白雲をして乍《たちま》ち青嶂に来らしむ可きも、明月をして碧天より下《くだ》ら教《し》め難し。城市に錫《しゃく》を飛ばして至る能わず、翠楼の前に鶯の囀《さえず》るを妨げんことを恐るるなり。

私は粗野なたちで林や泉を好み、いつも岩などと向き合って、石に寄りかかって寝ています。盆栽の松を愛《め》でたり、高貴な方のおそばに仕えたりすることはうまくできません。ただ水を引き入れ、青蓮を植えることができるだけです。白雲をすぐに青山の峰に来させることはできても、明月を碧天から下ろすことは難しいのです。街に急いで出かけることはできません。鶯のように美声な伎女との（太守の）ご遊興を妨げるのを恐れるからです。

楊蟠(1)「韜光庵」詩

寂寂たり堦前《かいぜん》の草、春深くして鹿自ら畊《たがや》す。老僧は白髪を垂らすも、山下に名を知られず。

物静かな階前に生える草、春深くなって鹿は自分で耕している。長年住んでいる老僧は白髪を垂らしているが、山の下に住む人には名も知られていない。

（1）楊蟠―北宋代、浙東の臨海県の人、一に銭塘の人という。蘇軾が杭州知府に任じたとき、通判となる。平生の詩作が多くあった（『宋史』列伝二〇一）。

王思任「韜光庵」詩

雲老い天窮まるところ数楹《すうえい》を結ぶ。濤《なみ》は呼び万壑《ばんがく》尽《ことごと》く松声。鳥は仏座に来て花を施して去り、泉は僧厨に入りて菜を漉《こ》して行く。一捺《いちだつ》の断山に海気流れ、半株の残塔　湖に挿《さ》して明らかなり。霊峯は占絶す杭州の妙、韜光に輸与して隠名を得しむ。

雲は老い天は窮まるところに数間の庵を結べば、湖水の浪が呼びかけて万壑は松風の音で応えている。鳥は仏の座に来て花を施しては飛び去り[1]、泉水は僧の厨房に流れ入り菜を漉していく。一つの切り立った山に海の気が流れ、半ば残った塔が湖水にはっきりと挿しこんでいる。霊峯は、杭州の妙趣をあらかじめ示すとともに、韜光庵には隠遁の遺蹟との名声を施している。

（1）『景徳伝灯録』四に、牛頭法融禅師が牛頭山北の幽棲寺にいた時に、百鳥が華をくわえてきて献じたとの話があり、後世には言い方をいろいろ変えて用いられる。

また「韜光の澗道」詩

霊隠は孤峯に入り、庵々に畳翠重なる。僧泉交竹の駅、仙屋に破雲封ず。緑暗は天と倶に貴《たか》く、幽寒に月は濃からず。澗橋は秋の倚る処、忽《たちま》ち一たび山鐘響く。

ひとつの山の峯に霊隠寺はあり、寺中の草庵ごとに緑樹が重なり茂っている。僧の厨房に引き込む泉水の竹の樋《とい》は交差して集まり、雲を突き抜けた仙人の住む家屋は鎖《とざ》されている。緑樹は下暗くなって天とともに高くそびえ、うすら寒さの中に月の光が薄くさしこんでいる。秋の澗水に掛かる橋に寄り添っていると、ふと山間の鐘の音がひとつ響き伝わってくる。

呴《く》嶁《ろう》山房

李茇《りばつ》は号を呴嶁といい、武林の人である。霊隠の韜光山《とうこうさん》の下に住んで、数棟の山房を造り、まわり廻った谷川や切り立った岩山にも馬を乗り入れた。谷川はさわさわと堂閣の元に流れ出て、高い崖は天空に挿しこみ、古木は盛んに茂って大いに幽致がある。山人はここにただ一人いて、詩を好み天池の徐渭《じょい》と善く交わった。客人が至ると童子を呼んで小さな画舫船に乗り、西冷、断橋のあたりに船舵を動かして、終日笑い詠《うた》っていた。

生前に山の石を自分で積んで墓石を積み、(1)死んだら埋めることにした。著書に『呴嶁山人詩集』四巻がある。天啓の甲子の年（四年、一六二四）、私は張介臣・陳章侯・顔叙伯・卓珂月《かげつ》・

私の弟の平子と、その中で読書した。寺主の僧、自超は、庭の蔬菜、山の蕨《わらび》をもって、淡薄で物静かに暮らしていたが、ただ残念なことに名利を求める心がまだ浄化し切れていないので、山の神霊に突きあたることを免れてはいないと、今になっても恥じる様子があった。

（1）原文「磊」は、石が積み重なるさま。

張岱「呴嶁山房小記(1)」

呴嶁山房は山に迫り谷に迫り、韜光への路に迫っている。それだから路に架橋がないところはなく、家屋が重層でないところはない。門の外には、蒼松がひじを張り、雑木は盛んに茂り、木々の緑は冷ややかにひろく広がり、それに映されて人びとの顔色はみな血の気を失ったかのようにみえる。石の橋の低い石畳には十人が座れる。寺僧は竹を刳《く》りぬいて泉を引き込んでいて、橋の下で入り交わり組み合わさっているのはみな節のある竹だ。

天啓の甲子（一六二四）に私は鍵を開けてその中で七か月過ごしたが、渓流の音に耳は飽きるほど、木陰に目は飽きるほどであった。山の上から下まで、西栗や横生えの筍《たけのこ》が多くあり、甘くかぐわしいことこの上なかった。隣人は山房を市場とし、瓜や果実、鳥のたぐいを日ごとに持ってきた。ただ新鮮な魚だけはなかったので、谷を止めて水溝を造り、巨大な魚を数十匹捉えておき、客人が来ると鮮魚を供給していた。

日暮れになるときまって外に出て、冷泉亭・包園・飛来峯に歩みを進めた。ある日は、谷川に沿って歩きながら仏像を見て、口々に楊《よう》の奴《やつ》を罵った。見ると、一人のペルシャ人が龍象の上に胡坐して、蛮女四、五人が花や果実を捧げていたが、みな裸体であり、石を刻んで記してあるのが真伽《チエンカ》(2)の像だった。

私はその首を敲《たた》き落とし、あわせて蛮女たちを砕き、大小便の便所に入れて、報復した。寺僧は私が仏を敲き落としたと思い、口々に怪しんだが、楊の奴だと知ると、みな歓喜して讃嘆した。

(1)『陶庵夢憶』巻二に同文がある。松枝訳一〇二頁。
(2)真伽—楊璉真伽《ヤンレンチエンカ》のこと。前出「飛来峯」を参照。

徐渭「李呴嘍山人を訪ねる」詩

呴嘍の詩客、全真を学び、半日深山に鬼神を説く。送り至る澗声の響き無き処、帰り来たれば明月　前津に満つ。七年の火宅　三車の客（原注。文長、繫《つな》が被《る》ること七年にして、纔《わずか》に釈《と》かる）。十里の荷花、両槳《りょうしょう》の人。両岸の鷗鳧《おうふ》、仍《な》お昨《さく》に似て、中に就《つ》けば、応《まさ》に旧《ふるく》に相親しむもの有るべし。

呴嘍山房の詩人は、全真教(1)を学んでいて、奥深い山に訪れたところ、ながく半日に及んで鬼神のことを話された。谷川の音がしなくなるところまで送って来てくれ、来たときの渡し場に帰ってくると月が満ちていた。燃え盛る家に三台かあるいは一台かの車が子どもを迎えに来たという『法華経』譬喩品《ひゆほん》に出る話(2)にも似て、徐文長は七年の間、危うい火の燃えるような境遇に客となっていた（原注。徐文長は、七年の間牢獄に捉えられ、ようやく釈放された）。十里の堤防には蓮の花が連なり、飲み水の漿水を持ったふたりの人がいる。両岸のかもめやかもは元のままのようで、その中にはふるく親しんだものもいるに違いない。

(1)　全真教は北宋時代、北方で始まった道教の一派で、王重陽や後には七真人がでた。陝西省・山東省などで活動したともいう。

(2)　燃え盛る家……—長者の家に火事が起き、何も知らずに家中で遊ぶ子どもを救うために、羊車・鹿車・牛車を与えると言って外に連れ出し、大きな白い牛車、大白牛車に乗せて救出したという話（『法華経』、「譬喩品」）にもとづく。この車を三車と見るか一車と見るかということから、仏教学では三乗、一乗の学説があり、宗派が展開するひとつの要因になった。また、ここに見るように、衆生は燃え盛る火宅にいながら、何も知らずに年月を過ごしているあぶない境遇にあることの比喩にも用いられる。三界火宅の語がある。

王思任「呴嘍僧舎」詩

乱苔　古蔭に膏し、惨緑　新芊《せん》を蔽う。鳥語は皆な番異《ばんい》、泉心は即ち仏禅。山を買うには応《まさ》に尺を較ぶべく、月を賒《か》うには敢えて銭を辞せん。多少の清涼界、幽僧竹を抱えて眠る。

古木の蔭に苔が艶やかに乱れ生え、新たな芽生えにうっすらと翠が蔽う。鳥の囀る声は、みな聴きなれない外国語だが、流れる泉水の心は身近な仏であり禅である。山を買うには一尺の広さを比べて慎重にしなければならないが、月の光を買う(1)には、銭を惜しむことはないのだ。広い清涼世界の中に、僧が一人竹を抱いて寝ている。

(1)　原文「賖《しゃ》」は、借りる、貸すの意。通行する字体は賒。

青蓮山房

青蓮山房は涵所《かんしょ》包公(1)の別荘である。山房には修竹古梅が多く、蓮華峯に倚《よ》り、曲がった谷川に跨《またが》っていて、岩山は深く、壁は切り立ち、林の麓に姿を映している。包公には泉石の趣味があり、日々にここにやってきて趣向を凝らし、たたずまいの美しさは当時にかけ離れていた。外は石を削って壁を築き、柴や木の根で戸を編み、富貴の中にまた野趣を帯びている。まさに小李将軍(2)が丹朱や青で隈《くま》どり、楼台を細く描いたかの如く、竹の垣根、草葺きの家であってもすっかり金碧に光り輝いているのである。曲がった隅の小部屋の密室にはみな美人をたくわえていた。その中に行くと、今になってもまだ香りやつやがある。その当時は宝珠が集まり金襴緞子が積み重なっていた。一室の中はあちらこちら曲がりくねり、ぐるぐると遷り変わってすぐには出られない。ご主人はここに考えを廻らせ構想を凝らしていて、隋の煬帝が建てた迷楼にとても似ている。そして、後人が包公の歌い姫を目の前に満たそうと思っても、浙東浙西、両浙の縉紳《しんしん》先生には絶対にできないことなのだ。いまは、その主人はいくたびか代わったとはいえ、その門を通る人は必ず包氏の北荘だと言うのである。

（1）　涵所包公―包応登、字は涵所、銭塘の人。万暦十四年の進士。官は福建提学副使に到る。のちに引退して西湖に住んだ。

（2）　小李将軍―唐代の画家、李思訓の子昭道のこと。

陳継儒「青蓮山房」詩

①園を造りて華麗を極むれば、反って村庄を学ばんと欲す。編戸に柴葉《さいよう》を留め、磊牆《らいしょう》は石霜を帯ぶ。梅根は常に路を塞ぎ、渓水は直ちに房を穿つ。主を覓《もと》むるも従《よ》りて入る無く、裵回《はいかい》して曲廊を走《ゆ》く。

華麗極まりない庭園を造ると、反って村園を学びたくなるのだ。編んだ戸には柴の葉が付いたままになっていて、石を積み重ねた壁は霜の降りた模様のある石を用いている。梅の木の根がいつも道を塞ぎ、渓流の水はまっすぐに部屋の中にまで入り込む。いまは、主人を求めても入りようがなく、あちらこちら曲がった廊下を歩いてみる。

②主人に俗態無く、圃を築くに文心見《あら》わる。竹暗　常に雨かと疑われ、松梵自ずから琴を帯ぶ。牢騒《ろうそう》を声伎《せいぎ》に寄せ、経済は山林に儲《もう》く。久しく已に常主無きも、包荘説きて今に到る。

主人に平俗なところはなく、築いた園圃にも文雅な心が現れている。暗い竹林には雨かと疑われる音が絶えず聞こえ、松を吹く音は自ずから琴を奏でる梵声である。ここでは鬱積した憂いの心は歌声をあげる伎女によって表現され、主人は山林を経営して儲《たくわ》えを得たのであった。いまは決まった主人はすでに長いこといなくなったが、包氏荘園の名だけが言い伝えられている。

呼猿洞

呼猿洞は武林山にある。晋の慧理禅師は常に黒と白の二猿を飼っていて、いつも霊隠寺の月明かりに長嘯《ちょうしょう》すると、二つの猿は山の峯を隔ててこれに応え、その声は清らかに透き通っていた。のちに六朝の宋の時になって、智一という僧が旧迹に倣って数匹の猿を山に養い、澗水に臨んで長嘯すると、群猿がことごとく集まった。これを猿の父といい、好事家が食を施してもてなしたことから、飯猿堂が建てられた。いまも黒と白の二猿がいて、高僧が住持すると黒猿が現れたり、白猿が現れたりする。具徳和尚(1)が山に到ると、黒白ともに現れた。私は、方丈で対聯をひとつ作って送った。「生公（竺道生）が説法すると天の華が雨と降る。飛去か飛来かは論ずるまでもなく、堅い皮をもった石もうなずくのである。慧理が参禅し、月明かりに長嘯すると、黒か白かは問わず、山野の心をもつ猿はみな応答するのだ」。

具和尚は霊隠寺にあって声名は大いに顕れた。のちに径山は仏地であり、歴代の祖師が多くここに出ていることを思い、径山万寿寺に移住したが、入り違うことが多くあり、さほどの時が経たないうちに、涅槃《ねはん》に到られた。(2) 盛んな名声も長くは続かないことがあり、出家にあっても多くのことを求め取ることはできないと始めて知ったことである。

（1）具徳和尚—前出「霊隠寺」を参照。

（2）死ぬことの婉曲表現。

陳洪綬(1)「呼猿洞」詩

①慧理は是れ同郷、白猿は使令に供す。此れを以て後来の人、十たび呼べども十たび答えず。

慧理は白猿と郷里を同じくして、白猿は使者として役に立っていたのだ。それだから後に来た人が十たび呼んでも、一度も答えたりはしないのだ。

②明月は空山に在り。長嘯するは是れ何の意ぞ。山を呼べば山自ずから来たるも、猿を麾《まね》けども猿去《ゆ》かず。

明月が空山に在るのに、猿が長嘯するのはどのような意図があるのだろうか。山を呼べば、（飛来峯のように）山は自分からやって来るが、猿を呼び寄せようとしても、猿は来ないのだ。

③痛恨なり真伽《チュンカ》に遇うは。斧斤もて怪石を残《そこな》う。山も亦《ま》た飛来を悔いん。猿と与《とも》に相《あ》い対《むか》いて泣く。

痛恨なのは、真伽《チュンカ》に出遇い、斧《まさかり》や斤《おの》で刻まれて、奇怪な石が残《そこな》われたことだ。山も飛来したことを後悔しているのだろう、猿と向かい合って泣いている。

④洞は黒く復た幽深、巨霊の力無きを恨む。余、之を鎚砕《ついさい》せんと欲すれば、白猿当《まさ》に自ずから出でん。

洞穴は暗黒で、さらに奥深いが、巨霊の力を持っていないことが恨めしい。私がこれを打ち砕こうとすれば、白猿は自ら出てくるだろう。

（1）　陳洪綬―明末清初、紹興府諸暨《しょき》の人、字は章侯、明の国子監生。鼎革後に仏徒の間に出入した。画才に長じた。朱彝尊《いそん》『曝書亭集』六四、『清史列伝』などに伝がある。

張岱「呼猿洞」対聯
洞の中の白猿は呼んでも出てこない。崖の前の損われた石は飛来したことを悔いているのだ。

三生石

三生石は下天竺寺の後ろにある。蘇東坡の「円沢伝」(1)は言っている。洛陽京の恵林寺は、故《もと》の光録卿李憕《ちょう》(2)の住居であった。安禄山が東都（洛陽）を陥れたときに、憕は住居を守って死んだ。子の源は、若い時には貴族の子として豪奢に暮らし、歌を善くして時に知られたが、憕の死にあうと、悲憤して自ら誓って仕えず、娶らず、肉を食わず、寺の中に五十余年暮らしていた。寺には円沢なる僧がいて、富んでいて音律を弁《わきま》えていた。源はこれと密接に交わり、膝を進めて終日語り合い、他の人には測り知れなかった。ある日、蜀（四川省）の青城、娥媚《がび》山に遊ぶことを約束した。源は荊州《けいしゅう》（湖北省）から峡谷を遡ろうとしたが、沢は長安の斜谷路を取ろうとした。源は承知しないで、「私は世間のことを絶っている。都にまた往くことはできるはずがない」といった。沢は長いこと黙っていたが、「(『孟子』には、言っている。)往くか往かないかは、人が勝手に決められるものではないのだ」と言い、荊州路をとることにした。舟が南浦に到ると、婦人が錦のうちかけを着けて、甕を背負って水汲みをしているのが見えた。沢は遠くから見て嘆息し、「私がこの路を通りたくなかったのはこのためなのだ」といった。源が驚いて質問すると、沢は、「婦人の姓は王氏で、私はその子となるはずなのに、孕んで三年経っても私が来ないので、産むことができなかったのだ。いま既に見たからには逃れようはない。あなたは護符や呪文でもって、私が早く生まれるのを助けてください。生後三日に、新生児が湯浴びをするときに、あなたが私のところに来ることをお願いできれば、笑うことで確証としましょう。のちに十三年たって仲秋明月の夜に、杭州の天竺寺の外で、あなたとお会いするでしょう」といった。源は悲しみ後悔して、そのために沐浴し着替えて衣服を整えると、日暮れになって沢は亡くなり、婦人は子を産んだ。三日たってから往ってみると、乳児は源を見て果たして笑った。事細かに王氏に語り、家財から支出して沢を山のふもとに葬った。源はもう往くことが果たせなくなり、寺中に帰り、その仲間に聞いたところ、すでに任官の命令が来ていた。のちに十三年たって、洛陽から呉中に還り、その約束のところに赴いた。約束の所に行くと、葛洪井(3)の井戸端では牧童が角を叩いて歌い、「三生石上の古い霊魂は、月並な賞月吟風などの語では論ずるまでもありません。恥入るのは、心ある人が遠くから訪ねてくれたことです。この身体は異域にあっても霊性は長く存在しています」といった。呼びかけて、「(円)沢公は健在か」と聞くと、答えて、「李公はまことに信頼できる人です。しかし、俗世での因縁がまだ尽きてはいないので、慎んで近寄りなさるな。ただ勤め修めて怠ることをなさらなければ、ふたたびお会いできるでしょう」といい、また歌って、「前世後世のことは茫漠としている。因縁を語ろうとしても、おそらく悲しみのあまり腸が断ち切られるとの思いがあります。呉越の山川はすでに訪ね回ったので、舟の棹を廻らせて、瞿塘《くとう》の峡谷（四川省）を遡ります」と言ったまま去っていき、行き先はわからなくなった。

そののち二年、李徳裕は、源は忠臣の子で篤孝だと奏上し、諫議大夫に拝請したが就任せず、果ては寺中に死んだ。年八十一。

（1）この円沢の再生譚は、蘇軾の『東坡全集』三九「僧円沢伝」（四庫全書本）に載り、田汝成『遊覧志』一一「三生石」はこれを転載する。本書では、その文章を平易な文体に修整している。

（2）憕—『説文』に「憕、平也」とある。

（3）葛洪井—原文「葛洪川畔」は、『遊覧志』には葛洪井畔に作る。「畔」ということからも、井の名と見るのが適切と考えて訂正した。葛洪（二八三—三四八頃）は、南京東南の句容の人、神仙術を極め、『抱朴子』内外編を著し、神仙術について述べ、神仙となる煉丹を作る方術を説く。この書は神仙道、道教の古典として名高い。巻三「葛嶺」を参照。

王元章[1]「僧の天竺に帰るを送る」詩

天香閣上　風は水の如く、千歳の巌前　雲は苔に似る。明月期せずして樹を穿ちて出で、老夫曽て此こに猿を聴きに来たり。相い訪いて五載　書を寄せる無く、却って憶う三生夢に回《めぐ》る有るを。郷曲の故人憑《よ》りて問訊す。孤山の梅樹幾番か開くと。

天香閣の上を吹く風は水の如く、千歳の巌石を前にした雲は苔に似ている。思いがけず明月が樹木を穿って出て来たが、老夫の私はかつてここに猿の声を聞きに来たことがあったのだ。訪れてから五年の間、書信を送ることはなかったが、それでも夢の中に過去現在未来の三生を廻ったことを覚えている。故郷の友人に問いを寄せよう、孤山の梅木の花は、幾度咲いたことかと。

（1）王元章―王冕《べん》（一三三五―一四〇七）、字は元章、紹興府諸曁《しょき》の人。よく梅を描き、居処に梅花屋と題した（『国朝献徴録』所収「王冕伝」、『明人伝記資料索引』）。

蘇軾「下天竺の恵浄師に贈る」詩

予、杭を去りて十六年にして復た来り、留まること二年にして去る。平生自ら出処の老少は粗《ほ》ぼ楽天に似たるを覚《おぼ》ゆ。才名は相い遠しと雖も、安分寡求亦た庶幾《ちか》し。三月六日来りて南北山の諸道人に別《わか》る。而して下天竺の恵浄師、醜石を以て贈らる。三絶句を作る。

私は杭州を去ってから十六年でまた来て、二年留まって去っていく。[1]平生から出処進退の年月を計って、ほぼ白楽天に似ていると思っている。才能と声名は遠く違っているが、境遇に安んじて欲望が少ないことも近いのだ。（かくて）三月六日にやって来て、南北の山々の道人に別れを告げたところ、下天竺寺の恵浄師からは奇怪な石[2]を贈られたので、絶句を三つ作った。

①当年衫鬢《さんびん》両《ふた》つながら青青、強いて重来を説き別情を慰む。衰鬢　祇今《いま》は白くする可き無く、

故に応《まさ》に相対して来生を説かん。

かの昔、衣服も鬢の毛も両方とも青々としていた。別れの時には、重ねて再び来るからと強く言って、惜別の気持ちを慰めたものだった。今は衰えた鬢を白くしようもなく、だから対坐しても、来生にお会いしようと言えるだけなのだ。

②出処は依希として楽天に似たり、敢えて衰朽を将《もっ》て前賢に較ぶ。便《すなわ》ち洛社従《よ》り休官して去れば、猶お閒居の二十年有らん。

出処進退は定まってはいないが、白楽天に似ているとして、あえてわが衰えた鬢毛を前賢に比べてみる。もしも京洛の官僚社会から退休して去れば、まだ閑居の二十年(3)があるはずだ。

③郡に在ること前に依りて六百日、山中に幾回来るかを記さず。還るに天竺の一峯を将《もっ》て去り、雲根を把《と》って到る処に栽《う》えんと欲す。

本郡に任官したのは前と同じく六百日（二年）であるが、この間に幾たび山中に来たのか覚えていないほどである。天竺の山の峯をひとつ持って帰り、雲が生ずる根を到る処に植えたいものだ。

（1）蘇軾と西湖の関わりは、巻一「明聖二湖」の注を参照。

（2）原文は「醜石」。奇怪な奇醜な石の意。庭石、置き石はその形状が奇妙なものを好いとすることから、贈り物にしている。

（3）閑居の二十年―白楽天と同じく、閑居の二十年があるだろうということ。白楽天は五十一～五十三歳に杭州刺史に任じ、蘇州刺史に転任ののち、五十四歳で職を辞して洛陽に帰ったが、その後にも刑部侍郎に任じ、閑職を挟みながら、七十一歳で刑部尚書で辞職する経歴を持っている（近藤春雄『白楽天とその詩』）。地方から都に帰った時間をいうにしても、閑居二十年とは概数を言っている。

上天竺

上天竺は、晋代の天福年間（五代後晋、九三六―四一）、僧の道翊《どうよく》（1）が茅葺《かやぶき》の庵をここに結んだ。ある夕べ前方の渓水に一条の光が発しているのが見えたが、晩になってよく見たところ、観音大士を刻んだ一本の奇木が得られた。五代後漢の乾祐年間（九四八―五〇）に、僧の従勲なる者が洛陽より古仏の舎利《しゃり》を持ってきて頂上に置いたところ、その姿はとくにすぐれて荘厳端正で、昼には白光を放ったので、士民は崇信した。銭武粛王は、かつて白衣の人が住まいの屋根を葺《ふ》きたいと求めているのを夢に見たことがあって、目覚めてから感ずるところがあり、天竺観音看経院を建てることにした。北宋の咸平《かんぺい》年間（九九八―一〇〇三）に浙西に日照りが続いたが、郡守の張去華が部下を従えて幢幡《どうばん》や天蓋《てんがい》を備えて迎え、山を下りるように懇請すると、足元を濡らす大雨が降った。それからは祈るたびに感応があり、雨はいつもやむことなく豊かに降り、世に爛稲《らんとう》龍王と伝えられた。宋朝の南渡のときには、殿舎や珍宝を施したが、日月珠、鬼谷珠、猫目石などがあり、宮中でもまれにしか見られないものだった。

　嘉祐年間（一〇五六―六三）、沈文通が郡を治めて、観音は音声で仏の力を宣布するのだから、禅寺はその居る場所ではないと思い、教寺を以て禅寺に取り替えようとして、元浄、号は辨才なる僧に司らせたところ、山をけずり房屋を築き、ほとんどすべての土台を作った。(2)

　治平年間（一〇六四―六七）郡守の蔡襄《さいじょう》は奏上して霊感観音殿の額を賜った。辨才は前山を鑿《けず》り足して土地を二十五尋拓《ひろひら》き、殿堂には二重の庇《ひさし》を加えた。

　建炎（咸）(3)四年（一一三〇）には兀朮《こつじゅつ》は臨安に入り、高宗は海上に出航した。兀朮は天竺寺に行き、観音像をみて喜び、後車に載せて『大蔵経』とともに北に移した。そのとき僧の知完なる者は、仲間を率いて付き従い、燕（北京）に至って郡城の西南五里、玉河郷というところに宿り、寺を建ててそれを奉祀した。

　天竺寺の僧は、再び前の像に似せて他の木に刻み、いつわって、「井戸の中に隠しておいたのが、今ようやく出現した」といったが、その実はまったく前の像ではないのである。

　乾道三年（一一六七）、十六観堂を建てた。七年には院を改めて寺とした。山門の扁額はみな皇帝の御書である。慶元三年（一一九七）、天台教寺に改めた。元の至元三年（一二六六）に焼かれた。五年に僧の慶思が重建し、やはり天竺教寺に改めた。元末に毀されたが、明の洪武初年に重建された。万暦二十七年（一五九九）に重建した。崇禎の末にまた毀され、清初にまた建てられた。ときに普陀山に行く巡礼路は途絶し、世の中の進香する人は、みな近くの天竺に行くことになり、盛んに香を献ずることは東南の地では第一だった。二月十九日には、男女はこの山に泊まること多く、殿閣の内外には足の踏み場もなく、南海の潮音寺[4]とちょうど同じだった。

（1）　道翊―道翊などの話は『仏祖統記』にもあるが、『釈氏稽古略』四の話を見ておく。石氏の晋の天福四年、僧の道翊なる者が山中に庵《いおり》し、夜ごとに前山に大光明が発するのを見、これを尋ねると異木があった。起こして刻み聖像にした。夢に神人は、明日洛陽から僧がくる。彼から舎利を求めるとよいと言った。果たして舎利三粒が得られ、菩薩の結髪の中に入れて置いた。（北宋の）太祖の開宝年間、呉越王の銭俶は白衣の天人を夢に見たところ、「吾が居処はとても狭い」というので、目覚めてから実態を調べて殿宇を広くし、天竺看経院と名づけた。

（2）　観音は……―以下は蘇轍作の「龍井辯才法師塔銘」（『欒城集』後集二四）を踏まえている。省略などがあり、わかりにくいところは、もとの原文に即して訳した。「観音……」は、「塔銘」に、「沈公杭を治するに遘《あ》い、以て上天竺は本《もと》と観音大士の霊場にして、声聞《しょうもん》の懺悔《さんげ》を以て仏寺と為せば、禅那《ぜんな》の居に非ざるを謂《おも》い、乃《すなわ》ち師に請いて教を以て禅に易《か》う。師呉越に至れば、人檀施《だんせ》を争いて之に帰し、遂に山を鑒《み》て室を増すこと幾《ほとん》ど万礎に至る」とある。本文に、「教寺を以て禅寺に取り替え……」とあるのは、仏寺には講寺（宋代までは教寺）・律寺・禅寺の別があり、ここでは禅寺を僧俗の教学、教化を主とする教寺に替えたということ。

（3）原文「建咸」は、建炎（一一二七―三〇）の誤り。北宋の滅亡後、皇族の一員が即位し南宋の高宗となった（年号、建炎）が、引き続いて北方の金に攻められ、次第に南下して杭州に入った。さらに兀朮（金の太祖の第四子、本名は斡啜《あってつ》、中国名は完顔宗弼《かんがんそうひつ》）の軍に攻められ、一時は杭州から明州に逃れ、さらに海に船を浮かべ、温州から福州にも逃れようとしたとも言われる（『金史』一五・七七）。時日については『続資治通鑑』一〇七に詳しい。後に兀朮は北方に帰っている。政治的経過を主に書く史書には見えない話だが、以下の記述はこの時期のことを伝える逸話であろう。

（4）潮音寺は、普陀山の潮音寺。張岱は普陀山に参詣し、その盛況を見ている（『嫏嬛文集』「海志」）。

張京元「上天竺小記」

天竺は両つの山に夾《はさ》まれ、迴り合って迷ってしまいそうだ。岩山がほっそりと突き立ち、石の間にはさらに松や竹が這い巡っている。下天竺を通り過ぎると、僧たちが鐘を鳴らして遊客を引きしめている。寺は荒れ果てて入る気が起きない。中天竺もこれと同じである。上天竺に至ると、山々が抱くように廻り、風の気配がとても引きしまっていて、遠くから望み見るとやはり趣きがある。

蕭士瑋《しょうしい》「上天竺小記」

上天竺は山々が畳みかけるようにあたりに重なっている。その中に急に平地が広がり、周り廻って眺めてみると、帰り路がなくなっているのに驚かされる。

私は自分がそこに入ったことは知っていたが、どこから入ったかはわからなかったのだ。天竺から龍井に至ると、曲がりくねった谷川や繁った林が至る処にあった。一片の雲、神が運んだ石、風の気配が強く動き、神秘な感じがはっきりと現れてくる。岩石を捜してここに出会ったのは、妻を娶ろうとして、思いがけず美人ぞろいの姜《きょう》姓の娘が手に入ったようなものだ[1]。泉の色は紺碧で味わいは淡く、他の泉とは異なっている。

(1) 姜姓の娘―『詩経』の「豈《あ》に其の妻を取るは、必ず斉の姜ならんや」に由来する語。

蘇軾「天竺詩に記す引」

軾が十二の年、先君は虔《けん》州から帰られ、私に「街に近い山中の天竺寺には白楽天が自分で書いた詩があって、「一つの山門が二つの寺の山門になっている。両寺はもと一寺から分かれたのだ。東の谷川の水が西の谷川に流れ、南山の雲が起きて北山の雲になる。前の高台の花が開くと後ろの高台から見え、上界の鐘が鳴ると下界に聞こえる。はるか遠く吾師が道を修められたところを想っていると、天空から香りのよいかつらの木の葉がひらひらと落ちてくる」とある。筆勢はすぐれ、墨の跡は新しい」と言われた。

いま四十七年、私が来訪すると、詩はすでに失われ、刻んだ石があるだけだった。涙があふれてやまず、この詩を作ったのである。

また「上天竺寺辨才禅師に贈る」詩

南北に一山門、上下の両天竺。中に老法師有り、瘦せて長く鸛鵠《かんこく》の如し。知らず、何行を修めて、碧眼もて山谷を照らすかを。之を見れば自ずから清涼、洗い尽くす煩悩の毒。坐して都会を一ならしめ、方丈に白足を礼す。我に長頭児有り、角ばった頬に犀玉峙《そばだ》つ。四歳にして行《ある》くを知らず、抱負するに背腹を煩わす。師来りて為に頂きを摩すれば、起《た》ちて走り、奔鹿を趁《お》う。乃ち知る、戒律中に妙用の羇束《きそく》を謝するを。何ぞ必ずしも法華と言い、佯狂《ようきょう》して魚肉を啖《くら》うと。

南と北に山門は一つ、上と下の両つの天竺寺がある。中には老法師がおり、瘦せて身の丈は長くて、こうのとりかささぎのようだ。どんな修行をしたのだろうか、碧い眼の光は山谷を照らしている。その姿を見ていると自然に清涼になり、煩悩の毒は洗い尽くされる。居ながらに集まった人びとの心はひとつになり、老和尚の居室である方丈で僧に礼拝する。(1)私には頭の長い子があり、角ばった両頬は白い犀の玉のように脹らんで向かい合っている。四歳になっても歩くことを知らず、背や腹を煩わせて抱き背負っていた。師がやって来て頭上を撫でさすると、立ち上がって走り、奔る鹿でも追いかけるようになった。そこで戒律の中にあっても、すぐれた働きがあれば、拘束されることを断ち切って自由になることもあるのだと知ったことだった。だから、好く『法華経』を誦んで俗姓を張と言ったことから張法華(2)と呼ばれた僧が、一方では言うことはいい加減で細かな行為を慎まずに風法華と呼ばれたことや、風狂で魚肉を喰らった僧もあるなどを、ことさらに悪くいうことがあろうか。

(1) 蘇軾・蘇轍は辨才と親しい交誼があった。ここの蘇軾の原文は『集註分類東坡詩』四「増上天竺辯才師」に「座して一都に会せ令《し》むれば、男女　白足を礼す（座令一都会、男女礼白足）」とある。「座」は居ながら、自然にの意。その注に、白足は晋代の僧の足が顔よりも白かったことから、高僧を白足というとある。次の「私には頭の長い子云々」について、上記の書に引く蘇軾の弟、蘇轍の「辨才塔碑」に、「予の兄・子瞻の中子迨生《たいせい》は、生まれて三年、行《ある》くことができなかった。師に請い、落髪し頂《あたま》を磨って祈ると、数日経たずによく行《ある》き、他の児とおなじになった」云々とある。

(2) 張法華……——京師の開宝寺の僧で俗姓は張という者は、好く法華経を誦して張法華と称されたが、その言語は散乱し、細行を慎まなかったことから、風法華と呼ばれた。また蘇州の義師なる者、状は風狂の如く、好んで活きた魚を焼き、熟するのを待たずに食した（『集註分類東坡詩』の注による）。

張岱「天竺柱対(1)」

仏もまた臨安(2)を愛していて、法像は北朝から来てここに留まっている。山々はみな霊鷲山を学び、（普陀山の）補陀洛伽《ほだらくか》(3)はもと南海から飛来したのである。

（1）柱対は柱に掛ける対聯のこと。前出。
（2）いまの杭州市、南宋代に都をおき、臨安と称した。北朝はここでは北宋を言っている。
（3）補陀洛迦（伽）山は仏典では東南海、南海中にあり、釈迦牟尼仏が来住し、また観世音菩薩が住む聖地とされる。ここでは浙江省定海県の舟山列島中の補陀落山、普陀山のことをいう。五代、呉越王のとき、日本僧の慧鍔《えがく》が五台山から観音像を将来して帰国の途中に大風に阻まれ、この山に祀ったのにはじまると言われる。

巻三

西湖中路

秦楼

秦楼ははじめの名を水明楼といい、蘇東坡が建てていつも朝雲を連れてここに来ては遊覧した。壁の上に三首の詩があり、東坡公の真蹟である。楼を通り過ぎて数百歩(1)のところには鏡湖楼があり、白楽天が建てた。

宋代に杭州に任官した人は、春の行遊には柳洲亭に集《つど》い、舟漕ぎ競争には玉蓮亭に集い、高みに登るには天然図画閣(2)に集い、雪を見るには孤山寺に集い、常々の客のもてなしには鏡湖楼に集った。戦禍ののちにその楼は廃れて民居に変わってしまったのである。

(1) 原文「数百武」、古くは距離の単位として半歩を武といった。

(2) 天然図画閣は、巻一「保俶塔」に前出。

蘇軾「水明楼」詩

①雲雲　墨を翻し未だ山を遮らざるに、白雨は珠を跳《おど》らせ、乱れて船に入る。地を捲きて風来

たり忽ち吹散し、湖楼の下を望めば水　天に連なる。

黒雲が墨をひっくり返したように空を覆ってきて、まだ山を遮らないうちに雨が白玉を跳らせて船に乱入して来る。大地を捲き上げる風が吹いて来てたちまちに吹き散らし、湖楼から下を望み見れば、湖水は天に連なって一体になっている。

②放生の魚鳥、人に逐われて来、主無きの荷花、到る処に開く。水浪能く山を令《し》て俯仰《ふぎょう》せしめ、風帆　月と与《とも》に裴回《はいかい》するに似たり。

放ち飼いの魚鳥は人に追われて来るが、主のいない蓮の花は気ままに一面に花を開いている。高く低く上がる水浪は、山を見上げたり見下げさせたりするかのようで、風に翻《ひるがえ》る帆船は月と同じく徘徊《はいかい》しているかのようだ。

③大隠と成らず中隠と成れば、長閑の暫閑に勝つを得可し。我れ本《も》と家無し、更に焉《いずこ》にか往かん。故郷に此の好き湖山無し。

大物の隠者[1]とならずに中程度の隠者になれば、暫時の暇よりはすぐれた長時の暇を得ることができる。私には本来は家がないのだから、この先更にどこに行くことになるだろうか。わが故郷にはこんなに好い湖や山々はないのだ。

（1）大隠―晋代の王康琚《おうこうきょ》「反招隠詩」の「小隠は陵藪《りょうそう》に隠れ、大隠は朝市《ちょうし》に隠る」という詩句にもとづく語。大隠は、大きな志を抱く人。大人物は民間に隠れるとの意。蘇軾は、大隠ならばいつかは重用されるが、中隠であれば採用されることはなく、いつまでも暇であるから大隠よりは勝っていると、軽く詠んでいる。

片石居

昭慶寺から湖沿いに西に行くと餐香閣《さんこうかく》がある。いまの名は片石居である。奥まった屋閣と調った邸宅はすべてが風流人の別荘である。その湖に臨む一帯は、酒楼茶館が湖に面して軒を並べていて、身も心も開き洗われるばかりでなく、世界そのものが明るくさわやかに感じられる。張渭《ちょうい》(1)の「昼に行けば湖上の山に飽きることはなく、夜に坐れば湖上の月に飽きることはない」ということばに尽くされている。さらに進めば、桃花港、その上が石函橋となっていて、唐の刺史李鄴侯《りぎょうこう》が建てたものである。水門があり、湖水を排泄して古蕩に入るもの、東西の馬滕《ばとう》、羊角埂《ようかくこう》(2)に沿うもの、帰錦橋に至るもの、すべてで四つの流れがある。白楽天の記(3)には、北に石函あり、南に筧《かけい》あり、湖水をちょっと流せば、田五十余頃《けい》を灌漑できると言っている。水門の下は角ばった石が現れ、流出する水はとても急だ。

（1）張渭―唐代の官僚、詩人。本文中の詩は、『河嶽英霊集』上などに「湘中対酒行」として、首聯

「夜に坐せば厭《あ》かず湖上の月、昼に遊べば厭かず湖上の山（夜坐不厭湖上月、昼遊不厭湖上山）」云々として収録する。

（2）埂は小坑・堤の意。

（3）もと「湖石記」（『白氏長慶集』二五）の文章を、『遊覧志』は節略し引用する。ここではその節略をさらに整理して用いている。

徐渭「八月十六日片石居に夜泛《うか》ぶ」詞（1）

月はこの宵に背くこと多く、楊柳芙蓉は夜色に蹉《たが》う。鷗鷺は昼裏の如くには眠られず、舟過ぐれば向前に驚きて幾汀莎《いくていさ》を換《か》う。筒酒覓《もと》むれども荷は稀れに、唱い尽くす塘栖白苧《とうせいはくちょ》の歌。天は紅妝《こうしょう》の為に重ねて鏡を展《ひら》き、磨するが如きも、漸く照らす胭脂《えんし》の褪《あ》せたるを奈何《いかん》せん。

月はこの宵に背くことが多くて、楊柳や芙蓉は夜月の景色に相応しくない。鷗《かもめ》や鷺《さぎ》は昼とは違って眠れないでいて、その前を舟が通ると驚いて動き、波打ち際をいくたびか換えていく。筒酒を探しても残り荷はほとんどなく、塘栖の白苧歌（2）も唄い尽くしてしまった。天は装った女性のために、また磨いた光の鏡を取り出したのだが、ようやく照らしだされた紅おしろいは、もはや褪せてしまって興ざめだ。

（1）この詞は詞賦「南郷子」に当てられる（『評注』）。

（2）塘栖の白苧歌―塘栖（棲）は杭州の地名。白苧は一種の麻の繊維、衣服をいい、詩歌によく歌われる。白苧歌は古代の歌曲である楽府《がふ》のひとつ。塘栖白苧歌は明代に詠われた詩歌、歌曲か。

十錦塘

十錦塘は一名を孫堤といい、断橋のもとにある。司礼太監の孫隆が万暦十七年（一五八九）に修築した。堤の幅は二丈で一面に桃と柳が植えてあり、蘇堤とすっかり同じである。歳月が多く経過したので、樹木はみなひと抱えもあり、その下を行けば枝葉が広がり、漏れてくる月の光は砕かれて溶け残った雪のようである。前から断橋残雪と言われるのは、思うに、あるいは月影を言うのかもしれない。蘇堤は市街から遠く離れ、きれいな波が寄せ、広い道になっているが、訪ねる旅人はほとんど稀である。孫堤は真直ぐに西冷に達していて、車馬や遊客の往来は織った布のように密であり、兼ねて両湖の艶やかな光と十里つづく蓮の香りは、紹興の山陰県への道を登るかのように、現れる景色との応対に寸時の暇もないようにさせられる。湖船の小さなものは裏湖に入ることができるが、大きなものは堤に沿って移っていく。錦帯橋から順に望湖亭に至れば、亭は十錦塘の取り付きにある。次第に孤山に近くなり、湖面は広々としてくる。孫東瀛《とうえい》が華麗に修葺《しゅうしゅう》して露台を増築したから、風にあたるにもよく月を見るにもよい。兼ねて宴席を敷き陳《の》べることができ、歌唱演劇が行われない日などはなかった。いまは改めて龍王堂を作り、横に数間の部屋を継ぎ足したので、歌唱の喉は塞がれ演劇の場は分断されて、古くからの場景はすっかり失われた。

さらに進むと孫太監の生祠があり、山を背に湖に面していて、とてつもなく壮麗である。近ごろ盧太監は仏の供養に喜捨して盧舎庵と改名し、孫東瀛の像を仏龕《ぶつがん》の後ろに置いた。孫太監は数十万の金銭でもって西湖の建築物を修造し神仏の像を彫刻したのであり、その功績は蘇（東坡）学士より劣らないのに、その遺像が少しも湖山の山色を見られなくされ、幽閉された囚人として壁に向かい合っているのを見ると、大いにもどかしい。

袁宏道「断橋より湖亭を望む小記」

湖上の断橋から蘇堤に至る一帯には、緑の烟、紅の霧が二十余里に広がっている。歌童の歌唱鼓吹は風となり、婦女のおしろいに流れる汗は雨となり、薄い絹や練り絹の着飾った装いは、堤や湖畔の草よりも多く、艶やかなことこの上ない。しかし、杭州の人が湖に遊ぶのは、午・未・申（十一―十七時）の三ときに限られる。その実は、湖光が翠を染める巧みさや山嵐が色付けする絶妙さは、すべては朝日が始めて出て夕陽がまだ沈まない時にあってこそ、始めてその濃《こま》やかな美しさが極まるのだ。月の景色はとても口に言うことはできないほどだが、花のかたち、柳の気持ち、山の姿、水の心にも、とりわけある種の趣きがある。この楽しみは留めておいて山僧・遊客と楽しむものであり、俗士のために言うことなどとてもできるものではないのだ。

望湖亭から断橋一帯は、堤はとても精巧にできていて、蘇堤に比べてやはり美しい。道を挟んで、紅い桃、しだれ柳、芙蓉《ふよう》、山茶花《さざんか》の類が二十余種植えてある。堤のあたりの白い石段は白玉のようになっていて、あたりの地面には柔らかな砂がしとねのように敷かれている。杭州の人は、「これは宮廷の使者孫公（東瀛）が飾ったものだ」という。この公は西湖の大きな功徳主なのだ。昭慶・天竺・浄慈・龍井から、山中の庵院に至るまで、施したところは金銀数十万を下らない。私は、白楽天・蘇東坡二公は西湖の開山古仏であり、この公は、それと異なった日の伽藍であると思う。「腐れ儒者どもはわれらがやることを台無しにしてしまった」[1]のは、嫌なことだ、嫌なことだ。

（1）原文「腐儒幾敗乃公事」は、漢の高祖劉邦の「腐れ学者がわしのやることをだめにしよる（豎儒幾敗乃公事）」との、『史記』などにみえることばを踏まえた言い方。万暦朝の宦官による、官僚体制外の各地方での徴税は、官僚層からは激しく批判され憎悪されたが、袁宏道は、孫隆の西湖地域での功迹を高く評価していて、張岱もそれに荷担していることは世評に比べるととくに目立つ。二人の心情には共通するところがある。それはこの地域の仏教文物に向けての思い入れの深さに連なっている。

張京元「断橋小記」

西湖の勝景は身近にあり、湖の見極めやすいことも身近にある。朝の車馬、暮れの画舫船、人は誰でも徒歩で行きゆっくりと遊ぶことができ、いつでも遊ぶことができる。そして酒は水よりも多く、肉は山よりも高く積まれている。春時には肩を触れあい足を踏み合い、男女が雑沓してむらがり集うことを楽しみとする。心が山水にあるのではないことはもちろんだが、桃や柳の風情もまた、東風に寄り添って遊ぶ人たちからは一度も眸《ひとみ》を向けられることはないのだ。

李流芳(1)「断橋春望図」に詞を題す

昔、湖上に来て、断橋から一望すると、魂消《たまげ》て死にそうなほど驚いた。立ち返って知ったことを思い出してみると、湖のさざ波が連なり合ってかすかに光っているのは、大まかにいえば朝の日の光が樹木に付きはじめるか、明月が隠れ沈む時と似ていた。思うに、山や湖が映り合うのは、他のところに澄んだ波や大きなうねりがあったとしても、ここには及ばないからだ。壬子（万暦四十年、一六一二）の正月に、古きことを尋ねて重ねて湖上に至り、ひとりで断橋に行き、終日徘徊した。翌日には楊讖西《ようしんせい》(2)のために扇子に詩題を書き、「十里の西湖に遊ぶ人の心は、みな集まってきて断橋に至る。寒に生える梅の萼《がく》は小さいが、春に入って柳の糸があでやかだ。ふと見た時は夢かと疑われたが、重ねて来ると招かれるのを待ちきれないのだ。古くからの人は私を知り覚えているだろうか、謡いながら眺めれば、いまは物寂しく望まれる」といった。またその翌日にこの図を作った。小春四日に(3)、孟暘(4)・子与(5)と夜話をしてこれを書き記した。

（1）　李流芳―巻一「西冷橋」に既出。

（2）楊識西―生年未詳、明末の人（『評注』）。
（3）小春四日―十月を小春とも言い、また小陽春ともいう。ここでは十月四日のこと。
（4）孟暘―孟暘は巻一「西冷橋」に既出。
（5）子与は聞子与（一五八九―一六一八）、銭塘の人、後に仏門に入り、法名は大晟《だいせい》。雲棲袾宏より念仏法門を受け、その死後、憨山徳清に薙髪して弟子とならんと願ったが、果たさざるうちに疾おこり、「焚香煉臂し哀苦懺悔し、……薙髪して袈裟を被《かぶ》り、衆に別れて逝く」（知帰子『居士伝』四八）という。生卒は『檀園集』一〇「祭聞子与文」による。この文には、つねに出家を念じ、示寂を前にして、師を延して祝髪し、榻に就いて受具したとあり、仏教の篤信者であったと知られる。

譚元春(1)「湖霜草序」

私は己未の年（万暦四十七年、一六一九）九月五日に西湖に至った。楼閣には住まず、寺庵寺刹には宿らずに、琴と酒樽と書札を持ってひとつの小舟に身を托した。そこで、舟住まいのすぐれたところは、五善があることだ。船人と話のやり取りがないのが一善であり、夜と朝の時刻を間違わないのが二善であり、客を訪ね山に登るのに思いのままになるのが三善であり、断橋に入り、西冷に出て、昼に眠り夕べに起きるのが四善であり、居残りの客人を避けて時々に船棹を移すことができるのが五善である。この五善を携えて湖に長くいれば、僧は高いところ鳧《かも》は低いところにおり、盃がやむとお茶になる。風のままに船竿を動かし、漁の網には漁火が集まる。思えば朝な夕なに山や湖水に行き、谷川に臨み松に対面し、岸には柳、池には蓮があり、身を隠しながら友に接し、朝は孤山に心を放ち、夜は宝石に身を寄せる。吾生は充分に足り、吾事は充分に満ち足りている。

（1）譚元春（?―一六三一、入矢義高『増補　明代詩文』三一六頁）、字は友夏、号は鵠湾、別号は衰翁。湖広竟陵《きょうりょう》の人。天啓七年郷試第一。同郷の鍾惺（一五七四―一六二五、同上同頁）とともに明代文学の竟陵派の代表人物。

王叔杲《しゅくこう》「十錦塘」詩

横しまに平湖を截《き》る十里の天、錦橋　春に接す六橋の烟。芳林　花発《ひら》き千樹霞み、断岸光を分かって月両川にあり。幾度か觴《さかずき》の飛ぶ堤外の景、ひとたび清棹の発す鏡中の船。奇観の妝点《しょうてん》誰の力なるを知らん、応《まさ》に歌声の管弦を被《こうむ》ること有るべし。

平湖を横に断ち切って十里続く塘は天空に接し、春の錦帯橋から六橋の霞む景色が続く。芳林には千樹の花霞《はなかすみ》が開き、断岸によって光が分けられて両側の川にそれぞれの月がある。堤外にはいくたびか盃が飛び交い、鏡の中の船はいまひとたび棹を動かして行く。珍しい風景の装い(1)は誰の力に由るものなのか、きっと管弦を帯びた歌声もあることだろう。

（1）原文「妝点」は、装飾する、装うの意。

白居易「望湖楼」詩

尽日湖亭に臥すれば、心閑《しず》かに事も亦た稀なり。起きて因りて残酔を醒まし、坐して待ちて晩涼に帰る。松雨蘇帽《そぼう》を飄《ひるがえ》し、江風葛衣に透る。柳堤行々《ゆくゆく》厭《あ》かず、沙軟く絮《わた》霏《ひ》霏《ひ》たり。

一日中湖亭で横臥していると、心はのどかで何事もない。起き上がってから酔いのなごりを醒まし、坐ったまま涼しい夕暮れを待って帰っていく。松に降る雨は蘇麻《そま》の繊維で作った帽子を吹き飄《ひるがえ》し、江上を吹く風は葛《くず》布の服に透き通る。柳の堤を行けば目は飽きることなく、砂浜を軟らかな綿毛が飛び散っていく。

徐渭「望江亭」詩

亭上に湖水を望めば、晶光澹《たん》として流れず。鏡は寛く万影落ち、玉と湛えて一磯浮く。寒に入りて沙蘆《さろ》断たれ、烟生じて野鴨《のがも》投ず。若《も》しも湖上従《よ》り望めば、翻って此の亭の幽なるを羨まん。

亭の上から湖水を眺めると、水面は光り輝いて動きもなく静かなままである。湖水の鏡には広くさまざまな物影が映り、輝く白玉を豊かに湛えた先には島の磯がひとつ浮かんでいる。寒中になって砂浜の枯れた蘆《あし》は折れ曲がり、霞もやの中に野生のかもが宿っている(1)。もしも湖上より望んだならば、かえってこの亭の幽趣をうらやましく思うだろう。

（1）原文「投」は、投宿する、宿るの意。

張岱「西湖七月半ばの記[1]」

七月半ばの西湖には何ひとつ見るものはなく、ただ七月の十五夜を見る人を見ることができるだけである。五類に分けてこれを見れば、そのひとつは、楼船に笛太鼓、官位を表す立派な冠を着けた人びとの盛んな宴会には、灯火のもとに伎女や召使いの声や光が入り混じり、月見と称しながら実は全く月を見ていない人たちであり、そういう人たちを見る。

そのひとつは、船のことも楼台のこともあるが、名流の夫人や子女たちが女形まで入り雑じって笑ったり泣いたりしながら、見晴らし台に車座になり、右や左を眺めやっているのは、体は月の下にあってもその実は月を見ていない人たちであり、そういう人たちを見る。

そのひとつは、船のことも歌唱の席のこともあるが、名のある伎女や閑暇の僧がいて、かるく飲んで低い声で唄ってはささやかに管楽器弦楽器を奏《かな》でて、楽器と肉声が入りまじる。やはり月の下にあって月を見ていながら、その月を見ているのを誰かに見られたいと思っている人たちであり、そういう人たちを見る。

そのひとつは、船にも乗らず車にも乗らず、衣服を整え帽子をかぶるでもなく、酒に酔い飯を食い飽き、連れを呼んで三々五々人込みに分け入っていき、昭慶寺や断橋では叫びながら人込みに雑じりこみ、酔った振りを装いながら、調子外れの歌を歌うのは、月も見るし月を見る人も見るし月を見ない人もまた見るのだが、その実は全く何も見ていない人たちであり、そういう人たちを見る。

そのひとつは、小さな船に軽い幌《ほろ》を掛け、きれいな机と温かい暖炉を置いて、茶釜がやがて沸き立つと、素焼きの茶碗を静かに回し、好き友、佳き人と月を迎えてともに坐り、あるいは樹下に身を潜め、裏湖に騒ぎを遁れて、月を看ながら月を見ている姿が見られないようにし、またことさらに月見をしているようにしない人たちであり、そういう人たちを見る。

杭州の人が湖に遊ぶのは、巳の刻（九時ごろ）から出かけて酉の刻（十七時ごろ）までに帰り、月を避けること仇を避けるようにするが、この日だけは、月を見るという名目が好まれ、隊伍を作って先を争って出かけて来て、城門警備の兵隊たちに酒代をたんまりはずみ[2]、駕籠かきたちはたいまつを掲げて並んで岸に待ち受ける。舟がひとつ入ってくると、船頭たちに急いで断橋から離れるように促し、お客を宴会に赴かせようとする。だから、二鼓（十時ごろ）までは、沸き立ちどよめくように、魘《うな》され呻《うめ》くように、耳は聞こえず口はもの言えないかのようになり、大船小船が一斉に接岸すると、まったく何も見えなくなり、ただ舟の棹が棹にぶつかり、舟が船に接触し、肩と肩とが触れ合い、顔と顔とが向き合っているだけだ。しばらくの間に興奮が収まると役人の会席は散会して、部下や従僕たちは行列の先払いの声をあげて去っていき、駕籠かきが叫び声をあげると舟の上にいる人は怖がって門戸を閉めるが、送迎の灯籠の火は星が連なるように並び、群がり合いながら一人ずつ去っていく。岸の上にいた人たちも隊伍を組みながら城門に赴き、だんだんに人通りは少なく稀になっていき、しばらくするとすっかりいなくなってしまうのである。そこではじめて我々は船支度をして岸に近づいていくと、はじめて断橋の石畳は涼しくなり、その上に席をしつらえて客を呼び込み自由に飲む。この時には月は新しく磨き上げた鏡のようになり、山は再び装いを整え、湖もまた顔を洗って、(3)さきほど軽く酌み交わし低く詠っていた人が姿を現し、樹下に姿を隠していた人も現れる。われらはそこへ行って声を交わし、連れて来て一緒に坐る。風流の友と妙齢の伎女も来て、盃をあげ箸を動かし管弦が奏でられる。明け方近く月は蒼涼として東方の白くなりゆく頃、客人はようやく去り、われらは舟の往くままにして十里の蓮の花の中に眠りこければ、よい香りが降りかかり、心地よく清らかな夢の中にいるのである。

（1）張岱「西湖七月半ばの記」は、『陶庵夢憶』巻七「西湖七月半」と同文。松枝茂夫訳「西湖の七月十五夜」がある。

（2）城門警備の……──原文は「多く門軍に酒銭を犒《ねぎら》う」。城門を通してもらうために心づけをはずむこと。ところで、城門は四六時中開放されているのではなく、門限があるのではなかろうか。本文に巳の刻（九時）、酉の刻（十七時）、といい、先出の袁宏道「小記」に、湖に遊ぶのは十一時から十七時に限るというのは、その背景に門限があるとみればよくわかる。もちろん融通が利く規定で、時間外は脇門からの通行も考えられ、特別の節日などは延長開放もあろう。しかし時間外であれば、門衛は漫然と城門にいるわけではないから、当然に割増しの酒代が要ることになる。

（3）原文「頮《かい》面」の頮は、洗うの意。

孤山

『水経注』に、「水の黒いのを盧といい、流れないのを奴という」とあり、山が山脈につながっていないのを孤というのである。梅花の島が二つの湖に挟まれ、辺りすべては巌石が重なり、取りつくところがまったくない。だから孤というのである。この地は湖水が明らかに望まれ、明るく照り映えている。亭館や寺院道観が織りなすように向かい合い、両湖の景色は映り返し、三山(1)が水の下に倒れたかのようだ。山麓には梅が多くあり、林和靖が鶴を放し飼いにした土地である。

林逋（和靖）は孤山に隠居して、宋の真宗が召し寄せようとしても応えず、和靖処士の号を賜った。常にふたつの鶴を養っていて、籠の中で飼っていた。逋はいつも小船を浮かべて湖中の諸寺に遊び、客人が来ることがあれば、童子は籠を開けて鶴を放ち、自由に飛んで雲間に入りしばらく旋回すると、逋は必ず舟に棹さしてすばやく帰ってくる。つまり鶴の飛び立ったのを、客が来たしるしとしていたのである。臨終に際して絶句を残して、「湖外の青山　結びし盧に対《むか》い、墳前《はかまえ》の修竹《ながたけ》もまた蕭疏たり。茂陵《もりょう》に他日遺稿を求むるも、猶お喜ぶ曽《かつ》て封禅書の無きを(2)」といった。

紹興十六年（一一四六）、四聖延祥観を建て、諸寺院や士民の墓をすっかり遷《うつ》したが、ただ林逋の墓だけは詔によって留め置いて遷さなかった。元代になって、楊漣真伽《ようれんしんか》はその墓をあばいたが、ただ端渓の硯ひとつと玉製の簪がひとつだけあった。明の成化十年（一四七四）、郡守の李端が修復した。天啓年間（一六二一―二七）、王道士なるものがこの地に梅千樹を植えようとした。雲間の張侗初《ちょうどうしょ》（鼐《だい》）太史補の「孤山種梅序」がある。(3)

（1）三山―当時にはどの山を三山といったのかは、未詳。清代末には、香市が開かれる天竺山・小和山・法華山を三山といった（范祖述『杭俗遺風』「三山香市」、一八六三年序刊）。

（2）茂陵……―漢代の文人司馬相如は、漢の武帝に寵愛され、晩年には武帝の陵墓のある茂陵に家居した。没後に朝廷ではいち早く遺稿を求めたが、ただ封禅書だけが残されていた。封禅は天子が天を祭る、政治上もっとも重要な祭祀であり、封禅書、封禅文はその際に用いる、いわば政治的重要文書であって、ここの林の詩は、そのように物議を醸す重大な文書などは残していないことを言っている。

（3）張侗初……―張鼐、字は世調、また侗初。江蘇省松江華亭の人（雲間は松江の古称）。万暦三十二年の進士。張鼐の「孤山種梅序」は『古今図書集成』博物彙編、梅部芸文二にも引用がある。しかし、ここでは上文とは直接の関係はなく、ただ関連文章として補記したものとみて、文頭に「有」字を補って訳出した。

袁宏道「孤山小記」

孤山の処士（林逋）は、妻は梅、子は鶴。これは世間の一番先を行く気ままな人だ。我々には妻子があるために多くの閑事《むだごと》が起き、これを捨てることもできず、抛っておくのも嫌になる。やぶれ綴《つづ》れの衣を着て、いばらの中を行くと歩くたびに引っ張られるようなことだ。近ごろ霊峯のもとに虞《ぐ》僧儒(1)なるものがいて、やはり妻がいないから、ほとんど孤山（林逋）の後裔であり、著した渓上落花の詩は、林和靖に比べてどうかは知らないけれども、ひと夜で百五十首できたと言うから、この上ない迅速ぶりと言えるだろう。淡泊な食事で参禅しているのは、孤山の処士に比べて一段上である。いつの時代にも奇人はいるものだ。

（1）虞僧儒—虞淳熙《じゅんき》、字は僧儒（孺）、銭塘の人。万暦十一年進士、官は吏部稽勲郎中に至る（『明人伝記資料索引』）。兄弟ともに仙仏を好んだことでも知られる（『袁宏道集箋校』二七一頁注参照）。

張京元「孤山小記」

孤山の東麓には翼を広げたような亭館があり、林和靖の遺跡である。今はすっかり垣根を編みいばらを挿しこんで囲い、豪族たちは桑を植え育て食用魚を養って得る自らの利益を図りながら、また亭舎に屋根を葺《ふ》いて山間に点在させる風流もあてにしている。「楚人の弓」(1)のたとえにもある、（先人が残したものを、利益を求める後人が利用することは、）官僚身分のある有力者でも、また一介の民衆でも変わりはないのである。

（1）楚人の弓とは、『孔子家語』「好生」に、楚王が鳥を射る弓を失っても、同じ楚の人がそれを手に入れて利用する（だから、楚王は無理に弓を求めて利益を独り占めにしなくともよい）といった話をいう（この話では、これを聞いた孔子が楚王が失い楚人が得ると言わずに、先人が見失ったものは後人が利用できると大きく言うべきだといったところに重点がある）。この張京元の文は、後継者のいない遺跡は先出の「秦楼」にもあるように民居になることもあるが、林和靖の遺跡は官僚身分の権勢をもつ豪族が利を求めて占拠していることを言っている。

「蕭照《しょうしょう》（1）壁に画く」

西湖の涼堂は紹興年間（一一三一―六二）に構築された。南宋の高宗はここに臨幸して見ようとしたが、四面には高さ二丈の白壁があるだけだったので、宮中の宦官が蕭照に山水を画くように促した。照は命を受けるとすぐに宮中にある酒蔵の酒四斗を貰いうけ、夜になってから孤山に出て、約二時間の一鼓ごとに一斗を飲み、一斗を飲み干すと一方の壁が描き上がり、照もまた泥酔した。お上は見に来て嘆賞し、金糸織物の書帛《しょはく》を賜った。

（1）　蕭照―南宋の画家、紹興年間に画院待詔に至る。本書では、「蕭照画壁」とあれば、作者の蕭照が書いた文章が次に続くのが通例であるが、ここの続く文章は蕭照作ではない。疑問はあるが、文章に従って訳しておく。

沈《しん》守正（1）「孤山種梅の疏」

西湖のほとりは、青野菜が身近にあり、さわやかでとても親しみやすい。ただ孤山だけは二つの湖の間に鬱蒼とわだかまり、水や草木はみな深い色がある。唐の時には楼閣が入り合い、詩歌がちりばめられていて、両湖の中では抜きん出ていた。「雨ふらずして山常に潤い、雲無くして水自《おの》ずから陰《くも》る(2)」の句を読むと、当時を想像することができる。孤山への道を行く人は、西冷からの路をとらないで必ず湖水に沿って行ったのであり、いまの湖を遠く望みながら街から曲がっていくのとは同じではないのだ。このところにはいまも肘を張った古梅があり、これが林和靖の故居だといわれている。

(1) 沈守正（一五七二―一六二三）、銭塘の人。官は都察院司務に終わる（「都察院司務無回沈君墓誌銘」、『牧斎初学集』五四）。

(2) 後掲の張祜「孤山詩」の一聯。

李流芳「孤山夜月の図に題す」

かつて印持(1)（厳調御）の諸兄弟とともに酔った後に小艇を浮かべ、孤山から帰ってきた。その時には、月がはじめて新堤から登ってきて、柳枝がすべて湖中に影を逆さまにして澄んだ水の中に揺れ動いているのは、鏡の中かまたは絵画の中にあるかのようだった。この懐かしい思いを長く胸の内におさめていたが、壬子の年（万暦四十年、一六一二）にわが家（小築）にいて、思いがけず孟暘《もうよう》によって画き出されると、ほんとうに絵画の中にいたのである。

(1) 印持―厳調御（一五七八―?）、字は印持。浙江余姚の人。弟の武順、勅とともに、たがいに師となって学び、三厳と称された（「評注」）。

蘇軾「林逋の詩の後に書す」

私は湖山の一隅に成長し、湖光を呼吸し山の清水を飲んだのだが、世俗の外に隠れ住む隠君子は言うまでもないこと、雇われの従僕や物売り女もみな冰玉《ひょうぎょく》のような美しい人である。先生こそは俗気からすっかり抜けた人で、心も体も清らかで俗なところはない。私は君(1)を識ってはいなかったのだが、むかし夢に見たところでは、瞳にははっきりと燃える光があった。遺された文章や文字は各処に見られ、西湖を巡り歩いても見飽きず、詩は東野の如くには寒を言わず、書は西台に似てやや肉が少ない(2)。平生の高い志はいまや継承することは難しいが、その死に臨んでの微言（孔子が没して絶えたと言われる深妙なことば）は、いまも記録に留める価値がある。自ら封禅書は作らないと言い、また白頭曲を悲吟した（卓文君の意向を納れた(3)）のである。私が笑うのは、呉の地域の人びとは事を好まず、好んで神仏を祀る祠堂を作り(4)、傍らに竹を植えていることである、そのようにしないで、銭塘龍君を祀る水仙王廟のかたわらに合わせて先生を祀り、一盞《いっさん》の寒泉と秋菊をお供えしよう。

（1）原文は「見」だが、典故の『集註分類東坡詩』二五により、「君」字に直す。

（2）上記の原注に、「孟郊（東野）の詩は之を清寒に失す」（前句）とあり、「宋朝の西台御史の李建中は真行字を善くす」（後句）とある。この二点にもとづいて蘇軾の文章を理解するべきであろう。

これによれば、林逋は、その詩は孟郊ほど寒に偏ってはいないし、書は李建中に似てはいても、文字はやや痩せているとの意になる。

（3）封禅書……白頭曲……―封禅書とは、前漢の武帝が司馬相如の没後に書き遺した書を求めた時に献上された書。いわば皇帝に献上する重要な意見書。林逋は生前に、封禅書は作らなかったことを言い残している。次の白頭曲は、司馬相如は卓文君と親の許しを得ずに駆け落ちし、「私奔」をしたことで知られるが、『西京雑記』には、その後に相如は茂陵の人の女を聘して妾にしようとしたところ、卓文君は白頭吟を作って自絶しようとしたとある。自絶とは、自身の跡を亡くすこと、自決することをいう。その内容は知られないが、その歌を白頭曲といったもの。相如はそこで止めにした、「乃止」したのである。ここでは、梅を妻とし、鶴を子とした林逋の清廉さの表現を言う。

（4）水仙王廟―宋代には西湖岸辺に水仙王廟があり、銭塘龍君を祀っていた。

張祜「孤山」詩

楼台　碧岑《へきしん》に聳え、一径　湖心に入る。雨ふらずして山常に潤い、雲無くして水自ずから陰《くも》る。

断橋に荒蘚《こうせん》合し、空院に落花深し。猶お憶ゆ西窗《せいそう》の月、鐘声　北林に出ず。

楼台は碧き峯《あお》に聳え、一筋の道が湖心に入っていく。雨が降らないのに山はつねに潤い、雲もないのに湖水は自然に陰《くも》っている。断橋には荒らされた苔が重なりあい、空疎な院落には散り落ちた花が深く積もる。いまも西の窓に見た月を想いだしていると、鐘の音が北の林から聞こえてくる。

徐渭「孤山に月を玩ず」詩

湖水　秋空に澹《たん》として、練色澄み、初めて静かなり。棹に倚《い》して中流に激すれば、幽然として吾性に適う。酒を挙げて忽《たちま》ち月を見れば、光と波と相い映ず。西子淡妝《たんそう》を払い、遥嵐　孤鏡に掛かる。座客　本《も》と玉姿、照耀して几《き》筵《えん》瑩《あきら》かなり。憂時に高懐を吐けば、四座尽《ことごと》く傾聴す。卻《かえ》って言う処士疏にして、徒《いたずら》に梅花の咏を抱く。如《も》し径寸の魚を以《もち》うれば、蹄涔《ていしん》に即ち泳を成さんと。論久しくして興《きょう》弥々《いよいよ》洽《あまね》く、棹を返せば堤　逾々《いよいよ》迥《はるか》なり。自ら顧りみて清談を縦《ほしいまま》にすれば、何ぞ麈柄《しゅへい》を麾《き》するを嫌わん。

秋空のもと湖水は練《ねり》ぎぬのように澄みわたり、たゆたいは初めて静かになっていく。船棹をさして中流に向かえば、静かに物深く私の気持ちに適っている。盃を挙げてふと月を見上げれば、月光と水波とが映り合っている。西施は薄化粧を装って姿を現し、遥かに遠くから吹く山風はただひとつの月鏡に吹き掛かってくる。座にある客人はもと美しい姿をもち、照り輝いて宴席を明るくしてくれる。憂悶のある時に胸のおもいを吐けば、周りの座の人もみな耳を傾ける。思い返していえば、処士（林逋）は疏遠な人で、ただ一人梅花を抱いて詩を詠っていたが、一寸の小さな魚でも足跡にできる水溜りに養い泳がせたならすぐに泳いだだろう（それと同じくどんな人とでも関わりをもち役に立つこともできるはずだ）。などと論ずること久しく、興趣はますます広がっていき、船棹を返そうとしても、岸の堤はいよいよ避けるかのように遠く見える。自分に思ったことだが、清談を思いのままにしてみると、麈尾《しゅび》(1)を手にして脱俗の清談を楽しんだ古の隠者たちを嫌うことがどうしてできようか。

（1）麈や虫を払う道具、払子《ほっす》。六朝時代の隠者が清談に用い、後世には仏教の法具として用いる。

卓敬(1)「孤山種梅」詩

風流なり東閣に詩を題する客、瀟灑《しょうしゃ》なり西湖の処士の家。雪冷え江深《かわ》くして夢に到る無く、自ら明月に鋤《たがや》して梅花を種《う》ゆ。

東閣に詩を詠む客はいかにも風流であり、西湖にはいかにも瀟洒な処士の家がある。雪冷えの中に江河の水は深くて夢にもそこに到ることはできず、自分はただ明月の下に耕して花咲く梅の木を植えるのだ。

（1）卓敬―浙東の温州瑞安の人。洪武二十一年の進士。戸部侍郎に至る。燕王（永楽帝）の簒奪に際して抗言し、三族誅殺される。

王穉登《おうちとう》(1)「林純卿の孤山に卜居するに贈る」詩

書を湖上の屋三間に蔵すれば、松は軒窗《けんそう》に映じ竹は関に映ず。鶴を引き橋を過《よ》ぎり、雪を看て去《ゆ》き、僧の寺に帰るを送り、雲を帯びて還る。軽き紅の茘子《れいし》　家千里、疏影の梅花　水一湾。和靖の高風　今已に遠きも、後人猶お孤山に住むを得たり。

湖上の三間の家屋に書物を蔵《おさ》めてみると、庭の松は軒先の窓に映り竹は玄関に映っている。鶴を引き連れ橋を通り過ぎて雪を見ながら往き、僧の寺に帰るのを見送って雲を身に帯びながら還ってくる。うっすら紅い茘子《れいし》が実る家は千里も続き、梅花のまばらな木の影は一湾の水に映っている。林和靖の高尚な風采はいまやすでに遠くなったが、いまもなお後の人たちは孤山に住むことができるのだ。

(1)　王穉登(一五三五―一六一二)、字は百穀、号は玉遮山人、蘇州府長州の人。文徴明のあと、詞翰の席に主たること三十余年、呉中の詩人としてもっとも名を知られたという(『明史』二八八伝)。

陳鶴(1)「孤山の林隠君の祠に題する」詩

孤山に春半ばならんと欲し、猶お梅花を見るに及ぶ。笑いて王孫の草を踏み、間々《まま》処士の家を尋ぬ。塵心は水鏡に瑩《あきら》かに、野服に山霞映ず。巌壑長く此《かく》の如し、栄名豈《あ》に誇るに足らん。

孤山は春半ばになろうとしていても、梅花はまだ見られる。笑いながら郷愁をおこすと言う

(『楚辞』)王孫草を踏み、時に林(和靖)処士の家を尋ねる。世俗の塵にまみれた心は湖の水鏡によって彰《あきら》かになり、野歩きの服には山の霞が映っている。自然の巌や谷は永く変わりなく続いていくのに、世間の美名などどうして誇るに足りようか。

(1) 陳鶴(?—一五五九)、字九皐《きゅうこう》、号鳴軒、海樵。紹興山陰の人。嘉靖年間の挙人。その祖の軍功をもって官百戸を襲封した。詩・画にすぐれる。徐渭に「陳山人墓表」(『徐文長三集』)の作がある。

王思任「孤山」詩

淡水濃山 画裏に開き、船の署せざる無し好楼台。春は花月に当たり、人 戯《たわむ》るるが如く、烟湖灯に入りて声 乱催す。万事に賢愚同一に酔い、百年の修短未だ哀を須《もち》いず。只だ憐れむ逋老 孤鶴と栖《す》むを、寂莫たる寒籬 幾樹の梅。

色あわき水と色濃き山がともに開いた画の中にあるかのように見え、恰好の楼閣や高台のどこでも絶えず遊客の船が着いている。春の花盛りの月に当たれば、人びとは演劇の中にいるかのようで、湖を照らす灯の煙が入ると、声を乱して騒ぎたてる。賢も愚もすべては同じく酔うのであり、一生の百年が長いか短いかなどは哀しむまでもないことだ。ただ林逋老人がひとつの鶴とともに棲んでいたことにはしみじみとした思いがあるが、いまは寂寞として寒々しい鳥籠と幾樹かの梅があるだけだ。

張岱「孤山種梅を補うの叙(1)」

そもそも聞くところでは、この地には操の高い人が住んでいて、その品格は山川と同じく重いということだ。亭館には古迹が遺《のこ》り、伝わる梅花とその姓氏はともにかんばしい。名声は時代とともに遷り変わるとはいえ、良きことは後人に補われるのを待っているものだ。むかし西冷に住んだ隠逸の老人は、その歌う高潔な詩の調べは秋水と同じであり、ただ一人の清らかな操は寒梅に比べられた。その孤影は横しまになって遠く西湖の清らかな水に映り、ひっそりと浮かんだ香りはながく黄昏の夜月に寄り添った。いま人は去り山は空しくなったが、そのままに水は流れ花は開き、美しい花びらは雪かと降りそそぎ、入り乱れて塚の苔の上に痕を残し、樹木にただよう烟霞は林間の鶴羽の上にふんわりと落ちているかのようだ。

ここに詩友とともに来て、先賢のように歩もうと思い、千本の梅を補植し、重ねて孤山を修復しようとする。寒さをしのぐ梅松竹の三友は、早くから続く松や竹の茂みに連なっていて、臘を破る（花開いた）梅の一枝は遠くの六橋(2)の桃や柳に（春を）告げている。佇んで思うと、水辺の樹の半ばには氷花が点綴していたのだが、雪のあとでは横になった枝が鉄のように強い幹を起伏するのを待っている。美人が林下からやって来て、高士が山中に臥しているところ。白石の蒼崖のところに草ふきの亭を築いて放たれた鶴を招こうと思い、濃山淡水のもとに時には明月に鋤《たが》やし梅花を種《う》えようとするのだ。

ここに志はついに成し遂げられ、約束はみな果たされた。いまや羅浮山《らふさん》と艶容を競い、また庾嶺《ゆれい》(3)と梅の香りを分け合おうとしている。まことに林処士の功臣であり、また蘇軾（長公）の勝友である。私たちが常々しきりに夢想していたことは、たしかに宿縁があったのだ。曲江詩を哦《うた》うと（原注。曲江は、張九齢に「庭梅咏」がある）、便《すなわ》ち孤芳の風韻(4)を見、宋広平の「広平賦」を読んではまた鉄石の心腸を思う(5)。西湖の柳を思い、灞水《はすい》(6)から驢馬に策《むち》うって旅立つことを思い浮かべながら、しばらくは断橋に雪を踏もう。遥かに荘子が任じた漆園の夢幻世界に飛んでいた蝶は、いまは群来して林逋の墓に来て梅を尋ねるのが見える。佳《よ》い季節に背かずに、先賢のよき足跡を追い求めよう。

（1）『嫏嬛文集』一に同文がある。
（2）臘を破る―破臘は臘月（十二月）の終わり、歳末。ここでは蠟梅、梅のつぼみは臘月が終わらない中に開き咲くことを掛けていう。
（3）庾嶺―大庾嶺、江西と広東との省境にある山地、梅を多く植えて梅嶺とも称された。ここでは、西湖の梅と関連して用いている。
（4）孤芳の風韻―「庭梅咏」に芳・孤の文字が使われていることから、ただひとつ芳香を放つ風流な梅という意味。
（5）「広平賦」……―唐代の宋璟《そうけい》（広平）の「梅花賦」に、「鉄石心腸（堅い心根）」というような語があった。この語句が詩賦として佳い語句であること、またこの「梅花賦」は散逸したことから、「広平賦」「梅花賦」として後世に話題としてよく取り上げられた。ここでは「広平賦」を読んで、隠逸の林逋の鉄石のごとく堅く強い心胸を思いやるとの意。

（6）灞水―古都の長安に注ぐ河、ここでは古くは旅立つ人を灞水にかかる灞橋《はきょう》まで送り、柳の枝を折って別れを告げた故事をいう。

張岱「林和靖の墓柱の銘」

雲は無心のままに山を出でくる。林間にひとつがいの鶴を放つのは誰であろうか。明るい月に心があるならば、塚の上のただひとつの梅樹のことを思うだろう。

関王廟

北山にふたつの関王廟があり、そのうち岳飛の墓に近いのは、万暦十五年（一五八七）に杭州の民、施如忠によって建てられた。如忠は北京に客遊しようとして潞河を渉っていると、颶《ぐ》風《ふう》が起こって船が転覆しかけたが、ぼんやりと王が河神たちを連れてきて救ってくれるのが見えて助かった。帰宅するとすぐに廟を造って祀り、あわせて河神たちを祀って、吏部尚書の張《ちょう》瀚《かん》が文章を書いた。そのうち孤山に近いのは、旧い祀堂が低く狭かったので、万暦四十二年に金御史（1）が主導して一新し、（宮中の文書官である）太史の董其昌が碑文を自書した。その文章は言っている。

「西湖には多くの寺廟を見ることができるが、仏寺のほかで祭祀の規則に適っているのは、鄂王《がくおう》の岳飛と、少保の官位を贈られた于謙と、関羽の神廟との三つだけである。甲寅（万暦四十二年、一六一四）の秋に神宗皇帝は、夢の中に聖母が夜中に詔を伝えたことを感じて神を封建して伏魔帝君とした。もと着けていた兵士の冠《かむ》る兜《かぶと》は天子の用いる衣服と冠（袞冕《こんべん》）に替え、軍隊用の旗（大纛《だいとく》）は天子の用いる龍飾りと九本の糸飾りの旗に替えた。五帝と尊位を同じくし、よろずの神霊は職位を享《う》けたのである。曹操《そうそう》・司馬懿《しばい》・王莽《おうもう》・桓温《かんおん》という同類の姦奸（2）の大物が、生きては賊臣と称され、死ねば地下の餓鬼に身を落としたのに比べれば、その違いは高い天上と地下との深淵の隔たりを超えるものがある。

　思うに旧い祠はせまく、詔書を発して広く布告するという意図にはふさわしくない。金御史親子は、ここに旧きを改め一新することを議して主導し、孤山寺の古い旧跡を得て、材土を測り積み重ね、土塀垣根を築き、肖像を設置して荘厳し、先後三年を経て落成した。御史は、私が実際にその話を進めて実現したことから、私に記念の文章を依嘱してきた。

　私が思うに、孤山寺にはまた永福寺の名があり、唐の長慶四年（八二四）、ある僧が『法華経』を石壁に彫刻したが、たまたま元微之が越州の守護となって杭州に道をとったところ、杭州の太守白楽天がその記念の文章を書き、各地の守護職九人が銭貨を供出して工役を助け、その盛況はかつて見ないほどであった。造成と廃壊には天の定めがあり、金石でも磨滅するのだが、ここに数百年にして（伏魔帝君という）帝王として祀られた。仏典で言えば、旧い寺は、

（『観音経』にいう観世音菩薩が衆生を済度するために三十三通りに身を現ずる内の、）いわゆる（武人である）天大将軍の身を現じたものではないだろうか。そして今の祠は、いわゆる帝王である帝釈天の身を現じたのではないだろうか。至高な人はその生を捨てても生はあり、その身を殺しても身は存している。孔子は仁を成すといい、孟子は義を取るといったが、これは『法華経』にいう「諸仏世尊は唯だ一大事因縁を以《もっ》ての故に世に出現する」（「方便品《ほうべんぼん》」）のと、どこが異なるだろうか。忠臣義士であっても布団に坐り、観想修行してのちに生死を悟れるというのは妄言である。そうであれば、石の壁を高くし、石に経の文字を刻むことはなかったのだ。先ごろ四川で叛賊を殲滅した時には神が助力した。そのことは皇帝のお耳にも達したのだが、（これは怪力乱神を語らずという孔子のことばがあるにもかかわらず、）怪を語ったということと同じではないのである。ただ東北地方の西部である遼西の悪賢い虜賊には天誅を緩められたのは、関廟の神君が仲間には応答しても神宗には応答しなかったことになるかもしれない。左には鄂王（岳飛）を置き、右には少保（于謙）を置き、雷神を駆使し、焔の鈴を放擲しているのは、唐の太宗の陵墓である昭陵に置かれた六頭の鉄馬は風に嘶《いなな》き、蔣山の蔣史文の廟にある塑像の兵士は露に濡れていたのと同じく、(3)たしかに魔物を平討しようと（廟の神君は）四川蜀の道に行ってきたということである。これより先、金御史は、閩《びん》（福建）を巡撫したとき、神君のお告げによってしばしば倭寇東夷を殲滅して、功績を近辺の協力する府県に報告した。だから祠廟の建設費用が多くの例に比べて大きく違ったのは、おもうに予《かね》てからの（周辺地域の）願望があった（府県の助力が得られた）からだと言われている」。[4]
寺中の規模は精巧で雅趣があり、廟の姿は荘厳である。兼ねて記念文の石碑、墓誌を記す石碣はすっきりとして美しく、柱銘や柱聯の細工は正確であり、すべては理法にかなって行われていて、これを施如忠が建てた廟に比較して雅趣か平俗かは、まことに天と地ほどの違いがある。

（1） 金御史—原文「金中丞」。金は金学曽、字は子魯。銭塘の人。隆慶二年の進士。官は右僉都御史、福建巡撫に至る（『評注』）。
（2） 曹操は、後漢の実権を奪い、その子は魏帝となった。司馬懿は魏帝を弑して晋朝を創った。王莽は前漢の王権を簒奪しようとした。桓温は晋帝を廃立しようと図った。この文の四人は時代順になっていない。この原文と同順に四人を列挙するのは、呂中『宋大事記講義』巻一に見られる。歴史に精通している張岱は、この書によって書いているのであろう。
（3） 唐の……—原文は「昭陵之鉄馬嘶風、蔣廟之塑兵濡露」。巻一「岳王墳」張岱柱銘の注を参照。
（4） 原文に、金は「上功盟府（盟府に功を上げた）」とある。上とは功績を皇帝中央政府に報告する、奏上することだが、それとともに倭寇の影響を直接に受ける近辺の地方政府、つまり「盟府」に知らせることによって、徴税にあたって財貨を融通できる地方政府は、かねてからの願いであった倭夷を殲滅した金の功績に報いるためにも金銭を供出したことから、通例に比べて多額の建設費が得られたというのである。

董其昌「孤山関王廟の柱銘」

忠は能く主を択《えら》び、鼎足《ていそく》　漢室の君臣を分かつ。徳は必ず隣有り、臂《ひじ》を把《と》りて岳家の父子を呼ぶ。

(関羽は)忠義の志があったから、鼎《かなえ》の足の如く分かれて鼎立していた三国の中で、正統の蜀漢の主君を選ぶことができたのである。(『論語』にいうとおり)有徳者には必ず手を組んで助け合う隣人がいるのであり、この廟の関羽は、宋朝に忠を尽くした岳飛父子に親しく手を取って呼びかけているのだ。

宋兆綸《そうちょうやく》(1)「関帝廟の柱聯」

真の英雄は家を起こして従《よ》り、直ちに聖賢の位に参ず。大将軍を以て得度し、再び帝王の身を現ず。

まことの英雄である関羽は世に現れ、まっすぐに聖人賢者の位に達した。(『法華経』「観世音菩薩普門品」、略称『観音経』にいう)天大将軍の身を現じて位を得(得度し)て、またさらに帝王の身を現じたのである。

(1)　宋兆綸—巻一「智果寺」に既出。

張岱「関帝廟の柱対」

統系は偏安に譲り、当代の天王は漢室に帰す。春秋は大義を明かし、後来の夫子は関公に属《しょく》す。

漢の統一されていた王統を譲って、蜀の一地方を安泰にする地方政権になったが、その時代の天王は蜀漢の王室に帰属していたのだ。『春秋』は王統君臣の大義を明らかにしていて、のちに出現した孔子夫子は、関羽公に王統護持を依嘱していたのである。

蘇小小の墓

蘇小小とは六朝南斉時代の銭塘の名妓である。容貌は妓楼の中でも飛び抜けて優れ、詩文の才能は知識人を顔色無からしめてその当時に絶讃されたが、年若くして早く亡くなり、西冷の小山に葬られた。美しいみ魂は消えることなく、往々に花の間に出現した。宋の時代に役人の司馬槱《しばゆう》なるものがいて、字を才仲といったが、都（南朝の都の建康、いまの南京）でひとりの美人が帳《とばり》を掲げて歌うのを見てその名を尋ねると、「西陵の蘇小小です」といった。「どんな歌をどんな曲調で歌っているのか」と聞くと、「黄金縷《る》です」といった。五年の後、才仲は、蘇東坡による官僚社会への推薦によって、秦少章の幕府の官員となったときにそのことを口にした。少章は珍しく思って、「蘇小の墓はいま西冷にある。どうして酒を注いで弔《とむら》わないのか」といった。才仲はその墓を尋ねて行き、拝礼した。その夜の夢に現れ、寝床をともにして、「私の願いはかなえられました」といった。それから幽界の人と結ばれる幽婚を三年したが、才仲もやはり杭州で亡くなり、蘇小小の墓のそばに葬られた。

西陵の蘇小小の詩

妾《わたし》は乗る油壁の車、郎は跨《の》る青驄《せいそう》の馬。何処に同心を結ばん、西陵の松柏の下。

私は幔幕を垂らした油壁の車(1)に乗り、あなたは駿馬のあおげに乗っていらっしゃる。どこで一緒に心を結んだらよいかしら、西陵の松柏の木蔭でね。

(1) 蘇小小が乗った周囲に幔幕を垂らした婦人用の車は、油壁車と呼ばれた。

また詞

妾は本《も》と銭塘江上に住み、花落ち花開くも、流年の度《わた》るに管《かかわ》らず。燕子は春色を将《も》って銜《くわ》えて去り、紗窗《さそう》に幾陣か黄霉《おうばい》の雨。斜めに挿《さ》す玉の梳《くし》に雲半ば吐き、檀板　軽く敲《たた》き、唱い徹す黄金縷。夢断たれ彩雲　覓《もと》むる処無し。夜涼に明月　南浦に生ず。

私はもとから銭塘の江のそばに住み、花が開き落ちたりしても、年月の流れに構わずに過ごしてきました。燕は春の景色をくわえて飛び去り、薄絹を貼った優雅な妓楼の窓にも幾たびか黄梅《つゆ》の雨が降りますが。私の髪に斜めに挿した玉櫛からは高く丸い雲鬢《うんびん》が半分ほど現れて、拍子をとる檀板《だんばん》を軽く敲いて黄金縷《おうごんる》を絶唱していました。夢にまで見た美しい茜雲《あかねくも》は断ちきられて今は求めるすべもありませんが、夜の涼しさの中に明月が南の水辺に出ています。

李賀(1)「蘇小小」詩

幽蘭の露　啼く眼の如し。物の同心を結ぶこと無く、烟花は剪《き》るに堪えず。草は茵《しとね》の如く、松は蓋《かさ》の如し、風は裳と為り、水は佩《はい》と為る。油壁の車久しく相い待ち、冷たき翠燭、光彩に労す。西陵の下、風は雨を吹く。

ひっそりと咲く蘭に置く露は、しっとりとして泣いた後の眼のようだ。心を同じくする契りを結ぶものは何もなく、もやの中に咲く花を切るのが惜しまれる。草は苔のように敷きつめ、松は傘のように蓋《おお》い、風は裳裾の襞《ひだ》もよう、水は帯の玉飾り。外には妓女の乗る油壁の車が長いこと客待ちし、青く冷たい灯火は疲れた光を出していて、西陵(2)のあたりでは雨が風に吹きつけられている。

(1)　李賀（七九一—八一七）、河南省福昌の人。中唐の詩人。
(2)　本文にあるように、蘇小小の墓は西冷にあった。陵は冷と同音で通用する。

沈原理(1)「蘇小小歌」

歌声迴波を引き、舞衣に秋影散ず。夢断たれて青楼に別れ、千秋に香骨冷たし。青銅の鏡裏双飛の鸞《らん》、饑烏　月を弔って勾欄に啼く。風　野火を吹くも火滅《き》えず、山妖笑いて入る孤狸の穴。西陵の墓下、銭塘の潮。潮来り潮去り、夕べ復た朝。墓前の楊柳折るに堪えず、春風自ずから綰《むす》ぶ同心の結び。

妓女の歌声によって波が引き戻され、舞い衣装に秋の物影が乱れ散る。佳き夢は早く断ち切られて妓楼に別れを告げてから、永い千秋の年月にそのお骨は冷たくなっている。（過去を映す）青銅の鏡の中には仲むつまじいつがいの鸞が飛ぶが、（いま現実には）飢えた烏は舞台の仕切り垣根で、月に向かって不吉な弔いの啼き声をあげている。風は野火に吹きつけても火は消えることなく、山では妖怪が笑いながら孤狸の穴に入っていく。西陵（冷）にある墓のそばの銭塘湖には、朝な夕なに潮は寄せて来てまた去っていく。（別れには柳の枝を折って手渡すというのに）墓前の楊柳は惜しくて折れないのだが、春風によって自然に心は同じくひとつに結ばれる。

（1）沈原理―元の人。沈理、字は原礼。この詩は『大雅集』三、『元芸圃集』三に載り、『遊覧志余』にも載るが、本書の「山では妖怪が笑いながら（山妖笑入……）」は「山妖哭入」になっている。「笑い」では、不自然な句になる感がある。

元遺山(1)「蘇小の像に題す」

槐陰の庭院は清画に宜しく、簾《す》を捲けば香風透る。美人の図画は阿誰《だれ》か留めん。宣和《せんわ》の名筆内家に収む。鶯鶯《おうおう》燕燕　分かれて飛びし後、粉浅く梨花痩《や》せたり。只だ蘇小を除けば風流あらず、斜めに挿す一枝の萱草《けんそう》　鳳釵《ほうさ》の頭。

槐《えんじゅ》の木蔭の庭院は画に描くのに適していて、簾《すだれ》を捲き上げれば香しい風が透き通る。美人を画いた絵画は誰が保存しているのだろうか。書画を好んだ北宋徽宗代の宣和年間の名筆は宮中に収蔵された。鶯や燕のような名妓たちが飛び去ったのちには、遺された女性のお化粧は淡く浅くなり、容姿は痩せてしまった。ただ蘇小小のほかには風流な人はいなくなり、もとは美しく輝く鳳釵《ほうさ》をさした頭には、萱草《かやくさ》を斜めに挿している。

（1）元遺山―元好問、号は遺山、金の人。詩人。金滅亡後は仕えずに著述に従事した。

徐渭「蘇小小の墓の詩」

一坏《いっぱい》の蘇小、是なるか非なるか。綉口花腮《しゅうこうかし》　爛舞の衣。古自《よ》り佳人再びは得難ければ、今従《よ》り此の翼　双飛を罷めん。薤《かい》辺の露眼に啼痕浅く、松下の同心　帯を結ぶこと稀なり。恨むらくは顚狂なること大阮の如くならず、一曲を将《も》って兵の闉に慟《どう》するを欠くことを。

蘇小小の盛り土の墓は、本当のものかどうだろうか。美しいことばを出す唇と花の頬、手慣れた舞いの衣装。むかしから佳人は二度と手に入れることは難しいのだから、これからはその翼を並べて飛ぶことはないだろう。古くは葬いに詠われた薤《にら》の葉に置くはかない露(1)のような涙の跡は（いまは）浅く、松のもとで心を同じくと契って帯を結び合わせるのも稀になった。一曲を演奏して兵の妻を弔い慟哭した晋代の阮籍のようには、世の中のしきたりから自由になれないことが恨めしい。

（1）原文「薤露」は、漢代に貴人のとむらいに歌われた挽歌。

陸宣公祠《りくせんこうし》(1)

孤山にはどうして陸宣公を祠《まつ》るのだろうか。思うに陸少保、名は炳《へい》(2)は（明代）世宗の乳母の子であったことから、権力を握り寵愛を恃《たの》んで、自分の家系は唐代の名宰相、陸宣公から出ているといい、祠を創設して祀った。その規模は広々として、湖も山も呑みこみ吐きだきんとするばかり、台閣の盛んなること西湖を見まわしても比べられるものはなかった。炳は勢いが盛んだったから、美しいものを見るとすぐに奪い取ろうとしていた。そばにはもと宮中警護の錦衣衛にいた王佐の壮麗な別荘があったが、その妾腹の子は不肖だったので、炳はその罪をでっち上げ、財産を差し出すように強制して逮捕し、もとは王佐の妾であったその母も捕えた。取り調べにあたって子は強弁したが、母は膝を進めてその子の罪をとても詳細に述べた。その子は泣いて、「ここで私を死罪に陥とせば満足なのか」と母にいうと、母は叱りつけて、「死ぬなら死ぬだけだ。まだそれ以上に何を言うのか」といい、炳の座席を指さしてから振り返り、「そなたの父がこのことに連座して関係があったのはただ一日だけのことではなく、このことが起きたのも一日だけのことではない。お前のように不肖の子が産まれたのは、天の与えた運命だから、お前は死ぬのが遅すぎたぐらいだ」といった。炳は頬を真っ赤にしてあわてて追い出し、とうとう奪い取ろうとはしなかった。

炳が亡くなると、その祠は官に没収されたが、名賢の祠だということで廃止されずにすんだ。隆慶年間（一五六七―七二）には、御史の謝廷傑はその祠の後ろに、両浙の名賢である厳光・林《りん》浦《ほ》・趙汴《ちょうべん》・王十朋・呂祖謙・張九成・楊簡・宋濂《そうれん》・王琦《おうき》・章懋《しょうぼう》・陳選(3)を増祀した。会稽の進士陶允宜《とういんぎ》は、その父陶大臨が自作した牌版を人に頼んで懐中に隠し、こっそりとそのそばに置かせたので、当時の人びとはそのおろかな親孝行ぶりを笑った。

（1）　陸宣公―陸贄《し》、浙江嘉興の人。唐の政治家官僚。その著『陸宣公奏議』は後世によく読まれた。

（2）　陸炳（一五一〇―六〇）の祖先は杭州湾北岸の平湖の人。世宗嘉靖《かせい》帝の乳母の子であったことから、権力の座に近く、権力者の陰謀を暴いて追い落としたことがあり、天子の最高補佐役としての少保の称号を受けて権力を専らにした。死後一時弾劾され失墜したことがあっても、ふたたび名誉回復した。『明史』では佞幸《ねいこう》伝に入れられるけれども、後世には数百万の財貨、十数か所の邸宅、広大な荘園という貪欲な蓄財への批判がある一方、公平な人材登用などへの評価がある。現在にも見られる権力、政治に対する想いが投影されて、論議されている。なおこの話は、張岱『快園道古』「言語」にも載っている。

（3）両浙……──浙東・浙西出身の、後漢の逸民の厳光。北宋の隠者の林逋《ほ》、名官僚の趙汴《べん》、南宋の政治家官僚の王十朋、官僚学者の呂祖謙、学者の張九成、学者の楊簡、明の官僚文章家の宋濂・王琦《き》・章懋《ぼう》・陳選。

祁豸佳《きちか》(1)「陸宣公祠」詩

東坡は宣公の疏に佩服《はいふく》し、西冷に俎豆《そとう》して蘋藻《ひんそう》香る。泉石蒼涼にして意気を存し、山川開滌《かいじょう》して文章に見《あらわ》す。画工の界画　金碧を増し、廟貌　峞峨《きが》として矞皇見《いっこうあらわ》る。陸炳《りくへい》は湖頭に勢焔を夸《ほこ》り、崇韜《すうとう》は乃《すなわ》ち敢えて汾陽《ふんよう》を認む。

蘇東坡は陸宣公の『陸宣公奏議』に感銘をうけ、西冷において祭祀に用いる植物の蘋藻《ひんそう》を用いて祭祀した。泉と岩石は蒼く涼やかで、陸宣公の意気を現し、山川は洗い清められて宣公の文章に表されている。画工の輪郭を書く絵画によって廟の金碧は一層鮮やかになり、廟の姿は峞峨《きが》(2)として矞皇《うつくし》い姿を現している。陸炳は西湖に盛大な勢力を誇示して自らは陸宣公の后孫だと自認したが、実は五代の名将郭崇韜《かくすうとう》も、汾陽郡王に封ぜられた唐代の忠臣郭子儀の後裔だと自認していた。

（1）祁豸佳（一五九五―一六七〇）、張岱と同郷の浙江山陰の人、祁彪佳《ひょうか》の従兄。天啓七年の挙人。張岱の家と祁兄弟とは親交があった。彪と豸とは異体字。彪佳は明清鼎革に際し、明朝に殉死する（張岱『石匱書後集』三六に詳伝がある。郷紳としての祁氏については、寺田隆信『明代郷紳の研究』を参照）。

（2）嵯峨は、山の高い貌。

六一泉《ろくいっ》

六一泉は孤山の南にあり、一名を竹閣といい、一名を勤公講堂という。宋の元祐六年（一〇九一）に東坡先生が恵勤上人とともに欧陽公（欧陽脩）の死を傷んで哭泣したところである。勤上人が初めて講堂を構えたときに、大地を掘って泉が得られたので、東坡は泉の銘文を作った。二人はともに欧陽公の門下に出ていたから、泉が初めて湧きだしたのがちょうど公の逝去に接して哭泣しているときだったので六一と名づけ、いまもなお公を見られるようにしたのである。人びとは石屋を作って泉を覆い、またその上に銘文を刻んだ。

南に渡った（南宋の）高宗がまだ康王であったときに金国に使いに行ったことがあり、夜道を行くと四人の巨人がほこを持って前駆するのを見た。皇帝の位に登った後に方術家に聞くと、天上の天帝の居所である紫薇垣《しびえん》に、天蓬・天猷《てんゆう》・翊聖《よくせい》・真武という四大将がいると言った。帝はそれに報いようとして竹閣を廃止し、延祥観と改めて四巨人を祀った。

至元年間（一二六四—九四）のはじめ、元の世祖はまた廟観を廃止して帝師祠とした。泉は釈道二氏の住居の中に隠れてしまったが、二百余年後に元末の兵火があって、泉の湧き道がまた現れた。ただ石屋は倒れてしまっていて、泉の銘文を書いた石碑も隣の僧に担いでいかれた。洪武の初めに名を行昇という僧がいて、荒れ地の草を削り、汚れを洗い落として旧観を回復しようと図り、また石屋を建て、さらに泉の銘文を求めてもとの場所に復旧した。そこで祀堂を建てて東坡と勤上人を奉祀し、参寥《さんりょう》(1)の故事を用いたいと思ったが、力がまだそこまで届かなかった。

府学教授の徐一夔《じょいっき》(2)は祈禱の文書を作った。

「思うにここは地理上の勝地であり、実《まこと》に名勝の国である。勤上人はここに幽棲し、そのため蘇長公（東坡）はしばしば到ったのであり、姿は出家の黒衣（緇）と在家の白衣（素）とに分かれるが、ともに欧陽脩先生に入門していた。死生をともにしようとの情誼があったので、二人は会合して孤山の下で哭泣したのである。精誠があればこそ感応して通じ合うという道理があるのだから、山岳が出迎えて泉水を出して労《ねぎら》ったのだ。その名はここに賢人を懐《おも》い哭泣するところに表れ、心は菊を薦《すす》めて祀るところに昭《あきら》かになっている。古い跡は残っていても、必ず新しい祠を肇《はじ》めなければならない。このたびのことは供養する（福田）(3)ためにするのではなく、実はともに勝事《よきこと》を為さんと思うのだ。儒者の冠をかぶり、また僧の衲衣《ころも》をきた人は、ともに度量を大きくして成し遂げんことをおねがいしたい。山の色や湖の光は高い峯とともに遠くなっていく。願わくはここに助力を楽しみ、笛の吹けない人が演奏に加わるような無用のことだと責めないでほしいものだ」。

（1）参寥の故事―巻二「三生石」を参照。参寥はもと孤山南麓にあった智果寺に住み、そこには参寥泉があった。参寥と交わったという蘇東坡には、参寥と六一とをともに詠った詩がある。智果寺は宋の紹興年間に北山に移ったが（『遊覧志』）、ここでは、東坡と参寥ゆかりの下天竺寺、三生石と同じく、東坡と勤上人のゆかりがある孤山南の六一泉に祀堂を建てようとしたということである。

（2）徐一夔―浙江省天台県の人。明初に杭州府学教授となった。文章家として知られる。

（3）福田―仏教語、田畝に播種すれば、秋収の利があるように、供養すれば福報を得られるとの考えにもとづいて、供養することをいう。

蘇軾「六一泉銘」

欧陽（脩）文忠公が老齢になられるころ、六一居士と自称した。私が昔に銭塘の通守であったときに、公と汝陰でお会いして別れてから南に向かったが、公は「西湖の僧恵勤はとても文才があり詩に長じている。私はむかし「山中楽」三章を作って贈った。君は民間に交わって、人物を湖山の辺りに求めることができなければ、恵勤のところに行けばいい」といわれた。私が官地に到着して三日目に勤を孤山のもとに訪ねて、手を敲《たた》きながら人物を論じ、「六一公は天人なのだ。その人がしばらくのあいだ人間世界に仮に住んでいるのを見ることがあっても、その人が雲に乗り風を駆り立てて五岳を歴訪し蒼海を跨《また》いでいることは知らないのだ。この国の人は公が一度も来ないことを残念に思っているが、公は（『荘子』にいうような、遠く世界の涯にある）八極をも指図して斥けているからには、どこに至らないことがあろうか。江や山の勝景の主人になれることはなかなかないといっても、美しく秀絶な気は常に文章をよくする人によって用いられるものだ。だから私は、西湖は公の文机の間の一物にすぎないと思っているのだ」といった。（この）恵勤のことばは怪奇玄妙だとはいえ、道理としてはまことにそのとおりなのだ。明年には公が薨去されたので、私は勤務の場所で哭泣した。また十八年、私は銭塘の太守になったが、恵勤もやはり遷化してから長く経っていた。その旧居を訪ねると弟子の二仲がそこにいて、公と恵勤とを画いた像に対して生きていたときと同じに仕えていた。屋舎のもとには古くは泉がなかったが、私が行く数か月前に講堂の後ろの孤山の旧址に泉が湧き出て、盛んにあふれ流れてとても白く甘かったので、その地に巌を削り石を掛け渡して部屋を作っていた。二仲の謂うことに、「師は公《あなた》が来ることを聞いて、泉水を出してご苦労をねぎらおうとしていた。大守公が一言なくてもいいのでしょうか」と。そこで勤の古いことばを取り、その思いのもとづくところを推測して、これに六一泉と名づけ、さらに次のように書いた。「「泉が出たのは（欧陽）公から数千里離れたところ、公が亡くなったのにおくれて十八年なのに六一と名づけるのは、いつわりに近いようだが」というだろうが、「君子のもたらす恵みはただ後の五世代に及ぶだけだろうか。思うにその人を得れば、百世にも伝わることができるのだ。かつては君とともに孤山に登って（浙西の）呉と浙東（越）を眺めたが、山中の楽しみを歌いこの水を飲めば、公の遺風余烈もまたあるいはこの泉に見えるというのだ」。

白居易「竹閣」詩

晩に松簷《しょうえん》の下《もと》に坐り、宵には竹閣の間に眠る。清虚には当《まさ》に薬を服すべく、幽独には山に帰り抵《いた》る。巧は未だ拙に勝つ能わず、忙は応《まさ》に閑に及ばざるべし。労無くして修練を事とするは、只だ此れ是れ玄関なり。

晩には松の軒庇《のきひさし》のもとに坐り、宵には竹造りの屋閣の間に眠る。清虚であるには（仙）薬を服するべきだが、ひっそりと独りになるには山に帰っていくのだ。（『老子』に「大直は屈するが如く大巧は拙なるが如し」とあり）巧は拙に勝ることはできないし、忙はきっと暇には及びつかないはずだ。苦労をしないで不老長寿の修練をするには、ここそが玄関なのだ。

葛嶺(1)

葛嶺とは葛仙翁稚川《ちせん》（葛洪）が仙術を修業した土地である。仙翁は名を洪、号を抱朴子といい、（南京の東）句容に客遇した人である。同族の祖の葛玄が道を学んで仙術を手に入れ、その弟子鄭隠に伝えた。洪は隠に従って学び、その秘要をすっかり手に入れた。上党（いまの江蘇省蕪古周辺）の鮑玄は娘と結婚させた。東晋の咸和年間（三二六―三四）のはじめ、司徒の王導は招聘して主簿に補任しようとし、干宝は大著作に推薦したが、ともに同じく辞退した。（広西省南の）交趾《こうし》に（霊薬）丹砂が出ると聞き、特に（交趾の）勾漏《こうろう》県知事となることを求めて行き、広州まで至ったところ、（地域の長官）刺史の鄭嶽に引き留められ、羅浮山中に丹薬を練成することになった。かくて年月を重ねたが、ある日嶽に書簡を送って、「遠く京に登らなければならなくなりました。期日が来たら出発します」といった。(2)嶽はあわてふためき送別に出かけたところ、洪は日中に到るまで坐っていて、眠っているかのように身じろぎもしなかった。亡くなったのは年八十一で、亡骸を持ち上げて棺に入れると蟬の抜け殻のように軽く、世間では尸解仙になって去ったのだと見なした。智果寺の西南は初陽台となっていて、錦塢《きんう》のほとりにあり、仙翁はここで丹の練成を修業したのである。台のもとには投丹井があり、いまは馬氏園にある。(3)宣徳年間（一四二六―三五）に大旱魃があったときに、馬氏は井戸の瓦を修復して、石の匣《はこ》一つ、石の瓶四つを手に入れた。匣は堅くて開けることができなかったが、瓶の中には蓮の実のような丸薬があり、それを食べるとまったく味がしなかったので捨て（漁翁に施し）たが、施された老漁師がひとつだけ食べる[4]と、のちに年は百六歳になった。井戸浚《さら》いの後では、水は濁ってしまい飲むことができなくなったが、石の匣を投げ入れると、もとどおり澄みきった。

（1）葛嶺は西湖北岸にあり、海抜一二五・四メートル（『西湖志』）。

（2）葛洪が鄭嶽に送ったことばは、『遊覧志余』に「当遠行尋師、刻期便発（遠くに行って師匠を訪ねるべきときに当たった）（師匠を訪ねることになった）」となっている。

（3）この則は、『遊覧志余』によるところが多いが、「馬氏園にある」云々以下は同書には見えない。

（4）原文「施漁翁……」は、修訂して「乃棄之、施於漁翁、（漁翁）独啖一枚（捨てようと思ったが、老漁翁に与えたところ、漁翁は一つだけを食べた）」の意に取った。

祁豸佳[1]「葛嶺」詩

①抱朴《ほうぼく》は遊仙し去りて年有るに、如何《いかん》ぞ姓氏今に至るも伝うるや。釣台は千古に高風在り、漢《かん》鼎《てい》遷ると雖も姓厳を尚《とうと》ぶ。

抱朴子が遊行して立ち去ってから年月は経過したが、その姓氏が現在までも伝わるのはどうしてだろうか。釣台には千古の昔の高尚な風采が残っていて、厳光が生きた漢王朝の権力は遷り代わったが、いまになっても厳光の姓氏は尊ばれている。

②勾漏《こうろう》(2)の霊砂は世に稀なるところ、携《たずさ》え来って烹煉《ほうれん》し刀圭《とうけい》を作る。若《も》し漁子の年百に登るに非《あら》ざれば、幾《ほと》んど還丹を使《し》て井泥に変ぜしめん。

勾漏《こうろう》に産出する霊妙な丹砂は世にもまれなもの、それを持ってきて火を入れ練成して薬を作った。もしも（丸薬を飲んだ）漁師がよわい百歳にならなければ、あやうく丹薬は井戸の泥になっていただろう。

③平章の甲第湖辺に半ばし、日々に笙歌《しょうか》し画船に入る。州に循《したが》いて一たび去《ゆ》けば烟の散ずるが如きも、葛嶺は依然として稚川に還る。

賈《か》平章（似道）の豪邸は湖の岸辺の半ばを占めていて、日ごとに音曲歌声の音は画舫船に乗り入っていた。いまは砂浜に沿って行ってみると煙のようにすっかり消えてしまったのだが、道教の古迹の葛嶺だけはもとどおりに稚川（葛洪）に還されている。

④葛嶺と孤山とは一邱を隔て、昔年鶴を此の山頭に放つ。高く飛ぶも西山の欠けたるところを出づる莫《なか》れ。嶺外には人無ければ久しく留まる勿《なか》れ。

葛嶺と孤山とは丘一つを隔てているだけで、むかしこの山頂で鶴を放し飼いしたことがある。高く飛んでも西山の隙間から出るなよ。葛嶺の外には然るべき人はいないから久しくは留まるなよ。

（1）祁豸佳―前出「陸宣公」の注、祁彪佳を参照。

（2）道教の聖地である三十六小洞天のうち、第二十二洞天とされる。

蘇公堤

杭州には西湖があり、河南省潁水《えいすい》付近[1]（の登封《とうほう》）にも西湖があり、ともに名勝であって、蘇東坡はつづけて二郡の太守となった。その初めに登封の太守に着任したとき、潁の人びとは「内翰東坡公はただ湖中に逍遥するだけで、すっかり公務をやり終えている」といった。秦太虚は、そのことで絶句をひとつ作り、「十里の荷《はす》の花が初めて菡萏《はなひら》くころ、わが公《きみ》みずから[2]到って西湖を治められた。公務を湖中にやり終えようとされたので、聞くところでは、公務は物静かで何事もないということだった」といった。

東坡は潁に着任したのちに執政官に礼状を送り、「禁中に二度参内して迭《そのたび》に恩寵を忝《かたじけな》くし、地方に出ては二つの地域の太守と成り、続けて西湖の長官になった」と述べている。そこで杭州に在任したときは、西湖の浚渫を請願して、葑泥《ほうでい》を集め、長堤を築いて南から北まで湖中を横断したことから、蘇公堤と名づけられた。堤の両脇には桃と柳を植えて中には六橋を作った。

宋朝が南の杭州臨安に遷ってからは、歌舞鼓吹が行われ、楼船の出現があって、この上なく華麗になった。その後、湖水に洗い削られて堤は次第に低くなり、明代になって成化年間（一四六五―八七）以前には、裏湖はすっかり民間のものになって六橋の水流は糸のように細くなった。

正徳三年（一五〇八）には府知事の楊孟瑛《もうえい》が手を入れて、西から北に至る新堤を境界として蘇堤を高さ二丈、広さ五丈三尺にかさ上げし、裏湖の六橋を増築して多数の柳を並べ植え、すっかり旧観を回復したが、時が経つと柳は衰えて数少なくなり、堤も崩れてきた。

嘉靖十二年（一五三三）、県知事の王釴《よく》は軽犯罪を犯した者に桃柳を植えて罪を償わせると、花の紅と柳の紫は燦爛《さんらん》と輝き、雑《ま》じり合って錦を織りなしたように見えたが、後に兵火が起きてほとんど切りつくされた。万暦二年（一五七四）、塩運使の朱炳如《へいじょ》はまた楊柳を植えたので、またもあざやかになった。

崇禎の初年になると堤上の樹はみなひと抱えもあり、太守の劉夢謙は士大夫の陳生甫などとともに来ることがあった。二月には盛んな会合が蘇堤で行われ、城中では羊角灯や紗灯を幾万も集めてすっかり桃柳の樹の上に掛け、下に紅い毛氈《もうせん》を地上に敷き、若衆や名妓とたらふく飲み大声で歌い、夜には万蠟が一斉に点灯されて昼のような明るさ。湖の中からは遥かに堤上の万灯が望まれ、湖に映る影がそれを倍加して、簫・管・笙や歌の演奏は明け方まで盛んだった。このことが都に伝わり、太守は勤務成績査定に際して降級(3)された。そこから思い出されるのは、蘇東坡が杭州を守ったときは、春には休暇に遇うごとに、必ず客人と約束して西湖の辺りに行き、山水の勝景のところで朝食して、食べ終えれば客人ごとに一舟に乗り、隊長一人はそれぞれ数人の妓女を率いて赴くところに任せ、夕食の後に銅鑼《どら》を鳴らしてそれを集め、望湖亭や竹閣などに会合して歓を尽くしては終えたのだが、八時（一鼓）、十時（二鼓）に到って、夜の市場がまだ散じないので燭火を並べて帰っていき、城中の士女たちは道の両側に群がってこれを観たのだった。これはまことに未だかつてない風流であり、のどかな世の楽事であったのだが、もうふたたびその後を追うのはできないことである。

（1）原文「潁」は河南登封東の河川、潁水。
（2）みずから―原文は「身」、この記事を載せる『蘇詩補註』三四などには、この字を「所」に作る。また作者を秦少章、秦少游とすることがある。
（3）降級―明代の官吏のうち、在京官は三年ごと、在外官は六年ごとに勤務成績を評価して、称職・平常・不称職の三段階に査定し、とくに成績優秀者は卓異として表彰する。その査定を一段低くしたということ。

張京元「蘇堤小記」

蘇堤に六橋を渡れば、堤の両脇にはすっかり桃と柳が植えられていて、さわさわと吹く風に揺れている。思うに二、三月には、柳の葉と桃の花があって、遊覧客でいっぱいにふさがっているのであり、この時の思いのままな清遊には及ばないのだ。

李流芳「両峰罷霧図に題す」

三橋の龍王堂から西湖の諸山を遠望すると、その勝景はかなり眺めつくされる。山や林は霞もやが掛かり覆って幾層にも重なり、色薄く描き色濃く塗って、しばらくの間に百態を現出する。董源《とうげん》や巨然《きよねん》(1)の妙筆がなければ、その気韻を明らかにすることはできないのだ。私が家（小築）にいたときに小舟を呼んで堤上に行き、歩き回り山を見て、よくわかったことがとても多かった。しかし筆を動かしてもあまりそれらしくはならないのである。気韻は言い表すことが難しいものだ。私の友人程孟暘《ていもうよう》(2)の「湖上題画」詩に、「風堤　露塔　分明にせんと欲するも、閣雨と縈陰《えいいん》と両《とも》(3)にいまだ成らず。我れ試みに公を団扇の上に画かんとして、船窓に墨を含んで風に信《まか》せて行く（寒々とした堤防や仏塔をはっきりと書きたいのだが、雨のふる堂閣と湖上に映る暗い影とは、ともにまだ描き上げられない。今私はあなたを団扇の上に書こうとして、船の窓辺に画筆に墨を含みながら風に任せて船を進めているのだ）」とある。この景この詩、この人この画、みな想うべきことにつながっている。癸丑（万暦四十一年、一六一三）、清暉閣《せいきかく》に題す。

（1）董源・巨然—董源は五代、鐘陵（江西）の人。江南の山水を描き、盛名があった。巨然は五代、江寧（いまの南京）の人。董源の画を学び、並び称された。
（2）程孟暘は程嘉燧のこと。巻一「西冷橋」の李流芳「西冷橋題画」の注を参照。
（3）両、中華書局本には両を雨に作る。評注本に両に作る。李流芳『檀園集』一一「両峰罷霧図」

に两に作る。これに従う。

蘇軾「築堤」詩

六橋　横に天漢の上を截《き》り、北山　始めて南屛と通ず。忽ち驚く二十五万丈、老葑　席を捲く蒼烟の空。

六橋が天上の天の川のあたりを横に断ち切るときになると、始めて北山は南屛と通いあう。広い二十五万丈の湖に驚いていると、もやに霞む空の下で葑田を耕作する老夫がこもを捲いている。

（陳孚）[1]詩

昔日　珠楼に翠鈿を擁せしに、女牆《じょしょう》猶お在るも草芊芊《せんせん》。東風第六　橋辺の柳、黄鸝《おうり》を見ず黄鵑《こうけん》を見る。

むかし妓楼に髪飾り頸飾りを帯びた妓女を抱いていたが、その姫垣はまだ残っていても、いまは雑草が茂っている。東風の吹く第六橋辺の柳にはうぐいすは見えず、ただほととぎすが見えるだけだ。

（1）　昔日云々の詩は、『陳剛中詩集』一、『元詩選』などには元の陳孚（剛中）の「湖上感旧」として採る。『西湖夢尋』が参照した『遊覧志』二には、陳剛中「湖堤感旧」詩として採っている。張岱はこの詩を誤って蘇軾の作と見なしたか、または陳孚の名を書き落としている。ここでは、括弧をつけて、陳孚の姓名を出しておく。

また詩(1)

恵勤・恵思はみな孤山にいる。蘇子は郡の補佐をしていたが、十二月八日の臘日に訪ね、詩を作って言った。

天雪ふらんと欲する時、雲　湖に満ち、楼台明滅し山有る無し。水清く石出でて魚数《かぞ》う可く、林深く人無くして鳥相《あ》い呼ぶ。臘月に帰りて妻孥《さいど》に対さず、名は道人を尋ねるも実は自ら娯しむ。道人の住まいは何許《いずこ》に在るや。宝雲山前　路盤紆《めぐ》る。孤山　孤絶なれば誰か敢えて廬《いおり》せん。道人道有れば山は孤ならず。紙窗《しそう》竹屋　深くして自ずから暖かく、葛を擁し坐睡して団蒲に依る。天寒く路遠ければ僕夫愁い、駕を整え帰るを催すに未だ晡《ほ》に及ばず。山を出て回望すれば雲と水と合し、但だ見る野鶴の浮屠《ふと》に盤するを。茲《ここ》に遊べば澹泊《たんぱく》にして歓び余り有り。家に到れば怳《こう》として蘧蘧《きょきょ》を夢見るが如し。詩を作り火急に亡逋《ぼうほ》を追わんとす。清景一たび失わるれば後に摹《も》し難し。

天空から雪が降りそうになり、雲が湖に満ちている。遠くの楼屋台閣の明かりは消え、山々はぼんやりとして有るか無いかも定かではない[2]。近くの湖水の水は清く魚が数えられるほどで、石が顔を出し、林は深く人もおらず、ただ鳥が呼び交わしている。臘月十二月なのに家に帰って妻子と向き合うこともせずに、名目は道人を尋ねるといいながら、実のところは自分の楽しみとして出かけたのだ。道人の住まいはどこにあるのだろうか、宝雲山の前では道はまわり廻っている。孤絶する孤山には誰が廬舎を構えようとするのだろうか。道人が導く道があれば、山は孤立していないだろう。紙の窓、竹の家は奥深くて自然に暖かく、僧が粗末な衣に包まって坐蒲に寄りかかって坐睡している。空は寒く路は遠いので、従僕は配慮して駕籠を整え、まだ夕方にならないうちに帰りを促してくる。山を出て顧みれば雲と湖水がつながり、ただ野鶴が寺の上にうずくまっているのが見えるだけだ。ここに遊んで淡泊ながら思いがけない歓びがあり、家に帰りついてもまだふんわりとしていて、夢に胡蝶になって思いのままに飛んだ荘子のようだった。詩を作り急いで失われていく記憶を追い求めよう、清らかな状景はひとたび見失ってしまった後では、画き出すことは難しいものだから。

（1）「また詩」とあるのは、前の陳孚詩を蘇軾の作とみたことから、「前の詩に続いてまた詩」といったもの。前詩を陳孚の作とし、「また詩」を蘇軾詩とするべきである。この詩は『施註蘇詩』巻四に「臘日遊孤山訪恵勤恵思……」として見える。次に、「蘇子は郡の補佐」というのは、蘇東坡が熙寧四年（一〇七一）に杭州通判となったことをいう。巻一「明聖二湖」の注を参照。次の詩は、『施注蘇詩』四などに載っているが、文字の異同がある。

（2）原文は「山有無」。文章としては「山無有」とあるべきところだが、押韻するために有と無を倒置している。

王世貞「湖に泛《うか》び六橋の堤を度《わた》る」詩

幰《けん》を払えば鶯啼き谷を出ること頻《しき》りに、長堤夭矯　蒼旻《そうびん》を跨《また》ぐ。六橋に天闊《とお》く虹　影を争い、五馬　飈開《ひょうかい》　麯塵《きょくじん》（1）を散ず。碧水乍《たちま》ち揺せば極を転ずるが如く、青山初めて沐して竟《つい》に顰《ひそみ》を舒《の》ぶ。軽んずる莫れ楊柳に情思無しと、誰ぞ是れ風流の白舎人。

幌《ほろ》をどけてみると鶯が谷を出てしきりに鳴いていて、長い堤は曲がりくねり、蒼空を跨いでいる。広い天のもとで六橋は虹のような姿を競い合い、太守が乗る五頭仕立ての馬車にはやてが吹きつけて柳の小枝を吹き散らす。碧い湖水が急に揺れると究極のところがひっくり返ったようになり、高い青山が初めて転例して沐浴するかのように思われて終いには眉間のしわがゆるんでくる。楊柳には情思がないと軽んじなさるな、それを植えたのは誰かといえば、風流の白居易（楽天）なのだから。

（1）「麯」は、やなぎの細い枝、淡黄色の柳糸。

李鑑龍（1）「西湖」詩

花柳　曽《かつ》て聞く六橋を暗くすると、近来　遊舫甚だ蕭条《しょうじょう》たり。折残の画閣　堤辺に失し、山光倒入して波上に揺らぐ。秋水の湖心に眸《ひとみ》一点、夜潭の塔影　黛《まゆ》双つ描く。蘭亭の感慨今此《ここ》に移り、雷峯に痴対して話し寂寥たり。

かつては多くの桃花や青柳が六橋を暗くしたと聞いたが、近ごろは遊覧の画舫船はひどく淋しくなった。色塗られた閣屋は砕け折れて堤のあたりから見失われ、ただ光り輝く山々の影がさかさまになって波の上に揺らいでいる。秋の湖心亭は一点の眸であり、夜の淵に映る塔影は二つの黛《まゆ》を描いている。曲水の歌宴が行われた古の蘭亭での感慨はいまここに移り、たわむれに雷峯に向かってものさみしく話しかけてみる。

（1）　李鑑龍―待考。

湖心亭

湖心亭はもとの湖心寺であり、これは湖中にある三塔のひとつである。明の弘治年間（一四八八―一五〇五）に、按察司分署の署長（僉事《せんじ》）陰子淑は権力をきわめて厳格に行使したので、寺僧は鎮守の宦官を頼りにして門を閉ざして役人を入れなかったところ、陰は僧の不正なことを調べ上げて打撃を与え、さらにその塔を取り去った。

嘉靖三十一年（一五五二）太守の孫孟はその遺跡を尋ね、亭をその上に建てた。一畝ほどの高台に、石の欄干を廻らせ、湖と山々の良い景色は残らず見渡せた。数年のうちに崩れてきたが、万暦四年（一五七六）に僉事の徐廷祼《じょていかん》が重建した。二十八年に司礼監の孫東瀛は改めて清喜閣とした。金色や碧色に輝き、規模は壮麗で遊覧客が遠望すると海上の蜃気楼のように雲を吐き出し呑みこんでいる。おそらく滕王閣《とうおうかく》や岳陽楼でもそのような偉観はなかろう。春には山景睺羅《こうら》(1)、書画骨董は階段までもあふれ、騒がしくわめき合い、声も聞き分けられない。ところがここに夜が訪れ月が昇ってくると、静まり返ってもの寂しく、みずちの住む龍宮に入ったかのように月光が沁みとおり水蒸気は濛々《もうもう》としている。人の気配もなく場所も離れていて、長く留まっていることができなかった。

（1）山景睺羅—山景は箱庭のごときものか。睺羅は、宋代には、飾り立てて七夕に祀られる土木で作った土偶をいう。「摩睺羅孩児と名づけ、悉く土木を以て雕塐《ちょうそ》し、更に以て綵装《さいそう》の欄座を造り、碧紗を用いて之を罩籠《ちょうろう》し、下に卓面を以て之を架し、青緑鎖金の卓衣を用いて囲護し、或は金玉珠翠を以て装飾するは尤も佳なり」（『夢粱録』四）。春にはこれらの物品が階段まであふれるというのは、湖心亭でも香市が開かれたのであろう。香市は巻一「昭慶寺」を参照。

張京元「湖心亭小記(1)」

湖心亭は大きく広々としていて、時になると暮れの日の光が山から湖の水面に逆さまに射し込む。新月が東に掛かっても丸い定規の半分しか満たされないが、それが金盤玉餅の夕陽の翠《みどり》が彩《いろ》どって光の輪を重ね網を交わすとなると、思わず息を切らして叫び出したくなる。残念なのは、亭中には四字の扁額や隔句の対聯が、壁を埋め棟《とう》にあふれていることであり、秦の都の咸陽で三月燃え続いて焼き尽くしたという火をちょっとでも借りて、風流な思いを妨げるこの厄介物をなんとか片付けられないものだろうか。

（1）この文章は、『西湖小記』に収録されている。巻一「岳王墳」の注を参照。

張岱「湖心亭小記」（1）

崇禎五年（一六三二）十二月、私は西湖に住んでいた。大雪が三日続き、湖中からは人声と鳥の鳴き声がともに途絶えた。この日になって天候が変わって安定したので、私は小舟を用いて、毛皮の外衣に包《くる》まり暖炉を抱えて、一人で湖心亭に行き雪見をした。樹氷《じゆひよう》に白気が立ちこめ、天と雲と山と水とが上から下まですっかり白くなり、湖上に映るものかげはただひとつの長堤と、一点の湖心亭と、塵一つのわが舟と、舟中の二、三粒の人だけだった。湖心亭のあたりに着くと、人がふたり毛氈を敷いて対坐していて、一人の童子が温めている酒がちょうど沸いていた。私を見てとても驚き、「湖中にこのようなお方がいるものでしょうか」といい、引っ張って一緒に飲ませようとした。私はむりに大盃を三杯空けてから別れを告げたが、その姓氏を聞いたところ、金陵（南京）の人で、ここに客となっているとのことだった。舟に乗ると、船頭がぼそぼそと言うには、「旦那様が変わり者かと思っていたら、もっと旦那さまに似た変わり者がいましたな」と。

（1）『陶庵夢憶』巻三の「湖心亭の雪見」と同文。

胡来朝(1)「湖心亭柱銘」

四季の笙歌には、まだ窮民が夜月に悲しむものがあるが、六橋の花柳には、桑や麻を植える空き地はまったくないのだ。

（1）胡来朝―河北省真定府賛皇の人。万暦二十六年の進士。

鄭燁《ていよう》(1)「湖心亭柱銘」

亭は湖心に立ち、小舟に乗った西施のようにはっきりとしていて、これまでも雨がふれば奇、晴れれば好い(2)と言われてきた。水面に向けて座席が開かれていて、あたかも蘇東坡が赤壁に遊んだかのようであり、ほかならぬ「月白く風清し」（蘇軾「後赤壁賦」）のことばにふさわしい。

（1）鄭燁―字は文光、銭塘の人。嘉靖三十一年の挙人（『評注』）。

（2）蘇軾「飲湖上初晴後雨」詩に「湖光の瀲灎《れんえん》　晴れて方《はじ》めて好く、山色の空濛　雨も亦た奇なり」とある。

張岱「清喜閣柱対」
如月《きさらぎ》の月が中空にあり、たまたま微かな雲でもって河漢《あまのがわ》に灯を点《とも》している。人にあれば目になるが、秋の澄んだ湖水で瞳神《ひとみ》を切ろうとしている(1)ようだ。

(1) 秋の……——李賀「杜家唐児歌」に「骨重く神寒し天廟の器、一双の瞳人秋水を剪《き》る」とある。

放生池

宋時代には放生碑が宝石山の下にあった。思うに、北宋の天禧四年(一〇二〇)、王欽若が西湖を放生池として、民の網での捕獲を禁止することを願い出たので、郡の太守の王随はそのことを記した碑を建立した。いまの放生池は湖心亭の南にある。外には二重の堤があり、屈曲した赤い欄干がある橋が虹のように跨《また》いでいる。樹木や草むらは鬱蒼と茂り、さらに一層静まり返っている。ふるくから「三潭印月」というのはこの地のことである。春には遊覧の画舫船がかものように並び、そのところに行きつける人は百人中に一人もいないほどだ。

その中にある仏寺の閣舎はとても精彩があり、複層の殿閣、重層の楼屋では、暗い日には鳥も迷うほどで、威儀は厳粛に保たれ、食器鉄鉢の音ひとつもしない。ただ残念なのは魚の牢舎は鎖《とざ》されていて汚れた泥は流されず、鰭《ひれ》は傷つき鱗《うろこ》は剝げ、頭だけは大きく尻尾は痩せている。もしも魚がものを言えれば、その苦しみは万状である。道理から言えば、囲いを開いて谷川に放ち、その遊泳を許し、そのものの性質が自然に成し遂げられるようにするのとどちらがよいだろうか。とても残念なのは、俗僧たちに釈放に賛成させるのが難しいことだ。むかし私が雲棲寺に行ったときに、鶏、鵝、豚、羊が共食して餓えていて、終日入り混じり押し合い、水に落ちて死ぬものが数限りなかった。私は蓮池師（雲棲袾宏）(1)に再三再四話したのだが、やはりまだ俗習を脱しきれていないので、またいささかあれこれといったのだ。後に兎、鹿、猢猻《さる》もまた鎖に閉ざされているのを見て、私は「鶏、鳧《かも》、豚、羊はみな人間から食物を借りているが、兎・鹿・猢猻のたぐいはこれを山林に放てば、みんな自分で食べることができるのだから、どうして苦しめて鎖につなぎ、刑罰を待たせることがあろうか」というと、蓮池師は大笑いしてすっかり檻をとり払い、行くところに任せたので、見ていた人は大変喜んだ。

（1）　蓮池師については、巻五「雲栖」を参照。

陶望齢「放生池」詩

①介の盧は牛鳴を暁《さと》り、治長は雀　嘰《な》くを識る。吾れは天耳通を願い、此の音声の類に達せんことを。群魚は妻妾に泣き、鶏鶩《けいぼく》は弟妹を呼ぶ。独り死のみ哀しむ可きにあらず、生離も亦た慨す可し。閩語《びんご》は既に嚶咿《おうい》、呉に聴けば了《まった》く会し難し。寧《なん》ぞ聞かん閩人の肉、呉人の膾《なます》と作《な》るを忍ぶと。憐れむ可し陸に登りし魚、噞喁《れんぎよう》して人に向けて誶《せ》むるを。人は魚の口瘖《いん》すと曰い、魚は人の耳背《そむ》くと言う。何当《いかんぞ》網羅を破り、之に施すに無畏《むい》を以てせん。

春秋時代に介国の葛盧《かつろ》は牛の鳴き声をよく知り、[1] 公冶長《こうやちょう》[2]は雀のさえずりを聞き分けたという。私は（仏教にいう）天耳通の神通力を得て、これらの音声を類別するところまで達したいものだ。大勢の魚の群れは、妻妾を探して泣き、にわとりやあひるは弟妹を呼び求めている。ただ死が哀しいばかりではなく、生きながら離別するのも嘆かわしいのだ。福建（閩）のことばはもう以前からオオウウで、江南（呉）でことばを聴けばまったくわかりにくい。しかし、福建人は、自分たちの肉が江南人のなますにされるのを我慢できるなどということは聞いたことがないのだ。かわいそうに陸に登った魚は、口を開けてあえぎ、人に向かって責め立てている。人は魚がものを言わないといい、魚は人が耳を背けているという。どうしたら網を破って、これに（観世音菩薩の）何ものをも恐れない力を与える[3]ことができるのだろうか。

②昔に二勇者有り、刀を操りて相い与《とも》に酤《こ》す。曰く子は我が肉なり、奚《なん》ぞ更に食を求むるやと。互いに割き還《ま》た互いに啖《くら》い、彼れ尽きれば我れ亦た屠《ほふ》らる。彼を食うは自ら食うに同じければ、世を挙げて其の愚を嗤《わら》う。還って血食の人に語らん、以て此れに異なること有りや無しやと。

（『呂氏春秋』にある話にもとづいて言えば、）むかしふたりの勇者がいて、刀をもってともに酒を買って飲み、君は我が食う肉であるのに、どうしてほかに食を求めるのかといい合い、お互いに切りあいまたお互いに食い合い、相手が食い尽くされれば自分も殺され、彼を食うのは自分自身を食うのと同じであったので、世の人びとはその愚かさを嗤《わら》ったとのことだ。そこで肉食の人に語ろう、これと異なるところがあるのかどうかと。

（1）原文「介廬」は介国の葛廬。牛の鳴き声を聞き分けた（『春秋左氏伝』僖公二十九年）。原文「噦《えつ》」は、鳥の声。

（2）公冶長―孔子の弟子、雀の鳴き声を聞き分けたという。『論語』の邢昺疏に、「旧説に冶長は禽語を解す。故に之を縲絏に繋ぐと。その不経なるを以て、今は取らざる也」とある。冶長が禽の語を解したというこの説は、日本に伝わった『論語義疏』にも載るが、この書は中国では佚書になっていて、清代に逆輸入されたから、ここでの話は民間の伝承か邢疏にもとづいている。

（3）原文「施無畏」は何物をも恐れない力を与えること。観世音菩薩の異名でもある。

呉越王の銭鏐は西湖辺りの漁に税を掛け、採った魚を税納させて「使宅漁」と名づけた。羅隠が参内して謁見すると、壁に呂尚が釣り糸を垂れた故事をかいた「磻渓垂釣図《はんけいすいちょう》」が掛けてあり、王はこれに題書するように命じた。羅隠は、「太公望呂尚は、そのときには国家の政策を明らかにして、魚を釣るのを期待できない真直ぐな針で釣りながら、（文王の目にとまり）周の国を釣り上げたのは、一体どうしたことであったのだろうか。もしもその身が西湖のほとりに住んでいたならば、やはり使宅漁をお上に差し出さなければならなかっただろう」と書くと、王はただちに漁税を撤廃した。

（1）「使宅漁」とは、西湖を王の私有地と見立てて、「王の私宅で漁をさせる」税との意であろう。

「放生池柱対」

天地はひとつの鳥網魚網だから、衆生を済度しようとしても誰が解脱できようか。飛ぶ鳥、水に潜る魚にはみな生命があるのだから、ただこの衆生済度の念を持ち続けることこそが菩提なのだ。

酔白楼

杭州刺史の白楽天が西湖や山辺で高らかに詠っていたころには、在野の遊客である趙羽という者がもつ湖辺の楼屋は一番ゆったりとしていた。楽天はいつもその家を訪ねてはひねもす痛飲し、まったく官と民との区別をつけなかった。趙羽は楽天と往来を通ずることができて、その楼屋に名づけることを求めたところ、楽天はすぐに酔白と書きつけた。茅家埠《ぼうかふ》にあったが、いまは呉荘と改められた。一本の蒼松からは虹のように飛び上る枝が細く延び、大いに古色があり、まことに数百年の代物である。当時の白公は、その下で意気盛んであったと想定できる。

倪元璐《げいげんろ》(1)「酔白楼」詩

金沙深き処　白公堤、太守　行春して馬蹄に信《ゆだ》ぬ。冶艶の桃花　祇応に供し、迷離の烟柳　提《てい》携《けい》を藉《か》る。間時には風月　常主と為り、到る処の鷗鳧《おうふ》是れ小傒《しょうけい》。野老も偶然に一酔を同じくすれば、山楼何ぞ必ずしも更に題を留めん。

金の砂浜の奥深いところに白公（楽天）が作られた堤があり、太守の白公は春になると馬に乗ってその赴くところに任せていたのだ。あでやかな桃花はただ人の目を楽しませるために侍っていて、かすみもやの中に離れ離れになりそうな柳は仮に手を携えている。暇な時には風月がいつも変わらぬ主人であり、至る処にいる鷗《かもめ》や鳧《かも》は小さい従僕だ。野老の君もたまたま同じに酔っているのだから、これ以上さらに（白公のように）山楼に書きものを留めることは要らないだろう。

（1）倪元璐（一五九三―一六四四）、字は玉汝、号は鴻宝。浙江上虞の人。官僚、書家。明末の反乱で首都北京が陥落したとき、自縊《じい》した。

小青仏舎

小青は広陵（揚州）の人である。十歳のときに老尼に遇い、『（摩訶般若波羅蜜多）心経』を口伝えされて、一度で暗誦した。尼が言うには、「この子は智慧がつくのは早いが福は薄い。私の弟子にしてほしい」と頼んだが、母は許さなかった。成長して読書を好み音楽がわかり囲碁を善くした。手違いがあって武林の富裕な人の手に落ちてその妾となったが、その正妻はひどく嫉妬深く、限りなく力ずくでいじめ虐待した。一日小青を連れて天竺寺に行き、正妻が「西方の仏は無量にあるのに、世間ではとくに観音大士を崇拝するのはどうしてか」と言うと、小青は「お慈悲があるからです」と言った。正妻は笑って「私もおまえに慈悲をやろう」といい、小青を孤山の仏舎に匿《かく》して一人の尼と一緒にさせた。小青はすることもなく、池に臨んで姿を映しながらよく影と語りあい、綿々と問答しているかのようだったが、人に見られるとその度にやめた。それだからその詩には、「瘦影自ら臨めば春水に照らさる。卿《あなた》はわれを憐れむべし、われは卿《あなた》を憐れまん」の句がある。後には胸を病んで穀類を断ち、一日に梨の果汁を少しばかり飲み、わずかに気息を通じていた。そこで画師を呼んで肖像を描かせ、さらに再三換えて描かせたが、みな似ているとは思えなかった。そののちに画師は長いこと注視していて、絵心があやしく繊細になったところで、「これだ」といい、梨酒を寝床の前に供えて、「小青」「小青」と連呼したが、慟哭してそのまま息が絶えた。年はわずか十八歳、詩集入れの帙《ちつ》ひとつの詩が残された。正妻はその死を聞くとすぐに仏舎に来て、その絵図と詩を探し求めて焚き、慌てて立ち去った。

小青「慈雲閣を拝する」詩

慈雲の大士の前に稽首《けいしゅ》す、西土に生ずる莫れ、天に生ずる莫れと。願わくは、一滴の楊枝水を将《も》って、灑《そそ》ぎて人間と作り蒂蓮《ていれん》に並ばんことを。

慈雲閣の観音大士の前にぬかずき拝礼してお願いします、西方浄土に生まれることがないように、天上に生まれることがないようにと。どうか一滴の楊枝水《ようじ》を灑《そそ》ぎかけて、人間世界にあって、湖水に生え並ぶ蓮華の蔕《へた》にならせてくださいと祈ります。

また「蘇小小の墓を拝する」詩

西冷の芳草綺として粼粼《りんりん》たり、内信伝来して踏青と喚《さけ》ぶ。杯酒自ら澆《そそ》ぐ蘇小の墓、知る可し妾は是れ意中の人なるを。

西冷の芳しい草が粼粼《りんりん》と美しく生える季節、家の中には踏青(1)の清明節が来たと叫ぶ声がします。外出して蘇小小の墓に一杯の酒を注いでみると、私は墓の主と同じ思いを持っていることがわかるのです。

(1)　踏青は墓参りの季節である清明節のこと、その季節に同じく薄幸だった蘇小小の墓に参拝したのである。蘇小小は、巻三「蘇小小の墓」に見える。

巻四

西湖南路

柳洲亭

柳洲亭（1）は、宋初には豊楽楼であった。高宗は（北宋の都）汴京《べんきよう》の民を杭州と、嘉興、湖州の諸郡に移住させたが、その年の稔りが豊かだったので、この楼を建てて民と楽しみをともにしたことから名づけられた。湧金門から東に行くと孫東瀛《とうえい》が建てた問水亭である。柳は丈高く堤は長く続き、楼船、画舫船が亭の前で出会い、雁首を並べて入り混じり、朝には大づなを解き、暮れにはともづなをとり入れる。車馬は騒がしく満ちあふれ、騎馬や徒歩の従者は入り雑《ま》じり、集団の人声がしきりにけたたましい。堤の東の行き止まりが三義廟であり、小橋を過ぎて北に折れ曲がると、わが祖父の寄園（2）と吏部・戴斐君《たいひくん》（3）の別荘があり、南に折れると銭麟武・閣学（4）、商等軒・冢宰《ちようさい》（5）、祁《き》世培《せいばい》・柱史（6）、余武貞・殿撰（7）、陳襄範・掌科（8）の各家の園亭がここに軒を並べて集まっていた。ここを通り過ぎると、孝廉の黄元宸（9）の池上軒、富春の周中翰の芙蓉園があり、里はすべてこのようになっていた。

いまは兵火の後になって、たるき半分の材木も残ってなく、瓦礫が肩と同じ高さに積まれ、荒れた蓬《よもぎ》や蒿草《よもぎくさ》が目にあふれる。李文叔が書いた『洛陽名園記』は、名園の興廃から洛陽の盛衰を卜《うらな》い、洛陽の盛衰から天下の治乱を卜ったというが、このことばはほんとうのことなのだ。私は甲午の年（順治十一年、一六五四）にたまたまここに来て、故宮が崩れ落ち、王朝が敗れ滅びたのを目の当たりに見て、感慨を覚え悲傷の念に打たれた。桑苧翁《そうちょおう》と呼ばれる唐の陸羽は苕《ちょう》渓《けい》に遊んだが、詩を作って思いどおりにならないと慟哭したという『唐書』陸羽伝の故事をほとんど同じに見習って、外出しても夜になるといつも慟哭しながら帰途に就いたのであった。(10)

（1）柳洲亭―杭州城の西湖に面した西城門である湧金門の外に柳洲亭、問水亭があり、このあたりは遊覧船の発着所になっていて、後世にも同じだった（『西湖志』三六九頁）。豊楽楼は宋代に改名されてこの名になったが、元末に焼かれて、嘉靖二十年、府知事によって重建され、杭州に来る来賓や政府の使節を接待する賓館となり、柳洲別館と題され、館の後の楼には豊楽と題したと言われる（『遊覧志』八）。

（2）原文「大父」は祖父のこと。張岱の祖父は諱は汝霖、号は雨若。万暦二十三年の進士、官職を歴任した。張岱は五世の高祖からの「家伝」を書いている（『瑯嬛文集』四）。杭州から離れた他郷出身の官僚が西湖付近に園亭を持つことは、本文にも見えるが、張岱の家は彼らに比べても遜色のない名家であり、祖父は寄園を営んでいた。張岱も園亭につよい興趣を持っていた。

（3）戴斐君―戴祟のことか。字号の斐君は未詳。寧波府奉化県の人。万暦四十一年の進士（『明清歴科進士題名碑録』による）。『評注』には奉天の人とするが、西湖に別荘を営むことの便を考えて改める。

（4）銭麟武・閣学—銭象坤（一五六九—一六四〇）、字は弘載、紹興府会稽の人。万暦二十九年の進士。累官して礼部尚書、少保に至る。内閣に入り枢機を握ったことから閣学という。

（5）商等軒・冢宰—商周祚、字は明謙、号は等軒、紹興府会稽の人。万暦二十九年の進士。官は兵部尚書、都察院右僉都御史など（『評注』）。冢宰は衆官の長をいう。明代には吏部尚書をいうこともある。

（6）祁世培・柱史—未詳。柱史は柱下史の略称で、後世には検察官である御史をいうことがある。

（7）余武貞・殿撰—余煌、字は武貞、会稽の人。一六四四年、北京陥落の後、魯王の抗清活動に参じて兵部尚書となり、清兵が紹興に迫ると、城門を開け、自らは水に赴いて国に殉死した（『評注』）。殿撰は科挙主席合格の状元をいう。

（8）陳襄範・掌科—広東省南海の人。万暦四十四年の進士。掌科は給事中のこと。本書での官職名はみな雅称である。

（9）孝廉の黄元宸—孝廉は科挙地方試験合格者、挙人のこと。黄元宸と次の周中翰は未詳。中翰は『大詞典』に内閣中書とする。内閣の中書舎人の美称か。

（10）原文「故宮離黍《こきゅうりしょ》」は、周朝の故臣が亡びた王宮を前にして、「故宮の跡は黍《きび》が盛んに茂っている」と歎いて詠ったこと（『詩経』王風・黍離）から、亡国の歎きをいう。「荊棘銅駝《けいきょくどうだ》」は、都洛陽の宮門を飾る銅駝が荊棘《いばら》にまといつかれるだろうと予測した晋代索靖《さくせい》の故事から、故国山河の荒廃をいう。次の陸羽の故事とともに、直接に明朝滅亡を嘆けば、新しい清朝に対する不満分子とも受け取られかねない状況の中で、張岱は、そのような疑惑をもたらすことのないような古典の故事語句を借りることで文章に雅趣を持たせて和らげ、時代に対する想いを表現している。このようなところにも、中国における古典の効用がある。

張杰《ちょうけつ》「柳洲亭」詩

誰か為に鴻濛《こうもう》は此の陂《は》を鑿《うが》つや、涌金門の外は、即ち瑤池《ようち》なり。平沙の水月三千頃、画舫の笙《しょう》歌《か》十二時なり。今古に詩有るも絶唱に難く、乾坤《けんこん》に地の奇を争う可き無し。溶溶漾漾《ようようようよう》として年年緑に、黄金銷《と》け尽くしても総《すべ》て知らず。

誰のために天はこの堤を作ったのだろうか、杭州城の城門である涌金門の外は美しい池になっている。平らな砂浜が三千頃に渉って広がる湖水には水に月が映り、湖水に浮かぶ画舫船では昼夜十二時に絶え間なく笙歌が聞かれる。いまもむかしも詩はあるのだが絶唱とされるのはなかなか得難く、天地乾坤《けんこん》のもとには秀逸さを争える土地もない。溶漾《ようよう》としてたゆたう水と年年の緑のある西湖の風物は、黄金をすっかり使い尽くしてもすべてを知ることはできないのだ。

王思任「問水亭」詩

我れ来りてひとたび清歩するも、猶お未だ寒烟を拾わず。灯外兼ねて星外、沙辺更に檻辺。孤山　好月を供し、高雁　空天に語る。辛苦なり西湖の水、人還《かえ》れば即ち熟眠せん。

私はこの問水亭に来て辺りを歩いたのだが、まだ寒さを感じてはいない。街灯の光の外から星の光の外も、さらに砂浜のあたり欄干のあたりにも。孤山は好《よ》き月光を提供し、雁《かり》は空高く鳴いて語りかけてくる。いつも遊覧船を浮かべ支えている西湖の湖水はご苦労なことだ。人びとが帰れば熟睡するのだろう。

趙汝愚(1)「豊楽楼・柳梢青」詞(2)

水月の光の中、烟霞の影の裏《うち》に湧き出づる楼台。空の外から笙と簫の音が聞こえ、雲の間《ま》には笑語があり、人は蓬萊《ほうらい》にいるかのよう。天香は暗《ひそ》かに風を遂《お》いて回《かえ》り、十里の荷花《はすのはな》は正に盛んに開いている。個《ひとつ》の小舟を買い、山南を遊遍《あまねくあそ》んで山北より帰って来る。

（1）趙汝愚―南宋の人、進士第一となり、任官して右丞相となる。韓侂冑《たくちゅう》に疎まれ、斥けられて死す（『宋史』三九二伝）。

（2）柳梢青は、よく用いられる詞牌の名、仄韻と平韻の二調があり、ここでは平韻の曲調を用いている。

霊芝寺

霊芝寺はもとの武粛王（銭鏐《りゅう》）の庭苑である。その土地には霊芝《れいし》が採れたので、喜捨して寺にした。宋になって規模は次第に広くなり、高宗、孝宗の両朝には四たびの行幸があった(1)。苑内には浮碧軒、依光堂があり、新しく資格を得た進士の名札を掲げる場所になっていた。元末に焼かれ、明の永楽年間（一四〇三―二四）には僧の竺源《じくげん》が再建した。万暦二十二年（一五九四）には重ねて修造した。私は幼時にその中に往って牡丹を看たが、幹の高さは一丈余り、花芯は爛熳としていて、数千余株が盛んに花開くときは湖中の盛事として自慢されていた。

寺のそばには顕応観があって、南宋の高宗が崔府君《さいふくん》を祀っている。崔は名を子玉といい、唐の貞観《ていかん》年間（六二七―四九）に滏陽《ふよう》（河北省磁県）の県令となり、目立った善政があった。民衆は生前から彼を祀り、亡くなってしまうと神とした。高宗が康王だった時、金兵を避けて鉅鹿《きょろく》に逃げたが、馬が倒れて雨に打たれながら独り徒歩で行くと、三叉路に出会って行く道がわからなくなった。

急に白馬が路に現れたので、鞍を置いて乗り、馳せて崔祠まで来ると、馬は急に見えなくなり、ただ祠の馬が雨のように汗水を垂らしていたので、難を避けて祠の中に宿ることにした。夢の中に神が杖を持って大地を撃ち、先に進むことを促した。走って門を出ると、また馬が戸のところにいた。乗って斜橋に到って耿仲南《こうちゅうなん》の出迎えに遇い、馬に鞭打って澗水を越えると、水を見てすぐに変化した。よく見ると、なんと崔祠君の祠中の泥馬だった。高宗は即位すると祠を建立してその徳に報い、代々の朝廷は常例を超えて崇奉した。六月六日のその誕生日には、遊客があふれて一杯になる。

（1）「宋になって……」は、『遊覧志』三と同文。

張岱「霊芝寺」詩

項羽は曽《かつ》て騅《すい》の逝《ゆ》かざるを悲しむ。活馬は猶お然り泥塑《でいそ》の如し。焉《なん》ぞ泥馬の去《ゆ》くこと飛ぶが如きこと有りや、等閑《とうかん》に直《ただ》ちに黄河の渡しに至るとは。一堆《たい》の龍骨厓前《がいぜん》に蜕《たい》し、迢遞《ちょうてい》たる芒碭《ぼうとう》雲路に迷う。熒熒《けいけい》たる一介の亡人を走らせ、身《みず》から柏人に陥ちるも脱然として過ぐ。建炎は尚お是れ小朝廷なるも、百霊も亦《ま》た復た呵護《かご》を加う。

（漢の高祖劉邦と競い合った）項羽は、敗れて南下する時に騎乗した名馬の騅《すい》が進まなくなったのを悲しんだが、南宋高宗を助けた活き馬は泥土で造られた泥塑《どろつくり》と同じだったらしい。どうして泥土造りの馬が飛ぶように行き、たやすくすぐに黄河の渡しに至ったのだろうか。山のように積まれていた龍の骨は崖の前で変身するが、遥かに続く芒山碭山《ぼうさんとうさん》の路に迷いながら行く。身を寄せるあてのない孤独な逃亡者を載せて、柏《はく》で壁中に隠れた人に襲撃されかかった漢の高祖劉邦と同じような危険な目に遇いながら、するりと通り抜けたのである。（高宗の建てた南宋は）建炎年間にはまだ小朝廷だったが、神霊が再三に護持したのだ。

銭王祠(1)

銭鏐《せんりゅう》は臨安の石鑑郷の人である。驍勇で謀略があったが、壮年になっても身分は低く、塩を私売して生計を立てていた。唐の僖宗《きそう》（在位八七四―八八）のとき、浙の盗賊の王仙芝を平定し、黄巣を防ぎ、董昌を滅ぼし、功績を積んで名を顕した。五代梁の開平元年（九〇七）、鏐を呉越王に封建した。その命令を拒否するようにと諫言するものには、鏐は笑って、「（三国時代呉の）孫（仲謀）権が漢朝を継承した魏に逆らい、自立して呉と称した失敗をふたたび冒すことがどうしてできようか」と言い(2)、命を受けることにして、その郷里を臨安県に改め、軍を（唐の王城を守る親衛隊の）錦衣軍とした。この歳には祖先の墳墓を訪れて故老を招き、旗差し物や斧槍《おのやり》、太鼓鼓笛は山野に響き賑わした。昔に遊んで釣りをした場所にはすっかり錦綉の覆いを掛け、あるいは樹木や石までも官爵に封ぜられたものがあった。ふるく塩を商った担ぎ道具にも錦の被いを着せた。隣に住んでいた九十あまりの老婆が泉水の壺を抱えて道のかたわらに迎えると、鏐はあわてて車を降りて拝礼した。老婆はその背を撫でて幼時の呼び名で呼びかけ、「銭婆留《ばりゅう》よ、お前が大きくなったのがうれしい」といった。つまり、生まれたときにはあやしい光が部屋に満ちたので、父が懼《おそ》れて谷川に沈めようとしたところ、この老婆がしきりに留めたことから呼び名になったのだった。牛酒をつくり、盛大に並べて村人に飲ませ、別にも蜀錦を張って広い幔幕にして村の婦人に飲ませ、年が八十以上の者には金の爵で飲ませ、百歳の者には宝玉の爵で飲ませた。鏐は立って酒を勧め、自分で故郷に帰る歌を歌って来賓を楽しませ、「三節を伴って故郷に還った。錦衣を掛けて。父老たちは遠近からやって来てそばに従っている。天の斗牛星の光が起ち上り、天は欺くことなくわが労に報いている。呉越唯一の王として四頭立ての馬車に乗り故郷に凱旋したのだ」、と唱った。時期が来て宮殿を築こうとすると、気象を観測する者が、「もとの街によって大きくしても百年にすぎません。西湖の半分を埋めれば千年を期待できます」といった。武粛王は笑って、「千年有ればその中に真の主になる人が出ないわけがなかろう。わが民人を（西湖を埋める大きな改修で）困らせることなどできはしない」といい、改造はしなかった。宋の熙寧年間（一〇六八—七七）、蘇子瞻《しせん》（東坡）は郡の太守となり、龍山の廃祠の妙音院というところを乞いうけ、表忠観と改めてこれを祀ったが、いまは廃された。明の嘉靖三十九年（一五六〇）、督撫の胡宗憲が霊芝寺の跡にこれを祀り、三世代の五王の像を彫って春秋ごとに祭り、その十九世の子孫、徳洪なる者にこれを守らせた。郡守の陳柯は重ねて表忠観の碑記を祠に刻んだ。

（1）　呉越王の銭氏については、蘇軾「表忠観碑記」を参照。この則は、『旧五代史』一三三（以下に『旧史』）、『新五代史』六七（以下に『新史』）や後述の蘇軾の文章などのほかには、張岱が得た資料によっている。銭鏐が幼時に婆留と呼ばれたことについては、『十国春秋』に祖母にもとづいて言われたとする。資料にはそれぞれ出入があるが、主として欧陽脩『新史』によって補足して訳した。

（2）「孫仲謀云々」は文意がわかりにくい。原文に「為」の文字はないが、『新史』には「吾豈失為孫仲謀耶」とあり、これに従い「為」字を補足して訳した。
（3）以下は『新史』六七に「還郷歌」と題して載せる。三節とは、三隊列の随従者の意。『大詞典』に「三節人従」として、「夏国使・副及び参議各一、之を使という。都管三、上節・中節各五・下節二十四、之を三節人従と謂う」（『金史』礼志一一）の用例を挙げる。類推すれば、三節は上中下の三隊伍の随従人をいい、朝廷から栄誉として多数の従者を許可されたことを意味する。
（4）『旧史』によれば、銭鏐の治績として杭州にいた四十年間に「奢を窮め貴を極め」土木建設事業を盛んに起こし、郡の城郭を周囲三十里に広め、邑屋の繁会、江山の雕麗はじつに江南の勝概であったという。城郭は、後に金の攻勢にあって杭州に逃げ込んだ南宋王朝の皇城の基になった。銭鏐、銭氏の豪奢な生活ぶりは『新史』ではあまり言わないが、次の話を伝えている。鏐の世から常にその民から重く収斂して奢潜をこととし、下は鶏魚卵轂に至るまで、必ず家ごとに至って日々に取りあげ、一人ずつ笞打ってはその負債を責めたので、役人はそれぞれに各件の帳簿を持ち法廷に並び、ひとつの帳簿に負債があればその大小を唄いあげ、人びとはその苦しみに耐えきれなかった、という話である。富の集中があれば、他方では重い収奪が伴うのである。ただ、租税の徴収などはいつの時代にもあることだとすれば、銭氏が唐末からの分裂、兵乱の時代に杭州を拠点として統制を保ち、地域の平穏を現出したことは、後世にも好感を持たれている。張岱が銭氏の治世を評価したことは、次に長文の蘇軾の碑記を記載していることからもわかる。
（5）徳洪―浙江省余姚の人。王陽明の高弟で、はじめは王氏が居住していた邸宅に、その後に居住したという。進士になり官職を歴任したが後に郷居した。陽明門下において、王龍渓とともに師説の宣揚に努めている。

蘇軾「表忠観碑記」[1]

熙寧十年（一〇七七）十月戊子、資政殿大学士、右諫議大夫、知杭州軍事、臣、汴《べん》は申しあげます。「故の越国王銭氏の墳墓と廟、およびその父祖・妃・夫人・子孫の墳墓で銭塘にあるものは二十六、臨安にあるものは十一、みな荒れて雑草が生え手入れされず、父老たちは訪れて流涕する者がいました。謹んで按じますところ、もとの武粛王の銭鏐（唐の大中六年、八五二—後唐の長興三年、九三二）は、はじめ郷里の兵で黄巣の賊を逃走させ、その名は江南地域の江淮に知られました。ふたたび（杭州の八県で組織された）八都の兵で劉漢宏を討ち、（杭州東の）越州を併合し、（唐朝の部将）董昌を上に奉じて自分は杭州に居住していました。董昌が越の地で（唐朝に）叛すると、董昌を誅殺して越州を併合し、浙東浙西の地域をすべて占有して、その子の文穆王元瓘《ぶんぼくおうげんかん》に伝え、その孫忠献王仁佐《じんさ》に至って、李景の兵を破り（福建の）福州を攻取しました。そして仁佐の弟、忠懿王俶《ちゅういおうしゅく》も大いに兵を出して李景を攻め、後周の世宗の軍師を迎え入れ、その後には国を挙げて（宋の）都に伺候して、かくて三世代の四人の王（鏐・佐・元瓘・俶）は（唐末から宋初に至る約八十年の）五代の時代に終始したのです。天下が大いに乱れ、豪傑が各地に蜂起する時に当たって、勢力は数州の土地にすぎないのに、名声を得ようとするものが数えきれないほどでしたが、その一族が転覆するばかりか、罪なき民まで害《そこな》われて生き残った者はいない状況になっていました。それが呉越は、千里四方の土地に十万の武装兵、山海自然の産出物や象牙・犀角・真珠・宝玉の財富は、天下に冠たるものがあったのですが、しかし（王朝に対する）臣下としての節義を失わず、その献上する貢納の物資は陸続と続きました。そのためにその民衆は老いて死に至るまで戦乱を知らず、四季には嬉遊し歌舞する声が聞かれ、いまに至るまで途絶えることはありません。その民衆に徳を及ぼすことはとりわけ厚いものがありました。わが宋の皇帝は天命を受けられて、四方の兵乱を次第に平定され、西蜀、江南は山岳の険塞と距離の遠隔との利を持っていましたが、兵が城下に至ると、勢力は衰えて手を束ねて降服しました。河東の劉氏は多くの戦に決死で戦って王朝の軍師に抵抗し、死骸を積んで城とし、流した血を池にしていたのに対して、天下の戦力を尽くしてやっとこれに勝ちました。ただ呉越だけは正式命令を待たず、倉庫に封印し郡県の帳簿戸籍を整備し、官吏を朝廷から派遣することを申請して、故国を立ち去ることを旅舎と同じように見なしました。わが朝廷に対する功績は甚大です。むかし竇融《とうゆう》は河西をもって漢に帰順したところ、光武帝は右扶風の官吏に詔してその父祖の墳墓を修復させ、（天子の祖墓をまつる）大牢の礼によって祀りました。いま銭氏の功績はほとんど融を超えているのに、まだ百年にもならないうちに、その墳墓廟宇は手入れされず、道を行く人は傷ましく思っています。とても臣に忠を勧め、民心を慰めるものとはいえません。

臣は、龍山にある廃仏寺にある妙音院というものを道観にして、銭氏の孫で道士になった自然という者をここに住まわせ、およそ墳墓廟宇の銭塘にあるものはこれを自然に付託し、その臨安にあるものはその県の浄土寺の僧、道微という者に付託して、毎年それぞれその徒弟一人を僧として得度させて世々これを掌《つかさど》らせ、その土地の収入を管理して適時にその墓祠廟宇を修理し、その草木を封植させ、手入れされていないことがあれば、県令は速やかにこれを明らかにして、ひどければ人を替え、永くいつまでも損なうことのないようにして、もって朝廷が銭氏を厚遇する意に沿いたいと思います。臣、抃は死罪を冒して申しあげます」。

この上言は認可され、その妙音院は、改めて名を表忠観と賜った。表忠観碑の銘には次のように言う。

「天目の山に苕水《ちょうすい》はここに出で、龍は飛び鳳は舞い、臨安に萃《あつ》まる。／篤く異人を生み、類を絶し群を離る。梃《つえ》を奮い大いに呼《さけ》べば、従う者雲の如し。／天を仰ぎ江に誓えば、月星も晦蒙し、強弩《きょうど》もて潮を射れば、江海東を為す。／殺すこと宏《ひろ》く誅《ちゅう》すること昌《さか》んに、奄《にわか》に呉越を有す。金券玉冊、虎符龍節あり。／大いに其の居を城にし、山川を包絡して、江を左に潮を右にし、島蛮を控引す。／歳時に帰休して以て父老を燕《やす》んずるに、曄《よう》として神人の如く、玉帯《ぎょくたい》し毬馬《きゅうば》す。／四十一年、寅《つつ》しみ畏れて小心なり。厥《そ》の篚《はこ》相い望み、大貝南金あり。／五胡昏乱し、国を托するに堪《た》ゆる罔《な》きに、三王相い承け、以て有徳に符す。／既に帰する所を獲《え》、謀《はか》ること弗《な》く咨《なげ》くこと弗《な》し。先王の志、我れ維之《これこれ》を行う。／天は忠孝に祚《さいわい》し、世々に爵邑あり。允《まこと》に文允《まこと》に武、子孫千億なり。／帝は守臣たることを謂《おも》い、其の祠墳《しふん》を治めしめ。樵牧《しょうぼく》たら俾《し》めて其の後昆《こうこん》を愧《はず》かしむること毋《な》し。／龍山の陽《みなみ》、巋《き》焉《えん》たり斯《こ》の宮。銭に私するに匪《あら》ず、惟《こ》れ以て忠を勧む。／忠に非ざれば君無く、孝に非ざれば親無し。凡百の有位、此の刻文を視《み》ならえ。／

天目山から苕水《ちょうすい》が流れ出て、龍や鳳が飛び舞う瑞祥は臨安に集まっている。ここには絶類離群の異人（銭鏐）が生み出され、杖を奮って大いに叫ぶと、随従する者は雲のように沸き起こり、盟約を結び天を仰いで大江に誓《ちか》えば、（その盛んな勢いに）月や星も影をひそめ、強い弓で銭塘《せんとう》の潮流を射れば、江も海も東に向かう。盛んに誅殺して、たちまちのうちに呉越を占有し、君主から公認されて金券玉冊、虎符龍節を賜った。そこで、その住居を拡大して、山川を包み込み、銭塘江と西湖を左右に置き、離島蛮夷をも掌握した。

歳の稔りの時に故郷に帰り、宴して父老たちを楽しませれば、その姿は、光り輝く神人さながらに、天子から賜った宝玉の帯を付け、打毬《だきゅう》に用いる馬[2]に乗っていた。統治した四十一年[3]もの間、注意深く恐れ慎み、（臣従を明示する）君主への貢納品をかごに入れて欠かさず、宝の大貝、南方の貴金属があった。

（その時は）五つの胡族が入り乱れる五代であり、国を委託することができるものはいなかったが、呉越では三代の王が継承して、有徳の政治に適っていた。その後に（宋朝になって）帰順するところを得て、方策を謀ったり、欺いたりすることはなかった。

先の王の志をわれわれが継いで行えば、天はその忠孝を嘉《よみ》して幸いをもたらし、世世に封爵を受け邑里を保つことができるのであり、文に武に允《まこと》を尽くして子孫は千億に繁栄したのである。（宋の）皇帝は良き守臣であったことを思い、その（銭氏の）廟祠墳墓を治めさせたのであり、樵《きこり》や牧童にしてその子孫に辱《はじ》をかかせることはなかったのである。龍山の南にこの高き宮殿が聳えているのは、銭氏に特に肩入れするのではなく、これによって忠を勧めるのだ。忠でなければ主君はなく、孝でなければ親はない。あらゆる官位をもつ方々よ、この碑文に見習いたまえ」。

（1）表忠観碑記―『蘇東坡全集』（四庫全書）八六に収める。趙忭は巻二「韜光庵」に既出。趙汴による朝廷への請願が認可されたことを記念して建てられた表忠観碑銘は、全五十二句の四字句で、隔句に押韻して、中途で韻を換えている。文意が転換することがある換韻の箇所は／の符号で示した。字数と韻文の制約を持ちながら、史書に見られる銭王の事績を踏まえ、しかも文章として美麗で斬新な表現がみられる。たとえば、原文の「曄如神人、玉帯毬馬」「厥篚相望、大貝南金」など、単なる美辞ではなく、銭王の事蹟を踏まえた表現である。ここでは、わかりやすくするために補足して訳した。このところは、次に載せる張岱の「銭王祠」詩に、原文「英雄毬馬朝天子、帯礪山河擁冕旒」としてとり入れられている。

（2）原文「玉帯毬馬」は、銭鏐が梁太祖から、玉帯と打毬競技用の馬を下賜されたことを踏まえた表現（『新史』七・八三九頁の記事を参照）。

（3）四十一年―『旧史』（一七七一頁）には、四十年とする。

張岱「銭王祠」詩

東南の十四州を扼定《やくてい》し、五王並びに兜鍪《とうぼう》を事とせず。英雄　毬馬もて天子に朝《ちょう》し、帯礪《たいれい》の山河冕旒《べんりゅう》を擁す。大樹千株錦紱《きんふつ》を被り、銭塘《せんとう》の万弩《ばんど》　潮頭を射る。五胡紛擾す中華の地、西湖に歌舞す近百秋。

東南の十四州を支配し、銭氏の五代の王はともに（内政を主として、）外に向かって武装して闘うことを手掛けなかった。英雄は天子に朝貢して遊戯用の毬を打つ馬を賜り、河川を長い帯の如くにし、山々を磨いた礪《いし》の如くにして、国土を管理する（『漢書』にいう大臣の）務めを誓いながら、冠冕《かんべん》を帯びる天子をもっぱら守ろうとした。銭鏐の故郷にある千株の大樹は錦の被いを掛けられ、銭塘江に並ぶ武装兵はただ潮流の波頭を射るだけだった[1]。五つの胡族が入り乱れた五代の中華の地に、呉越の西湖では百年近く楽しい歌舞が行われていたのである。

（1）　波頭を射るだけ―外敵に向けて戦闘するのではなく、内政につとめ、兵士は、激しく遡る銭塘江の潮流を鎮めるために、ただ波頭を矢で射るだけを任務としたことをいう。銭塘江の激流には伝説があり祭祀が行われた。巻五「伍公祠」を参照。

また「銭王祠柱銘」

力能く土を分かち、郷兵を提して殺すこと宏《ひろ》く、誅《ちゅう》すること昌《さか》んなり。一十四州に雞犬桑麻《そうま》あり、撐住《とうじゆう》す東南の半壁。志は天に順《したが》うにあり、真主を求め、周を迎え宋に帰す。九十八年象犀《ぞうさい》筐篚《きようひ》、呉越を一家に混じ同ず。

強大な力によって領土を分かち保ち、郷里の兵士を率いて、悪者を盛んに誅殺した。（領土とした）十四州には、雞犬がのどかに啼き桑麻の茂る平和が訪れ、東南地域の半ばを領有したのである。ところが、呉越王の志は天の意思に随うことにあって、真の主君を求め、北周を迎え入れ宋の王朝に帰順し、九十八年の間、（舶来の）象牙や犀角、箱入りの宝を貢納して臣下としての務めを果たし、呉越（ともいう浙東浙西の地）を、同じく一つにまとめていたのである。

浄慈寺

浄慈寺は五代後周の顕徳元年（九五四）に呉越王銭俶が建てて慧日永明院と号し、衢州《くしゆう》の道潜禅師を迎えて住持とした。道潜はかつて王に十八阿羅漢《あらかん》を金属で鋳造することを願い出ようとしてまだ明言していなかったが、王は夜に十八人の巨人が随行しているのを夢に見たところ、翌日に道潜が願い出た。王は特異なことと思ってそれを許され、はじめて羅漢堂が作られた。宋の建隆年間（九六〇—六二）の初め、禅師延寿は仏祖の精神にもとづいて宗旨を組織だて、『宗鏡録《すぎようろく》』一百巻を撰述したことから、宗鏡堂《しゆうきようどう》が作られた。煕寧《きねい》年間（一〇六八—七七）に郡守の陳裏《ちんじょう》は、僧の宗本を招いて住持させた。日照りの年に湖水はすっかり涸れたが、寺の西隅から甘泉が湧き出て金色の鰻魚《まんぎょ》が泳いでいた。そこで井戸を掘ってみると、寺僧千余人が飲んでも尽きなくなり、円照井と名づけられた。宋朝が南に渡ったときに焼けてからまた建てられ、僧の道容が工匠を集めて五年で完成し、五百羅漢を彫刻して田の文字を象った殿堂を建ててそれを貯えた。紹興九年（一一三九）、改名して浄慈報恩光化寺の額を賜ったがまた燃えた。

　南宋の孝宗の時期に、ある僧が殿宇を修復すると言って勧募に出かけ、日ごとに酒肉をたらふく摂って帰ってきた。寺の僧が、その勧募した銭はどれほどになったかと聞いたところ、「すっかり腹中を満たしている」といった。勧募すること三年、帳簿上の布施の金銭は一件一件はっきり記載されていた。ある日街頭に大声でわめいて、「わしは殿堂を作ったのだ」といい、また酒肴を用意して大いに街中に飲み、喉を押さえて大いに嘔吐して地上にまき散らすとみな黄金になった。それからは多くの募縁がこぞって集まり、寺は落成したのである。僧の名は済《さい》顚《てん》と言ったが、有識者は、「これは永明（延寿）の後身に違いない」といった。嘉泰年間（一二〇一—〇四）にまた燃え、嘉定三年（一二一〇）に再建された。寺はもともと広大で、西湖山地の筆頭であった。翰林院の程珌《ていひつ》が記録した文章に、「湿った紅花が地に映り、飛びゆく青葉は宵を侵す。簷《のき》には鸞《らん》が翎《はね》を翻し、台階は雁歯《せいぜん》と排《なら》ぶ。星は珠《たま》の網を垂らし、宝殿は琉璃《かわらやね》に洞《ふか》し。日は琁題《うつくしいのきさき》を耀《かがや》かし、金椽《きんのたるき》は玳瑁《たからのうつくしさ》に聳《そび》ゆ」の語句がある。ときに宰官は京輔の仏寺の甲乙を順次づけ、五山を尊び表章して諸寺刹の綱領とすることを建議して、浄慈寺はこれに与《あずか》った。これより先、寺の僧は水汲みに難渋し、湖浜から水を荷なったが、紹定四年（一二三一）、僧の法薫が錫杖で殿閣の前の地面を叩くと、二か所の湧き泉が流れ出たので、鍬を入れてふたつの井戸を作り、水に欠乏することはなくなった。淳祐十年（一二五〇）千仏閣が建ち、理宗は「華厳法界正偏知《しょうへんち》閣（正偏知は釈迦如来の十号の一）」の八字を書いて賜った。元代の末に湖の寺はすっかり焼けたが、この寺だけは存続した。明の洪武年間（一三六八—九八）に焼けて、僧の法浄が重建した。正統年間（一四三六—四九）にまた焼けたが、僧の宗妙がまた建てた。万暦二十年（一五九二）に司礼監の孫隆が重修し、鉄の鼎《かなえ》(1)を鋳造し、鐘楼を葺《ふ》き、井に亭を構え、門柱を構えた。永楽年間に明の第二代皇帝の建文帝がここに隠遁され、寺の中にその遺像(2)がある。容貌は魁偉で、はるかに常人とは異なっている。

（1）鉄の鼎—仏寺では、多くは香をたく法具、香炉として用いる。
（2）遺像—浄慈寺において、髯のある建文帝の僧像をみた畢懋康《ひつぼうこう》なる人物は、万暦四十三年に「建文僧像記」を書いている（『南屏浄慈寺志』巻八所収）。

余説　明の建文帝は、明朝の創設者洪武帝（在位一三六八—九八）の皇太孫として生まれ、都の金陵、いまの南京で帝位に就いた。北京には洪武帝の庶子の一人が燕王として封建されていた。明の建国期に北伐にも任じた燕王は、諸王の勢力削減が行われる中で、雄心を抱いて叛旗を掲げ、四年の戦いの後についに南京を占領した。燕王は即位して永楽帝となり、北京を首都に定め、かつての都南京を留都とした。敗れた建文帝は、秘かに脱出して南方に逃れたともいわれる。南京を占領した後にも建文帝の遺臣の抵抗があり、近臣の方孝孺は、燕王が皇帝に即位する詔の起草を命じられても承諾せず、九族皆殺しにすると脅迫されても、十族皆殺しになっても屈服しないと言い、抵抗して節義を守った。燕王は怒り、孝孺の親戚縁者から知友まで八百七十三人に及ぶ磔《はりつけ》刑の大虐殺を行った。この前後の記述は、清朝になってから書かれた谷応泰『明史記事本末』によっている。建文帝は都から逃れたのち、陝西・四川・湖広、あるいは江南・雲南・貴州・福建などを往来したとかいう噂があり、はるかに後の正統五年（一四四〇）には、僧形の真偽定かではない自称建文帝の出現もあった。

張岱は、明一代史としての『石匱書《せききしょ》』二二〇巻、および明末から残明政権時期の抗清、殉難志士を描いた『石匱書後集』「中原群盗巻」を書いている。上記の谷応泰も目にしたはずである。この『石匱書』巻二「譲帝本記」の末尾には、都（いまの南京）陥落に際して脱出した建文帝のその後の顚末を記した史彬仲『致身禄』の文章を載せ、帝は僧形に身を改め、各地に流浪し、会稽にも遊んだこと、また、永楽帝の四代あとの英宗が再び復位した天順年間に、都の大興隆寺に寄寓して老仏寓夫と号した者があったことなどを伝える、政権の大きな変動がある中で建文帝の都脱出から五十数年間のことであり、時間的にはあり得ないことではない。西湖周辺には、上は皇帝から、政治を担った大官僚、下は薄幸の女性に至るまでの、無実の罪に落とされ、悲運に泣いた人びとの哀話が多くある。

袁宏道「蓮華洞小記」

蓮華洞の前は居然亭であり、その軒先は広くて遠くを見渡すことができる。登って眺めるたびに湖は蒼い光を見せてくれ、顔の鬢・眉から姿形まで鏡の中に映っているようだ。六橋の楊柳は道に並んで風と波を引きよせ、疎《まば》らになっていて好ましい。晴れと雨、霞む月の風景がそれぞれ違っているのは、浄慈寺のこの上ない佳い眺めなのだ。

洞穴の岩石は生き生きとして生命を持っているように巧妙で、人工の彫刻を超えている。私はいつも思うのだが、呉山や南屏山(1)の仲間は、みんな中の骨は石で表の皮膚は土であり、空中に向けて四方に張り出しているから、探せば探すほどいろいろ出てくる。近いところでいえば、宋氏の園亭などは、みんな探し出したものだ。また紫陽宮の石(2)は宮中の使者、孫（東瀛）によって探しだされたものが大変多い。ああ、なんとかして五体の神将が銭塘江の水を引き入れ塵泥を洗い落とし、その奥にある珍奇なものを取り出すことができれば、どれだけ良いことだろうか。

（1）南屏山―西湖南岸にあり、海抜一三一メートル。北麓に浄慈寺があり、西湖十景の一に南屏晩鐘がある。

（2）紫陽宮の石―紫陽山は旧名瑞石山。呉山（城隍山）の東南、清平山の北、海抜九八メートル、山上に奇巌怪石などが多い。南宋時、立ち入り禁止の禁山となる。元代には山上に紫陽庵を建て、始めて紫陽山と名づけた（『西湖志』）。巻五「紫陽庵」を参照。

王思任「浄慈寺」詩

浄寺何年に出づるや、西湖長《とこしえ》に翠微なり。仏の雄なる香は較《や》や細やかに、雲は飽き緑交《こも》ごも肥ゆ。巌竹　僧閣を支え、泉花　客衣に蹴《ふ》まる。酒家の蓮葉の上、鷗鷺《おうろ》往来して飛ぶ。

浄慈寺はいつ姿を現したのか、西湖はいつも変わらぬ翠微な姿だ。仏に供える強い香のかおりは、いまはやや細やかだが、雲は飽くほど湧き出て緑の木々は交々《こもごも》肥えている。巌《いわ》とそこに寄り添う竹とは僧の住む堂閣を支え、泉のそばに咲き散った花びらは衣を着た客人に踏まれている。酒家にある蓮華の葉のあたりには、鷗《かもめ》や鷺《さぎ》が往ったり来たりして飛んでいる。

小蓬萊①

小蓬萊は雷峯塔の右にあり、宋の内侍、甘昇の庭園②である。こんもりとした雲のような奇峯には古木が鬱蒼としていて、ここには宋の理宗がいつも臨幸されて、ご寵愛の松があり、おそらく数百年ものである。ふるくから小蓬萊と呼ばれていた。石の上に宋代に刻んだ「青雲巌」「鰲峯《ごうほう》」などの文字がある。いまは黄貞父先生③の読書の場所になっていて「寓林」と改名され、その石には「奔雲」と書かれている。私が思うには、奔雲というのはその気持ちはわかるが、その理由はわからない。石は雲南の一株の滇茶《てんちゃ》のように見え、風雨に晒されて落ちこんで半ばは土泥の中に入りこみ、花弁がでこぼこになって三、四層折れ重なり、その中に人が入ると蝶が花の芯に入ったように、鬚《ひげ》まですっかりまといつかれてしまう。色は漆黒な石英のようで、薜苔の古さは、殷《いん》の彝器《いき》、周の鼎器《ていき》が土中に千年入っていて、緑青《ろくしょう》がその中まで沁み込んでいるかのようだ。

貞父先生は文章の宗匠であって門人は数百人、時の名士はみなその門下の出である。私は幼時に祖父に随って先生を訪れたが、先生は、顔は真っ黒、ほお髯《ひげ》あご鬚《ひげ》が濃く、頬は毛むくじゃら、河のような目、海のような口、眉は角ばり鼻柱は高く、口を一杯に開けてよく笑う。交際の応答には八方に応え、耳ではよく客のことばを聞き、目では来信を見、手では答えて回信し、口では召使に頼みごとをして、目の前に人が入り雑じっても少しも間違えたことはない。客が来れば貴賤を分かたずに、肉であれ飯であれ食わせ、夜は臥所をともにした。私のところの文章係が往くと、かなり汚かったのだが、先生が飲食させたことは、いつもと変わったところがなかった。

天啓六（一六二六）丙寅の年、私が寓林に行って見ると、亭の建物はくずれ傾き、前堂の中には先生の遺骸が埋められていたので[4]、知友を傷ましく思って「人と琴と倶《とも》に亡ぶ」と嘆いた古人の気持ちに深く打たれたのであった[5]。いま丁酉（清・順治十四年、一六五七）に当たり、ふたたびその所に行ってみると、まわりの牆壁はみな倒れていて、とうとう瓦礫の場になっていた。私は一室をここに築いて、蘇東坡先生の専祠にしたいと思い、出かけてその土地を買おうとしたのだが、持ち主は承知しなかった。ただ樹木はすべてなくなり、薜苔《こけ》はすっかり剝がれ、奔雲のあの石も欠損して秩序を失い、十分の五は持ち去られていた。数年の後には、きっと古くから言う「鞠て《あれはて》(6)茂草《くさむら》と為《な》り」(『詩経』小雅・小弁)、洗い払われて冷たい煙となるだろう。長寿をもたらすという菊水や理想郷の桃花源に(7)、想いを回《めぐ》らしたことである。

(1)『陶庵夢憶』の「奔雲石」は、本則「小蓬萊」の文章の前後を省略した文である。

(2) 甘昇の庭園―「甘園は浄慈寺に向かい合い、旧くは内侍甘升の園であった。また湖曲園の名がある。南宋の理宗が臨幸されたことがあり、御愛松、望湖亭、小蓬萊がある」(『遊覧志』三)。もとづく記事は、南宋の周密撰『武林旧事』巻五「甘園」にある。

(3) 黄貞父は、黄汝亨《じょこう》(一五五八―一六二六)、字は貞父、号は寓庸、杭州銭塘の人。万暦二十六年(一五九八)の進士、官職は江西布政使司参議に至る。張岱の祖父とは若いころから交誼をもっていた(『嫏嬛文集』四「家伝」)。松枝茂夫は、張岱の祖父は包涵所(応登)・黄汝亨とともに、飲食社を作り、正味を講求したということから、食道楽であったと見ている。また張岱は若いときに黄に師事して科挙試験答案の文章、八股文を学んだとしている。

(4) ここの「先生の遺骸が埋められていた」云々は、中国の古くからの習俗からきている。中国には古くから「停喪」ともいわれる慣習があった。人の没後に遺体を埋葬することがあるが、歳月や日時、埋葬地の方角やその土地の佳否までも考慮することから、葬地を決めることができずに放置することを言う。前堂、正堂という住居の中心にある部屋の土間を掘って仮安置することもある。尊親の遺体を埋葬せずに放置することは、最高の倫理である「孝」の観念からすれば、最大の不孝といっても過言ではない。葬儀、埋葬は、祖に対する子孫、親に対する子を始めとする親族が直接に関わるべきことであるから、知友門弟が口出しできることではないのである。この悪習といってよい慣習は江南の地には特に盛んになっていて、いまの張岱は、祖父以来の知友の貞父について、その停喪の実態を見たのである。

（5）「人と琴と倶に亡ぶ」……――六朝時代晋の王子猷《おうしゆう》は、王子敬が亡くなった後に、その愛用の琴を取って弾じたが不調だったので、子敬と琴は倶に亡じたと嘆いた故事（『世説新語』）があり、それにもとづく表現。

（6）鞠――鞠に作ることもある。

（7）菊水、桃花源――原文「桃源」は、陶淵明の「桃下源記」にある理想郷の桃花源のこと。菊水は河南南陽の河畔に生えた菊によって甘美になった水流、その水を飲む人は長寿だという。

余説　張岱が天啓六年（一六二六）にみた貞父の停喪は、その後はどうなったのだろうか、次に訪れた順治十四年（一六五七）には瓦礫の場となっていたというのだから、おそらく土地の新しい持主がこともなげに処置したのだろう。この再見と三見との三十一年の間には、明朝の滅亡があり、残明政権の抵抗のあとで、すぐに圧倒的な異民族の清朝が支配する激変があった。人琴の感に堪えずという古典の故事を借りた感慨には、この激変の時代を生きていた張岱自身の思いはどのように投影しているのであろうか。

なお、明朝が滅亡し、異民族の清朝になって、張岱の生活環境は激変し、従僕たちは立ち去り、張岱は自ら耕作して自給自足する窮乏生活に入ったことを書き残している。かつての豪奢な生活ぶりから貧窮に至るまでには、歳月の推移があるのだけれども、この文章にある順治十四年までは、黄貞父の旧宅を購入し、蘇東坡の専祠を作ろうとする財力をもっていたことが知られる。ただ、この文章は一時に書いたものではないとも感じられる。

張岱「小蓬萊奔雲石」詩

滇茶《てんちゃ》初めて花を着け、忽ち風雨の為に落とさる。簇簇《ぞくぞく》として波棱《はりょう》起こり、層層として輪郭を界す。蝶の花の心《しん》を綴《つづ》るが如く、歩歩　咀嚼《そしゃく》に堪《た》ゆ。薜蘿《へいら》　松楸《しょうしゅう》に雑《ま》じり、陰翳　軽幕《けいばく》を罩《か》く。色は黒漆の古きに同じく、苔斑《たいはん》　竹籜《ちくたく》を解く。土綉《どしゅう》　鼎彝《ていい》の文、翡翠《ひすい》　丹雘《たんわく》を兼ぬ。雕琢《ちょうたく》は真に鬼工、仍然《じょうぜん》として渾樸《こんぼく》に帰す。十年許《ばかり》を得るを須《ま》ち、衣を解きて盤礴《ばんはく》を　恣《ほしいまま》にせん。況《いわん》や主人の賢に遇い、胸中に邱壑《きゅうがく》有り。此の石は是れ寒山、吾が語　爾《なんじ》能く諾《うべ》なうや。

（雲南原産の）滇茶《てんちゃ》は初めて花をつけたが、風雨によってたちまちに落とされてしまった。その葉はこんもりと波打ち、ひとかさねずつ輪郭をはっきり区切っている。蝶が花に出入りして芯を織りなすのに似て、一歩一歩歩いていくと咀嚼して味わうことができる。松やひさぎの木には蔦《つた》かずらがまとわりつき、その陰影は軽い幕を懸けたようだ。古い黒漆のような色の苔《こけ》が、竹の皮をときほぐしている。土の上にできた刺繡の模様は鼎《てい》や彝《い》のようにみえ、ひすいに丹《たん》雘《わく》(1)の美しさを兼ね具えている。雕《きざ》み琢《みが》いたそのさまは真に鬼神の工作だが、やがては元のままに渾沌素朴に帰るのだ。十年ほど経ったら、決まった衣を脱いで、悠然として心の思いのままにしよう。(2) まして、ここには賢人のご主人がいて、その胸の内には山や丘陵の自然があったのだから。この（奔雲）石は寒山寺にある（南北朝時代の庾信《ゆしん》が「共に語るに堪える」(3)と言った）石と同じなのだ。私のこの見立てを、石であるそなた自身は肯定するかどうだろうか。

（1） 丹雘—雘は良い丹土。赤い土。

（2） 原文「解衣盤礴」は『荘子』「田子方」にある語。盤礴は、止まってゆったりするとの意。徘徊逗留（『大詞典』）。もとは箕坐する（足を前に出して坐る）の意との説もある。蘇軾詩に「衣を解きて盤礴し、莓苔に坐す」とあり、上の詩はこれと同じ意に用いている。

（3） この石は……—南北朝時代に庾信は南朝から北方に行き、温子升《ししょう》の「寒山寺碑」を愛した。北方はどうかと問われ、「ただ寒山寺の一片石のみは共に語るに堪える」と言った、『玉泉子』（唐代の書。「四庫全書」所収）に見える故事にもとづく語。

雷峯塔

雷峯は南屏山分脈の麓にある。丸く小高くなってあたりに映えて、古くは中峯の名があり、また迴峯の名がある。宋代に雷就という者がここにいたので雷峯と名づけられた。呉越王はここに塔を建て、始めは十三層を規準にして高さ千尺をねらったが、あとでは財力が続かず、ただ七層だけ建てるに止まった。(1) 古くは王妃塔と称していた。元代末に失火してわずかに塔芯だけが残ったが、「雷峯夕照」は西湖十景のひとつになっている。かつて李長衡《りちょうこう》（流芳）の題画を見たところ、「わが友の聞子将（2）は、湖上に両つの浮屠《ふと》あり、宝俶は美人の如く、雷峯は老衲《ろうのう》の如し」と言っていた。私は至極これを賞讃する。辛亥（万暦三十九年、一六一一）居家（小築）にいたとき、沈方回（3）と池のほとりから蓮の花をみて、すぐ詩をひとつ作ったが、その中に「雷峯は天に依りかかっていて酔った翁のようだ」との句があった。厳印持はこれを見ると躍りあがって「子将がいう「老衲」は、君の言う「酔った翁」には及ばないといえば、その情態をもっともよく摑んでいる」といった。思うに、私は湖辺の山楼にいて朝夕に雷峯と向かい合っていて、暮れゆく山の紫気の間にこの雷峯翁が頽然としているのが、とても心を酔わせるものだったのだ。しかし、私の詩の終句には「この翁の気持ちは淡いこと煙や水のようだ」といったのだから、聞子将が老衲だといったことばをもとにしていないということでは決してないのである。癸丑（万暦四十一年）十月、酔った後に書く。

（1）雷峯塔について、『十国春秋』八三に、呉越忠懿王の妃、黄妃が南屏山の霊峰顕厳院に塔を建て、仏の螺髻髪《らきちはつ》を奉蔵した。始めは百丈十三層を率《むね》としたが財力不足のため姑《しばら》く七級を建てようとしたが、形家の言により、五級を存するに止め、黄妃塔といった。俗称を雷峯塔といい、塔の高さは四十丈許《ばか》り云々、とある（形家は風水師のこと）。

（2）聞子将—聞啓祥（一五七九—一六三七）、字は子将。聞子与の兄、万暦十年挙人（『評注』）。

（3）沈方回—『評注』は、張岱が引用に際して沈方回としたのは誤りで、実は鄒方回のことであり、李流芳の原文には方回とあると指摘する。『檀園集』一一には「霊峯瞑色図」と題されている。鄒方回、仲錫、之嶧は鄒之峰（孟暘）の弟という。字号については待考。厳印持は巻三「孤山」に既出。

林逋「雷峯塔」詩(1)

中峯に一径分かれ、盤折して幽雲に上る。夕照に前林見え、秋濤　岸を隔てて聞こゆ。長松古翠を標し、疏竹　微薫に動く。自ら蘇門の嘯《しょう》を愛し、賢を懐《おも》うも事は羣《ぐん》せず。

中峯に入ると道が分かれて、折れ回りながら幽玄な雲の中へと上っていく。夕陽に照らされて前の林が見えてきて、秋の湖水の波音は遠くへだたった岸から聞こえてくる。長い松は古い翠を高く示し、疏《まば》らな竹は動いてかすかに薫る。むかし蘇門山で阮籍と孫登が長嘯したという、その嘯を私は愛するのだが、私は彼らを思いながらも、賢人たちとは同様にはゆかないのだ。

（1）この詩は、『林和靖先生集』や諸氏の詩を集成した選集などには、「中峯」となっていて、字句の異同がかなりある。

張岱「雷峯塔」詩

①聞子　雷峯を状して、老僧の偏裻《へんとく》を挂《か》くと。日日に西湖を看て、一生看《み》足らず。

聞子将は雷峯を形容して、右肩を肌脱ぎにした偏袒右肩《へんたんうけん》の衣を掛けた老僧とした(1)。日に日に西湖を見ていても、一生かけても見飽きないものだ。

②時に薫風の至る有れば、西湖は是れ酒牀《しゆじよう》なり。酔翁　潦倒《りようとう》として立ち、一口に西江を吸う。

薫風が吹き至ると、西湖は酒の席になる。酔った老翁はふらりと立ち上がり、一口で西 江《かわのみず》(2)を飲み尽くすのだ。

③惨淡たり一雷峯、如何ぞ夕照に 擅《ほしいまま》にさる。遍体は是れ烟霞《えんか》、掀髯《きんぜん》として復《ま》た長嘯《ちようしよう》す。

雷峯は惨淡な目にあっている。どうして夕陽に照らされたままになっているのか。からだ全体が烟霞になっていても、髯《ひげ》を張り大声を上げてまた長嘯《ちようしよう》している。

④怪石　南屏に集まり、寓林《ぐうりん》其の窟為り。豈《あ》に是れ米襄陽《べいじようよう》、端厳《たんごん》に袍笏《ほうこつ》を具するや。

奇怪な石が南屏に集まっていて、寓林はその巣窟である。もしかしてこれは、米芾《べいふつ》（襄陽《じようよう》、襄陽漫士）が画《えが》いた、袍衣《ほうい》を着て笏《こつ》を具えた端厳《たんごん》な僧形《そうぎよう》なのだろうか。

（1）原文「偏裻」。裻は、『集韻』に都毒の切、音は篤。衣の背縫なり、とある。ここでは左の肩にかけて右肩を出した僧の偏袒右肩の袈裟衣をいう。

（2）原文「江」は、牀と押韻するために用いた字であり、西湖と西江はここでは同意の語と見なした。

包荷荘[1]

西湖の船に楼屋があるのは、じつは福建提学副使の包涵所[2]が創《はじ》めて作ったのである。[3]

大小の三号の船は、頭号には歌の宴席を置き、歌童を待機させ、次号には書画を載せ、再次号には美人を儲《たくわ》える。包さんは、声優は侍妾には比べられないとして、石季倫[4]・宋子京のやり方に倣って、すべてを客に見せた。常に身なりを飾りたてて馬を走らせ、しゃなりしゃなりとしなを作って、[5]柳をくぐり抜けて楽しみ笑った。美しい欄干には彫刻を鏤《ちりば》め、そのもとでゆったりと謳い、籥《ふえ》を吹き[6]箏《こと》を弾き、その声は春に初鳴きを試みる鶯のようだ。客が来れば歌童が演劇して、隊舞し鼓吹するさまは、まったく類例のないものばかりだ。興に乗って一たび外に出ると、必ず十日余り滞在するから、観覧しようとするものは追いかけて行き先を尋ねる。南の亭園は雷峯塔の下にあり、北の亭園は飛来峯の下にあり、両地にはともに石が集められ、積み重なり負い重なり、みな奇怪に尖っているが、ただ、それを借りて渓流谷川の橋梁にもしているから、山の上に山を重ねているのではなく、大いに理に適っている。堂屋は弧形の棟梁を高く構え、その中間の四本柱を取ってあるから、隊舞する獅子がとてものびのびしている。北の亭園には八卦房を作り、その庭園や亭館は規格どおりに八格に分かれ、形は扇面のようである。その狭いところに当たって、ひとつの牀を横に伸ばし、帳《とばり》の前後は開閉する。下の内側の帳は居牀の外向きにし、下の外側の帳は居牀の内向きにする。涵所さんはその中に陣取り、入口の上には窓を開け、香を焚いて枕に依りかかれば、居牀の八方の面がみな現れ出る。豪奢を極めて西湖に二十年の年齢を重ねていた。(晋の石季倫の)金谷や(後漢の董卓《とうたく》の)郿塢《びう》(7)にあった史上に名高い豪奢な金満家の邸宅さながら、これぽっちもわびしさなどはなく。とことんまで徹底した繁華ぶりであり(8)、これはまた杭州人が言うところの左右は左右(左のものは左、右のものは右。やり方をあくまで曲げない)ということなのだ。西湖の大家には不足しているものなどはないのだ。西施も時には、やはり黄金の家屋に貯え置かれていたのであり(9)、(晋代の殷浩が左遷されて)「咄咄《とつとつ》怪事」と空中に書いていたというのは、窮措大《びんぼうにん》にすぎないのだ。

(1)『陶庵夢憶』三「方涵所」と同文。
(2)包涵所—巻二「青蓮山房」の注を参照。
(3)大きな船上に層屋を置くことは古くからあった。包氏が「創めて作った」というのは、層屋を重層にしてとくに装飾を凝らした目立つ楼船であったのだろうか。
(4)石季倫—三国六朝時代、魏晋の人、石崇の字。豪奢な生活ぶりは世に名高い。次の宋子京は、北宋の人。
(5)原文「媻姍勃窣《はんさんぼっそつ》」、ゆったり、しなを作っての意。
(6)原文「擫籥《ようやく》」、二字でふえを指で押さえて演奏する意。
(7)金谷や郿塢—金谷は六朝時代に晋の石崇が豪奢な生活を営んだ故宅があったところ。郿塢は後漢の董卓が堤を高く築いて邸宅を作り、財宝を貯えたところ。

（8）原文「索性繁華到底」、索性は思いっきり、とことんの意の口語語彙。

（9）原文「貯金屋」。漢の武帝が、「もしも阿嬌を婦《つま》にすることができれば、金屋を作って貯えよう（若得阿嬌作婦、当作金屋貯之）」と言った故事をいう。次の「窮措大」はいわば貧乏人ということだが、殷浩の故事に見るように、身分的に貧しい庶民までを含めた言い方ではなく、もとはまずしい知識人、書生について言うことばである。もちろんここでは窮措大を非難しているのではなく、張岱の皮肉な言い方。

陳函輝[1]「南屏包庄」詩

独り楼船を創り水上を行けば、一天の夜気に金銀を識る。歌喉　石を裂きて魚鳥を驚かし、燈火　光を分かちて藻蘋《そうひん》に入る。瀟洒な西園に声妓を出だし、豪華な金谷に文人集う。自来寂寞は皆《み》な唐突、是れ逋仙と雖も亦た貧を恨む。

新たに作られた独特な楼船に乗って湖水を渉っていくと、満天の夜気の中に地下の金銀の気を知ることができる。歌声は石をも裂くほどで魚や鳥を驚かし、ともしびの光は分かれて藻やレンゲソウの中に入っていく。お洒落《しゃれ》な西園[2]から声色美しい妓女が顔を出すのに似ていて、豪華な金谷に文人が集まるのに似ている。もとより寂寞はみな唐突に来るもの、仙人のような林逋でさえもやはり貧困を恨んでいただろう。

（1）陳函輝―浙江、臨海の人。崇禎七年の進士。明滅亡後に魯王の軍に加わったが、魯王敗北の後に投水して死す（『明史』列伝一六四）。

（2）西園は北宋の皇女を娶った王洗の邸宅で、文人が集ったところ、金谷は本則に既出。歌声云々の句は、声色云々の句に対し、ともしび云々の句は、金谷云々の句に対していると読むことができる。

南高峰（1）

南高峯は南と北にある諸山の境になっている。羊の腸のように狭く細い道が折れ曲がり、松や竹が青々と茂り、草鞋《わらじ》や布足袋《ぬのたび》を着け、杖を突き支えられなければ上ることができない。（南高峯の）塔は峯の頂きにある。後晋の天福年間（九三六―四三）に建てられ、北宋の崇寧（一一〇二―〇六）、南宋の乾道（一一六五―七三）の二度に重修され、元の末に焼かれた。旧くは七級だったが、いまは三級が残っている。塔の中から辺りを見渡すと東には平野が見え、もやが消えると日が出て、湖中の景色がすっかり見える。

南に銭塘江の大江を下に見ると、波濤が廻り流れ、あわいもやの間から船の櫂《かい》が見え隠れする。西には巌石の洞に接続して、怪石が飛び舞い、洞穴は奥深い。その傍らには瑞応像があり、雕刻の巧みさは鬼工の技のようだ。北には阜陵《ふりょう》に連なり、堤に続いてゆったりと延びていて、細竹やくぬぎが群がり生え、麰麦《むぎ》は雲にまで連なっている。

山頂の巨石のきりっとして高い冠のようなのは、先照壇の名があり、道士が魔物を鎮めるところと伝えられる。峯の頂きには、鉢盂潭、潁川泉があり、大旱魃にも涸れることなく、大雨にもあふれない。潭のそばには白龍洞がある。

（1）西湖周辺の山々は、内外の両圏に分けられ、外圏には北高峰・天馬山・天竺山・五雲山などがあり、主に石英砂岩から構成されているから、岩の性質はやや硬く、風化浸蝕を受けにくい。これに対して内圏には飛来峯・南高峯・鳳凰山・玉皇山などがあり、主に石灰岩から構成されて水流の浸蝕を受けやすく、洞穴が多い。著名なものに烟霞・水楽・玉乳・紫来の各溶洞がある（『西湖志』三頁）。

金堡（1）「南高峯」詩

南北の高峯　両つながら鬱葱《うつそう》、朝朝に滃渤《おうぼつ》として海烟を封ず。極顚《きよくてん》の螺髻《らけい》　飛雲に桟《さん》し、半嶺《はんれい》の峨冠《がかん》　怪石を供す。三級の浮屠《ふと》　老鶻《ろうこつ》巣くい、一泓《おう》の清水　痴龍《ちりゆう》を豢《やしな》う（2）。倘《さまよ》い思えば　済勝《うつくしいけしき》は具を携《たずさ》うるを煩わせば、布襪芒鞋《ふべつぼうあい》もて短筇《たんきよう》に策《つえ》つかん。

南と北の高峯は、ふたつとも盛んに鬱蒼《うつそう》としていて、朝な朝なに雲が鬱勃《うつぼつ》と湧き起こって海からのもやを閉じ込める。頂上に見える仏像に特有の渦巻く頭髪は、飛びゆく雲に梯《はしご》を掛け、山の峯半分のこんもりと高い大きな冠は奇怪な石を提供している。三層の仏塔にははやぶさが巣を作っていて、深く水を湛えた清水は動きの鈍い龍を養っている。あたりを歩きながら思って見ると、景色の探勝には道具が必要なようだ。足袋を穿き草鞋を着け（仕度を整え）、杖をついていくことにしよう。

（1）金堡は、巻二「玉泉寺」注を参照。
（2）「痴龍を豢《やしな》う」には、激しく飛翔する龍が、ここではかえってのんべんだらりとしておとなしく飼われているといった、一種の擬人法がみられる。

烟霞石屋（1）

太子湾から南に折れて登れば石屋嶺であり、嶺を通り過ぎれば大仁禅寺であり、寺の左は烟霞石屋である。石屋は高く広くがらんとしていて、進んでいくと二丈六尺あり、堂閣のような様子にみえ、机や敷物を布置することができる。洞の上には五百十六体の羅漢が至る処に彫ってあり、洞の底は細くなって奥に通じ、暗く蔭って淡いもやが起ちこめている。そばには蝙蝠《こうもり》洞《とう》があり、蝙蝠の大きいのは鴉《からす》に似て、塔にぶら下がりつながっていて、互いにその尾を咥《くわ》えあい、糞は奇臭を発し、旧い廟の高い梁はその被害を受けることが多い。会稽の禹廟でも同じことだ。山頂を右に曲がっていくと新庵があり、王（予安）亹《び》、陳（章侯）洪綬（2）はその中で読書していたことがあった。私が訪ねて行き、石を見ると飛来峯に似ているが、はじめて洗いだしたところ、こすって表の皮膚を取らなくても、削って中の骨まで傷めなくとも、一度に楊の奴が仏を彫った悲惨な跡は洗い去られ、切り立った特異な岩峯の壁がたちまち生き生きとした姿を顕したので、とても気持ちがよくなった。

（金の圧迫を逃れて南宋の高宗が杭州を首都として建国した）建炎年間（一一二七—三〇）に、里人はその中に兵火を避け、数千人みんなが免れた。嶺の下に水楽洞があり、嘉泰年間（一二〇一—〇四）には楊郡王が別に所有した園圃になって、石を積み重ねて亭館を作り、その構えは精雅だったが、歳月が経って荒れたまま手入れされず、水楽の水の響きは絶えていた。賈秋壑（似道）が高い価格でそれを手に入れ、寺僧に命じて水楽洞が興廃した理由を深く求めさせたが明らかな説明が得られなかった。一日、賈秋壑は遊びに行き、辺りを見回し聞き耳を立て、しばらくして会得することができて、「谷は虚であることから能く応えることができる。水は激することから能く響くことができる。いま水はその中でよどみ、土はその外を塞いでいる。響きを発しようとしてもできるだろうか」といい、すぐに命じて塞ぎを除いてよどみを導くと、洞水の流れから音が出てきて、自然に音の節が付いていた。二百年の勝景が一日で始めて回復したので、亭館を築き、手に入れた東坡の真蹟をその上に刻んで置いた。

（1）　烟霞洞は『西湖志』に詳しく、多くの鍾乳洞のうちでもこの洞は大きく、石灰岩の溶洞であり、深さ三十余メートル、洞口の高さ、広さは各々四メートルほど、奥に行くにしたがって狭くなり、頂上には多くの石鍾乳がある。石雕の羅漢像は文化大革命に破壊されたが、また新刻されているという。張岱の後にも破壊と建設があったのである。『遊覧志』など諸書には、南宋初めに里人が避難したことは言わない。

(2)　王亹（一五八七―一六六七）、字は予安、会稽の人。崇禎六年の挙人（『評注』）。『明遺民詩』一五に、王亹、遯衲《とんのう》、浙江山陰人。『匪石堂集』として、詩六首を載せる。同一人物か、待考。陳（章侯）洪綬は、巻二「呼猿洞」に既出。

蘇軾「水楽洞小記」

銭塘の東南に水楽洞があり。泉水が巌の中を流れ、自然にみな（中国伝統の音階）宮・商の音になっている。また霊隠の下天竺から登って上天竺に至るには、渓流に沿ってふたつの山の間を行くと、巨石が牛や羊のように大きく積み重なり、その音はごーんと響いて本当の梵鐘や太鼓のようだ。そこでわかったことは、荘子がいうところの「天籟」とは、思うにどんなところにもあるのだ。

袁宏道「烟霞洞小記」

烟霞洞は、古びていることもあり奥深いこともあって、涼気が骨まで沁みとおり、石乳の汁が滴滴と垂れている。石室は広く開けていて、一片の雲のように斜めに傾きながら立ち、また亭屋のように机と座席を並べ置くことができる。私は二度まで石屋を訪ねたが、つまらない奴らに占拠されて市場のような騒がしさがあり、いつも思うに任せずに帰ってきた。

張京元「石屋小記」

石屋寺は、寺は卑俗で低く見るべきものはないが、岩石の下に石龕《せきがん》があり、広さは十笏《こつ》(1)あることから石屋と称される。屋内には好事家が石の蹋《とう》（長椅子）をひとつ置いて座れるようにし、あたりに石像を刻んだが、操り人形のようでまったく調和がとれていない。思えばここは幽僻だということでこそ名が知られているのだ。石屋を出て西に行くと、上り下りの山坂は道を挟んですべて桂が叢生し、秋に花を着けると香りは数十里に聞こえ、充分に金粟世界《こんぞく》(2)と称することができる。

（1）広さは十笏―未詳。笏は、ここでは数量詞に用いているらしく、もしも笏を戸の意に用いているならば（現代音では戸と笏は同音）、十笏とは、石室の広さは十軒の家屋分あるとの意になり、本文にある、石屋に数千人が避難したとの記事にも対応する。

（2）金粟世界―金粟如来（巻二「霊隠寺」注を参照）の住む理想郷。

また「烟霞寺小記」

烟霞寺は山の上にあり、やはり荒れてさびれたが、宮中の高官である中貴人の孫隆が関わり、代わって創成したことから、かなり新しく整った。殿宇の後は巌山を切り開いて土を取ったので、巌石の骨組みがすっかり現れ出て、尖った石を見ることができる。殿宇の右の少し上は二、三か所平らになっていて、象鼻峯を経て東に折れ数十歩行くと、烟霞洞である。洞の外にある小亭からは銭塘江が帯のようになって流れているのが望まれる。

李流芳「烟霞春洞の画に題す」

烟霞寺の山門の下から眺めると、林の渓谷は奥深く、ここはとても人が住むところではない。李花のときがもっとも奇麗で、ほんとうの（仏世界仙境である）白い花の林の瓊林《けいりん》か美しい玉の島の瑶島《ようとう》だ。まだ覚えていることだが、閑孟、無際(1)とともに、法相寺から烟霞洞に行き、亭で少し休んだが、喉の渇きが激しくても酒を手に入れようがなかった。見ると、田舎親父がふたり盃を携えてやってきた。閑孟は口から涎をたらし、あわててそこへ行き飲ませてほしいと言った。田舎親父は振り向きもしなかったので、われわれは大いに怪しんだ。たまたま梁に粗悪な詩が板の上いっぱいに書いてあったのを見て、取り去って投げ捨てると、田舎親父はあたふたと逃げ出した。これを思い出すと、いつも噴飯もので笑いがやまないのである。

（1）閑孟は鄭允驥《いんき》（?—一六二五）の字、李流芳と友好あり、李鄭と併称される（『評伝』）。その名は流芳の作品にもよく出てくる。無際は汪明際（?—一六三七）の字。余姚の人（『評伝』）。

高麗寺

高麗寺はもとの名を慧因寺といい、後唐の天成二年（九二七）に呉越の銭武粛王が建てている。北宋の元豊八年（一〇八五）、高麗国の王子で僧統の義天が貢納に来た折りに、賢首三蔵の教えを学ぶことを浄源法師に請願した。元祐二年（一〇八七）、金泥で書いた漢訳の『華厳経《けごんきょう》』三百部を寺に入れ、黄金を施して華厳大閣を建て、(1)それを塔に蔵めて尊崇した。元祐四年（一〇八九）、僧統の義天は浄源の祭典を名目にして、併せて金塔二座を寄進した。杭州刺史の蘇軾は上奏して、「外夷をしばしば中国に入れさせて、辺防を疎略にするのは良くありません。金塔は受けずに退けるべきです」と言い、神宗はそれに従った。元の延祐四年（一三一七）、高麗の瀋王は詔勅を奉じて、この寺に進香し経文を繙読した。至正年間（一三四一―六七）の末に焼かれ、明の洪武年間（一三六八―九八）の初めに重葺《じゅうしゅう》した。俗には高麗寺と称し、基礎の石組みは精巧であり、経文を蔵めた輪蔵は広く美麗で、両山(2)にもないものだ。万暦年間（一五七三―一六一九）に僧の如通が重修した。

私は若い時に母宜人《ぎじん》(3)に随って寺に行き焼香し、銭三百を出して輿担ぎに輪蔵を推し廻させると、ガーガーと太鼓や笛の鳴りはじめのような音がしたが、あとでは旋転が慣れて滑らかになり、輪蔵は飛ぶように回転して推す者たちも追い着けなかった。

（1）この記事は、『武林旧事』五「高麗寺」にもとづいている。記事からみると、この寺は高麗が中国文化、仏教文化に接する一つの拠点であったと知られる。『武林梵志』三には恵因講寺として項目を立てるが、その文章内容は、外国に対する筆遣いを感じさせる。

（2）両山―西湖周辺の寺では、霊隠寺・浄慈寺がもっとも名高く、おそらくこの二寺を指す。この「二寺は南北両山の最為り」（『遊覧志』三）、といわれる。高麗寺の輪蔵については、『遊覧志余』一四に「輪蔵は甚だ偉なり」、「一柱八面、実《み》たすに諸経を以《も》ちい、運行碍《さまたげ》あらず。此れを輪蔵と謂う」とある。

（3）母宜人―張岱の母は、張氏と同じ山陰（会稽）の陶氏の人、宜人は官僚の母、妻に朝廷から与えられる称号で、その官僚の身分によって異なった称号がある。

法相寺

法相寺は俗に長耳相と称している。後唐のときに法真(1)という僧があり、異相があって、耳の長さは九寸、上は頭頂を超え、下は頤《あご》で結ぶことができ、長耳和尚とあだ名された。天成二年（九二七）天台国清寺の寒巌が来遊した。銭武粛王は賓客として礼遇し、法相院に住まわせた。宋の乾祐四年(2)（九五一）正月六日に至り、疾病の兆候はなかったが、方丈に坐り、徒衆を集め、沐浴し、両足を互いに組む結跏趺坐をして逝去した。

弟子たちはその真身を漆漬けにして仏龕《ぶつがん》に入れて供養し、これは定光仏の後身だとした。後継ぎの男子を求め祈る婦女は、幢幡《どうばん》を掛けて供養を設け、休む日もないほどだった。ここから法相寺の名前が知られるようになった。寺の後ろに錫杖泉があり、石の平らな水受け盆があり、僧舎の厨房は清潔で供養の浄斎は優れていた。寺の前の白いきのこ(3)は、その若芽は白玉のごとく、その香りは蘭のごとく、口に入れると甘くかぐわしく、天下に比べられるものはない。しかし新秋の八月を待たなければならず、ほかの時には収穫できないのである。

(1) 法真について、ここでは『十国春秋』八九の伝を挙げておく。「僧行修(号法真)泉州の人、本は陳氏の子。生まれて異香室に満つ。長耳肩に垂る。七歳に迨《およ》びて猶お言《ものい》わず。或るひと瘂《あ》なる邪《や》と曰う。忽ち声に応じて、作家に遇わざれば、徒《た》だ煙楼を撞破《とうは》するのみと曰う。長じて方外に遊び、金陵の瓦官寺に至り、祝髪受具して雪峯義存に参ず。武粛王の天宝(九〇八―二三)のとき、行修四明山中に至り独り棲み、松下に説法すれば、天花粉雨す。又た龍尾巌に趺坐し茅《かや》を結んで蓋《おおい》と為せば、百鳥花を銜《ふく》んで飛繞す。宝大元年(九二四)に杭の法相院に来り、石に依って室を為し其の中に禅定す。……乾祐四年、忠懿《ちゅうい》王の誕辰なるを以て僧を永明寺に飯す。行修 徧体に疥癩《かいらい》し、径《ただ》ちに上座に拠る。王大いに不敬なるを見て、之をして去らしむ。斎罷り僧延寿は王に告げて曰く、長耳和尚は定光仏の応身なりと。王 駕を趣《うなが》して参礼す。行修黙然たり。但だ永明饒舌と云うのみ、俄頃《にわか》にして跏趺して化す。久しくして益《ます》ます膚に脂《あぶら》し津沢《だえきうるお》い、爪髪復た長じ、月に必ず三浄す。寺僧其の久しくして毀るるを恐れ、乃ち其の骸体を髹塗《うるしぬり》にす。後に号を宗慧大師と賜る」。

(2) 北宋に乾祐の年号はなく、五代後漢の年号。後漢国は乾祐三年(九五〇)に滅亡した。しかし先帝の弟が北漢を建て、乾祐の年号を汎用したことから、ここでは乾祐四年としたもの(『評注』)。なお、この記事をふくめて、この則は『遊覧志』四に載るほとんど同一の記事に依存している。

(3) 原文「茭白笋」。茭筍《こうじゅん》、茭白と呼ばれる山菜。若芽を食用にする(『本草綱目』)。

袁宏道「法相寺に長耳和尚の肉身を拝し戯れに題す」詩

輪相(1)居然として足り、漆光《しっこう》　鑑《かがみ》と与《とも》に新し。神魂知るや未《いな》や、爪歯《そうし》　幻耶真《まぼろしや》や。骨董《こっとう》　疑客を休《とど》め、荘厳　人を待たず。饒《たと》い他《か》れ金と石なるも、此に至って亦た塵と成らん。

仏の千輻輪《せんぷくりん》の足相を居ながらに備え、うるしを塗った姿は鏡と同じに新しく光っている。霊神は生きているのと同じく知覚するのだろうか、具わる爪や歯は幻なのか真なのか。古びた骨董のような姿は参詣客の疑いを止めさせ、荘厳さは人を待つまでもなく明らかだ。だが、たとえそれが金や宝石であっても、ここにまで到れば、それもやはり塵芥となるのだ。

（1）輪相―釈迦牟尼仏のもつ三十二相の一、足裏にある輪形の相、千輻輪ともいう。

徐渭「法相寺に活石を看る」詩

蓮花は水に在らず、葉を分かちて青山に簇《むらが》る。径《こみち》は折れて能く入ると雖も、峯に迷えば還るを待たず。蒲《がま》を取りて石の長さを量り、竹に問いて渓湾に到る。怪しむ莫《なか》れ、斜日に掩《おお》わるるを。明朝は恐らく未だ閑《ひま》あらざらん。

蓮の花は水に在るばかりではない、（ここでは）分けられた蓮の葉が青い山に群生している。折れ曲がった小路から入って来ることはできるが、峯に迷うと帰りは期待できないだろう。蒲の茎をとって石の長さを量り、竹に尋ねて湾曲した渓流に到りつく。日差しが斜めになったのになぜ帰らないかと怪しみなさるな、明朝はおそらく暇がないからなのだ。

張京元「法相寺小記」

法相寺はあまり美麗ではないが、参詣者の線香や蠟燭の香火が列をなしている。定光禅師の長耳の亡骸は、婦人が拝むと男の子を授かることができるとされ、争って頭や腹は撫《な》で摩《さす》られて、漆は鏡のように光っている。寺の右に数十歩行って小さな橋を渡り、折れて登ると錫杖泉になっていて、さらさらと細く流れて大旱魃でも涸れることはない。水流が通る処に僧が砂の入るかめをひとつ置き、汲み取って炊事に供する。長いこと経ち、土と水が結びつき、蒲がその上に生え厚さ数寸になって、かめのもとの陶質がついに見えなくなってしまったので、がまかめと名づけた。もしもここに硯や炉を作り置くことができたとしても、骨董好きは、古い秦漢のものでなければ口に出して言おうとはしないものだ。

李流芳「法相山亭の画に題す」

過ぎし年に法相にいたとき、友人に送った詩には、「十年　法相松間の寺、此の日淹留《えんりゅう》して卻《ま》た君と共にす。忽忽として君を送るに長物《よきもの》無く、半間の亭子一渓の雲」とあった。時に方回・孟暘《もうよう》と竹閣で避暑をしていたが、連夜に風雨があり、泉水は絶えずごうごうと音を立てていた。

また扇子上に画かれた小景に題した詩がひとつある。「夜半に渓閣響き、風雨の歇《や》むを知らず。起ちて杳藹《ようあい》の間を視て、悠然として微月を見る（夜半に寺閣に渓声が響き、風と雨の音はやみそうにもない。ところが起き上がってぼんやりとしたもやの間からみると、悠然とした月がかすかに見えてくる）」。そのときにわかったことで、どんなことばを用いたかは覚えていなかったのだが、今日これを広げてみて、やはり思うことがあった。壬子（万暦四〇年、一六一二）十月、大仏寺(1)にて、楼閣の灯明のもとで酔いに任せて書く。

（1）大仏寺はふるく大仏頭ともいう。賈似道が、大仏頭に纜《ともづな》をつないだ故地。明の永楽年間、僧志琳が重建して、大仏禅寺の名を勅賜された。巻一「大仏頭」を参照。

于墳

于墳。于少保公（没後に少保の位階を贈られた于謙）は国を再び造り直した功績を持ちながら、冤罪をうけて死刑に処せられた。刑を執行される日には陰気な暗い影が天を覆い、身を躍らせて嘆き悲しむ人びとが路にあふれた。夫人は山海関に流罪にされたが、夢の中で公は、「私の姿かたちは異なったが、魂は乱れてはいない。ただ目だけは光がなくなったので、お前の目の光を借りて皇帝の前に姿を現したい」といった。翌日には夫人は目の光を失った。たまたま奉天門が火災に罹かり、英宗が視察に臨んだところ、公の姿が火の光の中に現れた。お上はその忠を思って哀れを覚え、詔して夫人に帰宅を許した。また（夫人は）公が眼光を還すのを夢に見ると、目には再び明るい光が戻った。公の遺骸は（もと配下の軍事指揮官である）都督の陳逵《ちんき》が密かに委託して埋葬したが、嗣子の冕《めん》は（杭州）銭塘の祖先の墓地に埋葬することを願い出て、勅旨を得てここに葬られたのである。（英宗の後、憲宗の）成化二年（一四六六）、朝廷の論議において無実であることがはじめて明白になり、お上は（使節の職である）行人の馬璇《ばせん》を派遣して祭祀した。その祭詞の大略は、「国家の多難なるに当たって、社稷を保って以て虞《おそれ》なからしむ。惟だ公道以て自ら持して、権奸の害する所と為る。先帝已に其の枉《むじつ》を知る。而《しこう》して朕は心に実に其の忠を憐れむ」とあった。弘治七年（一四九四）、諡を「粛愍《しゅくみん》」と賜り、祠堂を建てて「旌功《せいこう》」といった。万暦十八年（一五九〇）、諡を「忠粛」に改めた。四十二年に御史の楊鶴は公の祠堂を増築し、廟の姿は高く雄大になった。雲間（松江の古称）の陳継儒に依嘱して碑文を作らせたが、その碑文にはいう。

「おおよそ忠臣が国のためにすることとは、死を惜しまずまた名を惜しまない。死を惜しまないからこそ豪傑には果敢な行動がある。名を惜しまないからこそ聖賢には煩悶自重《はんもんじちょう》がある。黄河が山を推し海を倒すのは、それが勇敢である。能く地中に流れを伏在させて一万三千里、また能く千里に一曲がりするのが、これが煩悶自重である。

　むかし、（北方に出兵した明の英宗がオイラートに拉致された）「土木堡《どぼくほ》の変」のとき、英宗が北方に出兵しようとするのを公は痛哭上奏して抗議し、帝が拉致された後にあった南京遷都の議論を押しとどめ、あらたに勤王の軍勢を招募した。（英宗が返還されることになって）帝の車駕を擁して大同に至り、宣府に至り、北京城下に至ると、そのたびにいつも登城して感謝し、「天地宗社のみ霊《たま》に頼りて国に君有り」といったのだ。このことばは『春秋左氏伝』に一度見られる。楚の人が兵車を伏せて宋公を執《とら》え、宋を伐とうとしたとき、公子の目夷は宋の人に応えさせて、「社稷の霊に頼り、国に已に君有り」といった。楚人は宋公を執えても、まだ宋国は手に入らないことを知り、そこで宋公を釈放した。また一度は（『史記』）廉頗《れんは》伝に見える。秦王は趙王にむけて澠池《めんち》において会見するように迫った。廉頗は見送って国境にまで到り、「王は行かれたならば道里を測り会遇の礼が畢《おわ》れば還り、三十日を過ぎないようにされよ。還らなければ、則ち太子を立てて王と為ることを請い秦の野望を絶ちます」といった。また『宋史』の（北宋真宗代の宰相）王旦伝にも再見する。契丹が国辺を侵して帝が澶州《だんしゅう》に行幸したとき、旦は「十日の内に勝ちいくさの知らせがないときはどうしましょうか」というと、帝はしばらく黙っていたが、「皇太子を立てよ」といった（『宋史』二八二伝）。この三つのことは、公が書籍を読んで力づけられたところである。前のことから言うと、公は宋の目夷であり、後のことから言うと、公は廉頗・旦でなければ何であろうか。ああ、代宗は皇位に立ってまた廃されたが、廃されたその後にもまさに立つべきであったことを誰が知らなかったと言えようか。公の見識は、（同僚である）王直・李侃・朱英より下であったとどうして言えようか。また鍾同・章綸より下であったとどうして言えようか。思うに公が時機を相《はか》り情勢を度《はか》れば、言ってはならないことがあり、必ずしも言うべきでないことがあった。英宗が瓦剌《オイラート》の虜地にあり、憲宗が皇位継承者皇太子の位置にあったとき、父（に当たる英宗）を拒めば衛輒《えいちょう》になり、父を迎えれば（南宋の）高宗になる。戦争するのも不可、和睦するのも不可。ひとつとして可であることはなかった。虜地を制圧するとは、これは言ってはならないことである。英宗がすでに都北京に帰ってから、先に代宗が立てていた皇太子の見済は薨去《こうきょ》し、代宗（もとの郕《せい》王）は病んでいて、誰しもが心を寄せたのは英宗以外にはいなかったし、また（その跡継ぎの）憲宗以外には誰がいたろうか。明ければ百官を率い、朝には英宗が皇位に復するのを請いながら暗くなっていくのを待ち、時に随っているだけだった。これが必ずしも言うべきではないことである。徐有貞・曹（吉祥）・石（亨）が皇城を奪い取った「奪門」の行動は異常な局面でこそあれ、正常な局面ではない。力で劫《おびや》かされた局面でこそあれ、ただ時間が遅れただけの局面ではない。（謀略をめぐらす）縦横家の局面でこそあれ、国家社稷を担う大臣の局面ではないのである。ある人は、どうしてここから去らなかったのかという。ああ、公はどうして去ることができただろうか。公がいれば、英宗は安泰であり嗣子の憲宗もまた安泰である。もしも公が争い、公が立ち去れば、帰国後に英宗が南宮に幽閉されたのは、（北宋の太祖と太宗が燭光の影で話し合ったその後に太祖が急死したことから皇位をめぐる疑惑が生じて、そこに殺伐な斧の音を聞き取ろうとした）「燭影斧《ふ》声《せい》」と同じことになったかもしれず、また東宮（皇太子）の位にあった英宗の子、見深は代宗代に廃位されたのだが、宋の太祖の子徳昭（が父の意向を損ねたと思いこんで自殺したの）と同じく死ぬことになったかもしれないのだ。

公が代宗（と英宗）の兄弟を調和させようとしたといっても、実際は秘かにわが君の父子（英宗とのちの憲宗）を守ったのであり、英宗の車駕が虜地に行って帰ってきたのは公の功績、その他日に再び帝位に復することができたのは公の功績であり、一旦廃された皇太子をもとに復したのもまた公の功績である。人びとは目の前に見ていることを見ることはできるが、目の前に見ていないことを見ることはできない。見ることができるのは豪傑の果敢な行動であり、見ることができないのは聖賢の煩悶である。たとい死ぬことになろうともそれに任せて果敢に行動し、そして暴君には煩悶自重したのは、公が真に古の大臣のごとき心配りを持っていたということに他ならないのだ」。

公の祠堂が盛大になると、四方から夢を祈願しにくる人びとが踵を接して絶えることなく往来して、祈願すると打てば響く応答があった。

補説　明朝を創始した洪武帝のあと、建文帝のときに諸王の一人として北京に封建されていた燕王が叛旗を挙げ、建文帝を倒して永楽帝となり、北辺の遊牧民を放逐して辺患をなからしめた。洪武・永楽代に版図は安定し、続く賢君の誉れ高い仁宗・宣宗の仁宣の治を迎えたが、次の英宗代にはまた也先を首領とするオイラート族の動きが活発になった。これに対して宦官の王振は北方への皇帝親征を主導し、これに乗った英宗は戦略もないままに官軍五十余万を動員して、正統十四年七月、慌ただしく出陣、どこへ行こうとしたのか、ひと月ほどほとんど彷徨《さまよ》ったあげくに八月半ばには敵に遭遇して大軍は崩壊し近衛もみな潰滅して英宗は俘虜になるという、専制君主の実態をさらけ出す事態が現出した。

北京では報を受けて、英宗の弟、郕《せい》王に執政させ、やがて代宗として皇帝位に即《つ》けた。一方、也先は俘虜の英宗を擁して北京城に迫り、北京では南京遷都論もおきて事態は緊迫する。この間に、新帝を擁立し南遷論を退け主戦論を堅持してオイラートを退けたのが、兵部侍郎（陸軍次官）から兵部尚書（陸軍長官）に陞任《しょうにん》して軍機を掌握した于謙であった。皇帝が異民族に捕われる先例は、本書で以下に載せる詩文にも見えるようにそれに似た先例があり、也先オイラートは、英宗を太上皇として尊崇しながら、実質上はそれを無視して新帝を擁立した北京の対応を見て、英宗を漠北の地においても利を獲られないことを知り、翌年八月には返還した。英宗は帰朝の後には南宮に住した。ところが、先帝と現帝がともに在世したこと、そして英宗代の皇太子見深（茂陵、のちの憲宗）に代えて、皇太子になっていた代宗の子が死去し、ふたたび見深が次世代の皇帝になるべき皇太子になっていたこと、代宗の健康がすぐれなかったこと、これらの事態が重なって複雑になり、この機に乗じて側近の画策を得て英宗が復位して年号を天順に改め、于謙は捉えられ、公開処刑（棄市）にされた。人びとが扼腕して慨嘆する話は史上に数多いが、明代ではこの話は欠かせない。以上は主として『明史記事本末』を参考にして記述した。処刑された日について「陰霾《いんまい》（うすぼんやりと暗い）」という、張岱が本文に用いたことばを用いて言うことがあり、『明史記事本末』『明史』などに見えるが、二書よりは本書の使用が早い。やがて、その処刑を画策した首謀者が極刑に遭う反面、死後のことながら于謙は高位を追贈され、諡《おくりな》は粛愍（弘治年間）からさらに武臣としては最高といってよい忠粛（万暦年間）と贈られた。史上によく見る排斥抹殺から名誉回復への、典型的な経過をたどるのである。

本文にある「夫人」は、高位者の嫡室に対する称号である。于謙夫人に関するここの逸話は、杭州銭塘出身の于謙について地元に伝わった話であろう。

王思任「于忠粛の祠を弔う」詩

①涕《なみだ》は西湖の水を割り、于墳より岳墳を望む。孤烟　碧血を埋め、太白に妖雰《ようふん》黯《くら》し。社稷《しやしよく》留まりて我に還るも、頭顱《とうろ》擲《なげう》ちて君に与う。南城に意を得るの骨、何処か暮楊に聞かん。

涙は西湖の水に流れ入り、（明の忠臣）于謙の墳墓から（宋の忠臣）岳飛の墳墓を望む。一筋の煙の立つ中に忠義な人の碧血が埋められ、太白星のもとに暗い妖気は漂う。国家社稷（英宗）は留まって我々に還されたが、（于謙の）あたまは投げうって君主に差し上げられたのだ。（于謙を陥れて）南城で意図した通りの結果を得た人びとも（やがて刑罰を蒙って）同じ骨になり、どこへ行ったかは日暮れの楊柳に聞かなければわからない。

②一派の笙歌《しようか》の地、千秋寒食の朝。白雲に心浩浩、黄葉に涙蕭蕭《しようしよう》。天柱は鴻社を擎《けい》し、人生鹿蕉に付す。北邙《ほくぼう》今古に諱《い》み、幾《ほとん》ど突して山椒に麗《つ》く。

笙歌の聞かれるこの土地に、（于憲は）千秋のあいだ墳墓において冷たい食事を取っている。心は白雲のごとく悠悠としているが、涙は黄葉のごとく蕭蕭《しょうしょう》としたたり落ちる。天の柱は大きく国家を支えているが、人の一生は（『列子』にみえる）鹿を射って蕉の葉で覆いながらその場所を忘れてしまった漁師のごとく夢幻に帰るものだ。北邙の墓は昔も今も諱《うと》まれていて、ほとんどは突出して山椒《やまのうえ》に付着しているのだ。

張溥《ちょうふ》(1)「于忠粛を弔う」詩

栝柏《かつはく》に風厳しきとき月明に辞すと、今に至って両袖《りょうしゅう》す、書を識る生。青山の魂魄は夷夏を分かち、白日の鬚眉《しゅび》は太平を見る。銭塘に一たび死して潮尚お怒り、孤墳の岳渚に水同じく清し。言う莫《な》かれ軟美なること人は土の如しと、夜夜の天河に帝京を望む。

（于憲が）柏の樹に風が厳しくあたるとき月明に別れを告げ（死地に赴い）たことを知って、今に至るまで読書子は両袖を涙で濡らしている。（于憲の）墓地の青山にある魂魄は夷賊と中夏を分けて見ているが、鬚眉を具えてこの世に在ったときには太平の世を見ていたのだ。無実の死を迎えることになって銭塘の潮はいまもなお怒っているのだが、それに似て孤独の死を迎えた（近くにある）岳飛の墳墓に寄せる渚の水と同じく清らかなままだ。言う莫れ、従順なること人は土の如しと、（于憲は）夜な夜な天の河から帝の在《い》ます北京の都を望見しているのだ。

（1）張溥―字は天如、太倉の人。崇禎二年の進士。文学結社の復社を結成した。

張岱「于少保祠」詩

①平生に力有りて危《あや》うき川を済《わた》り、百二の山河　去りて復《ま》た旋《かえ》る。宗沢の死心は北狩を援け、李綱の痛哭は南遷を止む。澠池《めんち》に子を立つるも還るに日無く、社稷《しゃしょく》は君を呼びて別に天有り。南宮に復辟《ふくへき》するは豈《あ》に是れ奪ならんや。公は一死を借りて貂蟬《ちょうぜん》を取る。

日常から実力を持ち、危うい河を渡り険固な百二の山河（1）を越えて出征し、また還って来ていた。宋の宗沢（2）は決死の心で帝の北伐を援け、（南宋の高宗のとき国政をになった）李綱は痛哭して、金の脅威に対して南方に遷都しようとする議論を止めた。（明の英宗は）澠池《めんち》に子を立てても還るにあてにする日はなく、国家社稷は必要な君主を呼んでいて、天子は別にあったのだ。英宗が南宮から復辟したのは簒奪であろうか。于謙公は一死を借りて国の高官の地位（3）を担ったのである。

②社稷の存亡は股掌の中にあるも、反って罪案に因りて精忠を見《あら》わす。君孤を以て注いで憂う王旦、我に杯羹《はいこう》を分かてと太公を帰す。唯だ盧陵を使《し》て外邸に存せしむれば、自ら冕服《めんふく》を桐宮に返すを知らん。属鏤《かたな》もて死を賜るは君の意に非ず、曽《かつ》て道《い》う于謙は実に功有りと。

国家の存亡は（君主を補佐する）股肱《ここう》の臣に係っているのであるが、罪に陥された事案によって反って精忠が現れるのである。君孤を以て憂いを注ぐ（南宋の忠臣）王旦があり、[4]（秦末の楚漢の争いに際し）劉邦は（項羽に向けて）父の太公を煮たスープを一杯分けよといって、太公を取り戻した。[5]ただ廬陵（英宗）を外邸に置いておきさえすれば、その天子の着る冕服を付けて幽囚された虜地に返ることを自ら知ったであろう。[6]刀剣によって于憲に死を賜ったのは、君の本意ではなかった。かつて于憲はまことに功績があると言ったことがあったのだ。

（1）百二の山河―北方の遊牧民族が跋扈する険固な土地。『史記』高祖本紀に、「秦は形勝の国、河を帯び山に阻まれ、懸隔千里、持戟百万。秦は百二を得たり（秦、形勝之国、帯河阻山、懸隔千里、持戟百万、秦得百二焉）」とある。この語について、張岱の編んだ類書『夜航船』二には、「百二山河―秦地は険固なれば、二万人は諸侯の百万に当たるに足る。故に百二山河と曰う」と、独自の説がある。

（2）宗沢は、巻一「紫雲洞」の余説を参照。李綱は、北宋の二帝が金に捕えられた後に、皇統を継いで即位した南宋の高宗代に国政を担い、主戦論をとり南遷論を退けた。因みに、本訳注は『宋史記事本末』を参照したところがあるが、この書は馮琦原編・陳邦瞻纂輯・張溥論正とされ、上に一詩を載せる張溥が「論正」している。

（3）高官―原文「貂蟬」。てんの尾とせみの羽、高官の冠のかざりから高官をいう。

（4）君孤は天子のこと。王旦は宰相として忠を尽くして対立者をも推挙し、次代の補弼者として政敵を推挙したことがある。真宗は旦を信用して心を通わせた（上記、王旦伝）。このことを踏まえた文だろうけれども、ここの文章はわかりにくい。原文「君孤を以て憂いを注す王旦（以君孤注憂王旦）」は、あるいは平仄を重く見た句であり、趣旨は「王旦　憂を以て君孤に注《そそ》ぐ（王旦以憂注君孤）」つまり、「王旦は君孤に憂いを注いだ、君主のことを心配した」というところにあろうか。

（5）父の太公……——太公は劉邦の父。『史記』項羽本紀に載る話を踏まえる。次の張岱「于少保柱銘」を参照。

（6）「唯だ盧陵を使て外邸に存せしむれば、自ら冕服を桐宮に返すを知らん」とは、間接的には、盧陵は、唐代の高宗の第七子盧陵王李顕。皇太子となって高宗の死後即位したが、高宗の妃の則天武后が政治を行い、李顕は廃されて盧陵王となる。後に武后は排斥され、再び皇太子となっていた李顕は即位して中宗となった。また「冕服を桐宮に返す」とは、『史記』殷本紀にある、名臣の伊尹は、帝の亡後に太甲を立てたが、暴虐で始祖の湯の法を遵守しなかったので、太甲を桐宮に置いて自ら政治を行い、彼の悔悟を待ち、三年後にこれを迎え入れ帝位につけた。この二つの故事を踏まえている。そして直接的には、明代において、一旦皇位を去った英宗は盧陵王となって代宗の退位（没後）を待てば、自然にいまの（盧陵王の）境遇から反って、再び帝位に就くことができたと言おうとしている。

　ところで、この則は時の経過によって薄められるとはいえ、悲劇の主人公于憲への張岱の深い思い入れが感じられる。そして、これらを読んで沈鬱な気分にもなっているところへ、末尾に張岱自作の「小記」をおいたのは、工夫を凝らした編纂とみられよう。

楊鶴「于墳の華《はかのしるし》柱の銘」

赤手《せきしゅ》に銀河を挽《ひ》きて、君自《きみ》の大名《だいめい》は宇宙に垂《た》る。青山に白骨を埋むれば、我れ来りて何処《いずこ》に英雄を哭《こく》さん。

素手で銀河を引き戻す功績を建て、あなたの名は宇宙に大きく示された。（しかし）白骨となって墓地に埋められたからには、私たちはここに来ても、どこで英雄を傷んで哭泣したらよいのだろうか。

また正祠の柱銘

千古に銭塘を痛む、並びに楚国の孤臣とを。白馬の江辺、怒り捲く千堆の夜雪。両朝の冤《むじつ》の少保と同じく岳家の父子と。夕陽の亭裏、傷心す両地の風波に。

銭塘と楚国出身の孤独な臣下は長く千古に痛まれている。白馬に乗って江のほとりで、怒り逆巻き高く積もった夜雪のもとで。両朝において同じく冤罪を受けた明の于少保（憲）と南宋の岳飛・岳雲父子とは、いまでは夕陽の照らす亭館のもとにある墳墓にあって、両地の墳墓によせる風波に心を傷めているのだ。

董其昌「于少保の柱銘」

社稷の霊に頼り、国に已に君有り。自ら一腔を分ち熱血を抛《ほう》る。股肱《ここう》の力を竭《つ》くし、之に継ぐに死を以てし、独り青白を留めて人間《じんかん》に在り。

国家社稷の霊力を頼りにして、わが国には既に君主があるからには、身体中の熱血を差し出した。君主を補佐するのに力をすべて尽くし、死を以てそれを継ぎ、ただ清廉潔白さだけをこの世界に留めておくのだ。

張岱「于少保柱銘」

南宋の王室には何も謀りごともなく、年ごとに数万金の贈答品を送っていた。和議が成ったからは、二人の皇帝を北の沙漠の地に帰すことがどうしてできただろうか。漢（の劉邦）は（力を闘わさずに）智慧を闘わせて、父を捕えた項羽に向けて、（わが父の太公は汝の父でもある。太公を烹るならば）「幸《ねが》わくは我に一杯の羹を分けよ」と言った（『史記』「項羽本紀」にもとづく話）。脅し求めるのは良い計略ではないのであり、（上のように言っただけで）舌先を労することもなく、太公は故郷に似せて新たに作った新豊に帰ることができたのだ。

張岱「定香橋小記」(1)

（崇禎七年、一六三四）甲戌の十月、朱楚生(2)を連れ不繋園《ふけいえん》に滞在して紅葉を見た。定香橋に至ると、期せずして至る客は八人、南京の曽波臣、東陽（浙江金華府）の趙純卿、金壇（江蘇鎮江府）の彭天錫《ぼうてんしゃく》、(3)諸曁《しょき》（紹興府）の陳章侯、杭州の楊与民・陸九・羅三、女優の陳素芝である。私は客を饗応し、章侯は画布を携えてきて純卿のために古仏を画き、波臣は純卿のために肖像を描き、楊与民は三弦の楽器を弾じ、羅三は曲を唱《うた》い、陸九は簫を吹き、与民は一寸許りの紫檀の界尺（定規）を出して小さな梧（桐）に（もたれて）拠り、北調を用いて『金瓶梅』の一劇を説き、人びとに腹を抱えて絶倒させた。この夜には彭天錫と羅三・与民が演じた寸劇の台本による演奏入りの芝居（串本腔戯）は妙絶であり、楚生・素芝の寸劇の芝居（串調腔戯）もまたまた妙絶だった。章侯は村落の小歌を唄い、私は琴を取って唱和し、筋書通りに「ヤーヤー」といった。純卿は笑って「弟《わたし》には兄さんたちの酒興を盛り上げる特技がひとつもないのが残念だ」と言う。私は、「唐の将軍裴旻《はいびん》が喪に服していたとき、呉道子にむけて、「天宮の壁画を描いて亡母を済度したい」と願うと、道子は「将軍が私に剣舞を一回してくれれば、獰猛な厲鬼《れいき》のおかげで幽冥《あのよ》に通ずることができるのですが」といった。旻は喪服を脱いで体にまといつけ、馬に跨って走り廻り、剣を揮って雲に入り、十数丈の高さから下に向けて電光のように射ち、（自ら）鞘を執って受け止めようとすると、剣は部屋に突き通って鞘に入ってくる。観るものは慄《おのの》き怖れているうちに、道子が袂《たもと》を風のように振るうと、壁の絵はたちどころに出来上がったとのこと。(4)章侯が純卿のために仏を画き純卿が剣を舞わせるのは、まさに今日のことなのだ」というと、純卿は身を躍らせて起き、その重さ三十斤の竹節の鞭を取り、（古代に遊牧民が舞ったという）胡旋《こせん》の舞いを数まとい舞い、大笑いしてから止めにした。

（1）『陶庵夢憶』巻四に「不繫園」と題して同文を載せる。
（2）朱楚生―当時の女演劇役者。『陶庵夢憶』巻五に「朱楚生」がある。松枝訳によれば、明末清初に紹興一帯で流行していた『調腔』なる芝居の役者で、そのしぐさ（科）せりふ（白）の妙なること、ときの正統とされていた崑曲の役者でもその十分の一にも及ばぬほどで、音律に詳しい四明（寧波）の姚益城と劇の重要な筋を講究して、その妙は情理に入っていた。芝居に生命をうちこみ、うた（曲）やせりふ（白）に誤りがあるのを少しでも指摘されると、その箇所を必ず言われたとおりに訂正したという。張岱は、楚生は絶世の美人とは言えないが、その持つ風韻に及ぶ者はいないと、高く買っている。
（3）彭天錫―江蘇金壇の人。生卒未詳。富家に生まれたが、演劇好きで没頭した。『陶庵夢憶』六に「彭天錫串戯」がある。松枝茂夫は、彭天錫の芝居は天下一品であり、一段一段みな師伝を受けた。いまだかつて一語もよい加減なものはなかった。紹興に五度やってきたとき、張岱の家で五、六十場を演じたが、その技を窮めて尽きることがなかったと、その演じぶりを詳細に描写している。明末の演劇声楽への傾倒と、張家の富裕な暮らしを知ることができる。
（4）裴旻のこの話は、『古今図書集成』「経済彙編」に引く『独異志』に見える。

風篁嶺《ふうこうれい》

風篁嶺には細竹・篠竹・太竹が多くあり、風の音が凄まじい。ここまで来ると林の渓流は深く沈み、回り回って地表に出てくる。水の流れはざわざわと音を立て、龍井から下って来て四六時中絶えない。この嶺はもとは藪も荒れて透《す》けていたが、元豊年間（一〇七八—八五）僧の辨才がきれいに整備して風篁嶺と名づけた。蘇子瞻《しせん》（東坡）が辨才を龍井に訪ねたので、（辨才は）それを送って嶺上まで来ると、左右の者は驚いて、「慧遠《えおん》公は虎渓を通り越してしまった（慧遠は廬山の東林寺に住み、客が来れば送って行っても渓を越さなかった。越せば虎が怒号したことから、この渓を虎渓といった）」といった。辨才は笑って、「杜（甫）子は、「子成の二老と来往するのもまた風流だ（「寄賛上人」）」といったことがある」といい、そこで亭を嶺上に作り、「過渓」と名づけ、また二老ともいった。子瞻はそれを詩に書いて言った。

「日月双轂《そうこく》を転じ、古今一邱《いっきゅう》に同じ。惟れここに鶴骨老い、凜然として秋を知らず。去と住と両つながら無礙《むげ》、人土争《いかで》か挽留せん。去るは龍の水より出づるが如く、雷雨潭湫《たんしゅう》を捲く。来たるは珠の浦に還るが如く、魚鼈駢頭《ぎょべつへんとう》を争う。此の生暫く寄寓し、常に名実の浮くを恐る。我れは陶令に比して愧じ、師は遠公に優ると為す。我れを送りて虎渓を過ぐれば、渓水当に逆流すべし。聊《いささ》か此の山人を使《し》て、永く二公の游を記せしめん（日と月とはふたつの車輪を転がすように、古も今も同じ丘に出てくる。ここに老人二人は年老いながら鶴のように凜然として秋を知らないで過ごしていた。去るのも住まるのも共に拘《こだわ》りはなく、人もこの土地も引き留めようとはしないのだ。去るのは水から出る龍が谷川の水を捲き上げる如く、来るのは水の精の宝珠が浦に還るのに魚鼈《ぎょごう》が頭を並べて先を争うが如く、この世にしばらく生を寄寓しながらも、常に名実が浮《うわ》つくのを恐れているのだ。

私は県令（の官職を辞した）陶淵明に比較して（いつまでも在官することを）恥ずかしく思うが、（辨才）師は慧遠公に比べて優れている。（師が）私を送って虎渓を越せば、渓流の水は逆流するだろう。そこでこの山人の私に、永く陶令と慧遠公の二公の遊びを記させるのだ）」。

李流芳「風篁嶺」詩

林壑《りんかく》深沈の処、全く篠棘《しょうきょく》に憑《よ》って迷う。片雲は屋裏に蔵《かく》れ、二老は雲栖に至る。学士は龍井に留り、遠公は虎渓を過ぐ。烹《ほう》じ来りて石巌白く、翠色　玻璃《はり》に映ず。

林の渓流が深く沈んでいるところは、全く篠竹や太い竹ばかりで道に迷ってしまう。屋根によって雲が隠されるところに、（古く）ふたりの老人は雲の棲みかにやって来た。学士の蘇軾は龍井に留まったが、慧遠公は虎渓を通り越したのだ。薬石として烹煮《にたき》されたのか岩石は白くなっていて[1]、翠色の玻璃《はり》のような水面に映し出されている。

（1）『評注』は、「烹来石巌白」の典故として『真誥』の「断谷入山、当煮食白石」を引く。ここでは、白石は、道教や漢方の薬物とつながる語と見てよいが、ただ、特定の典故を持つ表現ではないと見て訳した。

龍井

南山の上と下にふたつの龍井がある。上が老龍井で、冷たく青青としてとび抜けてきれいであり、それを汲んで藪の間に棄てても通りかかって尋ねる人はいない。その地で採れるお茶は両山の絶品になっている。もういちど登ると天門で、天竺の三寺に通じている。南が九渓であり、路は徐村に通じていて、水は銭塘江の岸に出ている。その西が十八澗であり、路は月輪山に通じていて、水は六和塔のもとに出ている。龍井の本の名は延恩衍慶寺である。唐(後漢)[1]の乾祐二年(九四九)に住民が募金して報国看経院とした。宋の熙寧年間(一〇六八―七七)に寿聖院に改め、蘇東坡が題額を書いた。紹興三十一年(一一六一)に広福院と改め、淳祐六年(一二四六)に龍井寺と改めた。元豊二年(北宋代、一〇七九)、辨才師は天竺より帰り、ここに老を養ってふたたび外には出ずに、蘇子瞻・趙閲道と仲良くしていた。後の人は三賢祠を立ててこれを祀ったが、長い年月が経ち寺は崩れた。万暦二十三年(一五九五)、司礼(監)の孫公(東瀛)が重修して亭軒を構え、橋を築き浴龍地に手入れして霖雨閣を創り、からっと一新したから、游人がこぞって集まった。

(1) 唐には乾祐の年号はなく、五代後漢の年号を誤記(「法相寺」の注を参照)。

一片雲

神運石は龍井寺の中にあり。高さ六尺ばかり、奇怪にごつごつと突き出て軒の下にただひとつ立っている。木香のたな作りがひとつあり、(つるは)へこみや穴にまとわりついて、龍蛇のようにとぐろをまいている。正統十三年(一四四八)、宦官の李徳が龍井に駐在して、旱魃のときに力士に浚《さら》えさせたところ、初めて鉄の牌二十四・玉仏一座・金銀一錠が得られ、大宋元豊の年号が彫られていた。後になってこの石が得られ、八十人で担ぎ出したところ、上には神運の二字があり、傍には刻みつけた文字が多かったが、湮滅《いんめつ》して読めないので、いつの時代に刻まれたかわからない。おそらくいつも龍にむけて投げて雨を祈ったのだろう。風篁嶺の上には一片雲の石があり、高さは一丈ばかりだろう。蒼みを帯びてつややかに美しく、巧みに彫刻が施されているように見え、松のもとの段々はうねり曲がっていて、草むらの間の石に洞穴があいている。切り石は巧みに巌を積み重ねている。巌石の後ろに片雲亭があり、司礼監の孫公(東瀛)が構築したところで、石の碁盤が前に置かれ、上に「興来りて水に臨んで残月を敲き、談罷《おわ》りて風に吟じ片風に倚《よ》る」の句があった。游客がここに寄りかかると、急いで立ち去る気がしなくなる。

秦観(1)「龍井題名記」

元豊二年(一〇七九)仲秋のあとの一日、私は呉興より杭州に来てから東に向かい、会稽に還ろうとした。龍井には辨才大師がいて、私に山に入ってくるようとの迎えの書翰をくれた。街を出るころにはすでに夕方になっていたが、湖を船に乗って普寧に行き道人参寥に遇って、龍井に行く籃輿を訊ねたところ、「時間どおりに来られなかったので往ってしまいました」といった。この夕べには空はすっかり晴れわたり、林間には月明かりがあって、髪の毛の数も数えられるほどであった。そこで船を捨てて参寥のうしろに従い、杖をついて湖に沿って行った。雷峯を出て南屛を渡り、恵因澗で足を洗い、霊石塢に入り、近道を行くことができて風篁嶺に上り、龍井亭で休憩して泉水を酌み巌に依りかかって飲んだ。普寧から仏寺をおよそ十五経過したが、どこも静寂で人声がしない。道傍の小屋には灯火が見え隠れして、草も木も鬱蒼と深く、流水はざわざわと悲鳴を上げ、ほとんど人のいる環境ではなかった。ふたときも行くと、はじめて寿聖院に至った。朝音堂で辨才にお目にかかり、あくる日にやっと帰って来た。

（1）　秦観―北宋代の揚州高郵の人、元祐六年の進士。のちに杭州、臨安主簿に任ず。文詞を善くして蘇軾に認められたことがある（『宋史』四四四伝）。

張京元「龍井小記」

風篁嶺を過ぎると、そこが龍井であり、蘇端明・米海嶽が辨才と往来したところである。寺は北に向かい、門の内外には長い竹がローローと音を立てる。水井は殿堂の左にあり、泉水は石の隙間から出ている。煉瓦を敷いた小さい園池の下方は、また四角の池になっていて水を受け入れている。池にはいろんな巨魚がいるが、水は生臭くない。池はさらさらと下に注ぎ、寺門を回って出ていく。小座席と偕亭で一片の雲石を鑑賞する。山僧は水を汲んで茶を入れてくれたが、泉水の味と色はともに清らかで僧の姿も枯寂であり、諸山に比べてはるかに違っていた。

王穉《ち》登《とう》「龍井」詩

深谷に盤迴して入れば、霊泉觱沸《ひつふつ》として流る。林を隔てて先に雨と作《な》り、寺に到れば秋に勝《た》えず。古殿に龍王在り、空林に鹿女遊ぶ。一尊　斜日の下、独り古人に留め為《ら》る。

深い谷に迂回しながら入れば、霊泉がピチパチと流れている。林を隔てた先は雨になっていて、寺に行き着きひとしきり秋の思いに浸る。旧い殿堂には龍王が祀られていて、空林には女鹿が遊んでいる。仏の尊像がひとつ斜日のもとにあって、ただ古人に引き留められる思いがする。

袁宏道「龍井」詩

都《すべ》て説く、今の龍井は幽奇なること昔時に逾《こ》ゆると。路は迂《めぐ》りて旧処に迷い、樹は古くして名児を失す。雞蘇《けいそ》仏《ぶつ》を渇仰し、乱りに玉版の師に参ず。筒を破り谷水を分かち、草を芟《さん》すれば秦碑出づ。盤を数えて井上を行き、百計して泉の飛ぶを引《みちび》く。画壁に雲族屯《あつ》まり、紅欄に水衣蝕《むしば》む。路に香《かお》って茶葉長く、畦《あぜ》の小さきに薬苗肥ゆ。宏く也《ま》た蘇子を学ばん。辨才　君是《ぜ》か非か。

みんなに聞くと今の龍井は昔に増して幽奇だとのこと。路は迂回していて以前に来たところと違って迷ってしまい、樹木は古くなっていて名前を忘れてしまった。雞蘇仏《おちゃ》(1)がしきりに欲しくなり、やたらに玉版和尚の異名のある筍(2)にお目にかかりたいと思うのだ。水筒を破って谷川で汲んだ水を分け合い、草を刈れば古い秦碑が出てくる。平盤なところを数え探しながら井泉のあたりを進み、計略を回らせて飛び散る泉水を手元に導こうとする。壁には雲が群がって画かれていて、紅い欄干にはところどころに水苔が蝕《むしば》んでいる。路には茶葉が長く伸びて香り、小さな畦には薬草の苗が肥えている。私もまた広く蘇東坡を学ぼうとするのだが、辨才よ、君はこれを是とするのか非とするのか。

(1)　雞蘇仏—茶の異称。語としては、雞蘇は水蘇のことで植物の名、味は辛く鶏を煮るのに用いる。龍脳・香蘇。雞蘇の名がある（『本草綱目』）。雞蘇仏は、宋代陶穀の子の陶彛《とうい》が、詩句に茶の異称として用いた語（『清異録』）。

(2)　原文「玉版師」は、筍のこと。蘇東坡がたわむれに人に擬して筍を呼んだ語といわれる（『分類集註東坡先生詩』一三を参照）。

張岱「龍井柱の銘」

夜の壑《たに》の泉より帰れば、渥洼《うるお》いは能く千巌に雨を致す。暁の堂より龍は出で、崖の石は皆な一片の雲と為る。

九渓十八澗

九渓は烟霞嶺の西、龍井山の南にある。その水流はくねり回って、九たび折れて出てくることから、九渓と称されている。そこへ行く路はぎくしゃくして、草木が鬱蒼と茂り、人の住みかと遥かに隔たって、奥深く静まり返っている。別に天地有り、自ずから人間《じんかん》に非《あら》ず(1)である。渓流の下は十八の谷川になっているが、その地はとくに奥深いことから、出家者でも世俗を遁れ断ち切った者でなければ、ながく棲むことはできない。歴史書を見たところ、澗の中には李巌寺(2)、宋陽和の王梅園、梅花径などの故迹があったのだが、いまはすべて湮没して残っていないし、それに加えて、土地は遼遠で川からも隔たったところにある。西湖に長く住んでいて、それぞれ景勝地を余すところなく尋ねている人でも、九渓十八澗のことを聞かれると、すべて茫然として答えを出すことができないのである。

(1)　別に天地有り……―李白の「山中問答」詩に「別に天地の人間に非ざる有り」とある有名な句に基づいて、それを「別有天地、自非人間」と四字の二句にしたもの。「自」の一字を入れただけで趣きの異なった表現にしている。

(2)　李巌寺―『評注』は理安寺とするべしという。李巌と理安は音韻上の同音、近似音であるところに理由がある。この説に随う。理安寺は、「九渓十八澗に在り、南は徐村に通じ、北は龍井に達す」（『武林梵志』三）とあって、ここの地理にふさわしい。理安寺は、清の杭世駿選『武林理安志』によれば、五代伏虎禅師の創建、原名は法雨寺、のちに理安寺、龍井寺と改名、明の弘治年間に洪水の難に遭い、万暦年間に重建されたという。後世になると思わぬ展開があり、清の皇帝の南巡に際して、扁額を賜ることがあった。

李流芳「十八澗」詩

己酉（万暦三十七年、一六〇九）に始めて十八澗に至った。孟暘・無際[1]とともに徐邨の第一橋に到り、橋のあたりで食事をした。渓流がさらさらと流れ、山気の勢いが廻り合って、永く座っていると立ち去ることができなかった。私の詩には次のように言っている。

「渓は九つ、澗は十八、到るところ流れは活活。我の来るは三月のなかばにして、春の山に雨初めて歇《や》む。奔雷と飛霰と、耳目に両つながら奇絶なり。悠然と渓に向かいて坐し、況《さら》に山の嵯峨《さそ》たるに対す。我れ雲栖に参ぜんと欲す、此の中に解脱の法（あり）。善きかな汪子の言、間心は水に随いて滅すと。無際も亦た和する有り、余の詩は之を忘れたり（渓流は九、澗水は十八あり、到るところに活発に流れている。私がここに来たのは三月の半ばであったが、この頃には春の山に降る雨ははじめてやんでいて、稲妻のごとくの轟音と霰のように飛び散るさまは、聞く耳見る目にとってともに奇絶であり、その中に渓流に向かって悠然と座り、さらにまた嵯峨《けわし》い山に向かい合っていた。私は雲栖に参問しようと思っている。その中に解脱の法があるのだ。汪さんは良いことを言っている、「暇な気持ちは水流に従って消えていく」と)」。

無際も唱和したが、私が詩を詠んだときはそれを忘れてしまっていた。

（1）　孟暘・無際は既出。無際は汪無際（「烟霞石屋」）とすると、この文に「汪子の言……無際も亦た和す」とあるのは、わかりにくい。もしも、この汪子、無際のいずれかが孟暘であればよく通ずる。なお、この文は『李流芳集』に未収。

巻五

西湖外景

西渓

栗山《りつさん》は高さ六十二丈、周囲は十八里二百歩。山の下に石人嶺があり、抜きんでてすっくりと立ち、人の姿のような形をして髷《まげ》が二つ聳《そび》えている。嶺を通り過ぎると西渓であり、数百の民家が聚居《しゅうきょ》して村の市場を作っている。伝えられるところでは、宋が南渡したとき、高宗は初めて武林に来て、その土地が豊厚であったことから都をおきたいと思った。後になって鳳凰山を得たことから、そこで「西渓はしばらく保留にする」といったので後人が地名にしたという。土地はとても鄙《ひな》びていて古梅が多く、梅の木は短小で曲がりくねって枝が入りくみ、黄山の松によく似ている。好事家はそこへ行き、ごく小さいものを買ってきて、盆池⑴にならべて小景をつくる。その地には秋雪庵があり、一片の蘆花⑵が明月に照らし出されると、積雪のように白くなって大いなる奇景である。私が思うには、西湖はまことに江南の錦織り模様の土地であり、その中に入れば、目にはきらびやかさが満ちあふれ、耳には笙歌《しょうか》が満ちあふれる。深い渓谷で理想郷の桃源や長寿の里の菊水のように世を避けられるところを探そうとすれば、西渓がその最たるところだ。私の友人の江道闇《こうどうあん》は、西渓に精舎を持っていることから、一緒に隠遁しようと誘ってくれたのだが、私はこの世のことに忙しくて赴くことができなかったのを、今になっても残念に思っている。

（1）　盆池は、盆上に作った箱庭状の池のある庭。

（2）　蘆花―蘆はあし、よし。丈の長く繊維質の茎を蘆葦とも言い、屋根に葺《ふ》いたり、すだれなどにもする。その花を奇景としているのである。風物は存続したらしく、民国時期に澤村幸夫は西渓の蘆花を賞して一文を書いている（『江浙風物詩』）。

王穉登《ちとう》「西渓に登り、彭欽之《ほうきんし》に寄せる書」

武林に留まること十日ばかり、まだいちども湖上に行ったことはなかったのだが、ついに西渓の勝景を窮めることになった。舟と車の行程はともに十八里、すべて山の雲気と竹林のもやの中を行けば、衣の袂《たもと》はすっかり緑色になり、桂の木の大きいものは二人でも囲みきれない。樹の下の花は、黄金のように大地を覆っていて、山中の人は箒を縛って花を掃き市場で売るが、一担ぎして行ってもむき粟《あわ》の半分値にしかならない。以前に山陰県の道を行き、大いに佳景を嘆賞したが、この道行きの方が勝っているようだった。

李流芳「西渓の画に題す」

万暦四十年（一六一二）壬子、正月の晦日、仲錫・子与(1)とともに、雲栖から身を翻して白沙嶺から西渓に行った。路を挟んで長い竹があり、ふたつの山の間を行くことおおよそ十里で永興寺に至った。

永興の山の下は広く平らかで、平地のはたけの向こうに遠く村があり、泉水や老樹が処々に点在して、それぞれに趣きがある。永興から嶽廟へ到るにはまた十里、梅花が連なり、村落が雪のように望まれ、まったくわが家の西磧《せいせき》山中に似ている。この日は、永興寺で飯を食い、楼に登って嘯詠し、夜は湖のほとりの居家（小築）に還って、孟暘・印持・子将と痛飲し、翌日に冊子を出してこれを画いた。万暦四十一年（一六一三）癸丑十月、烏鎮の舟中に題書する。

（1）仲錫は鄒方回。子与は巻三「十錦塘」の李流芳「題詞」に出る聞子与。次に出る印持は厳印持、子将は聞子将。

楊蟠(1)「西渓」詩

西渓の好《よ》きを愛する為に、長《つね》に憂う渓水の窮まるを。山源は春に更に落ち、野田の中に散入す。

西渓の好景を愛することから、渓水が涸れるのをいつも心配している。今春は山の水源がさらに落ち込んで、水流は平野の耕田のところどころに分かれて入って行く。

（1）巻二「韜光庵」に既出。

王思任「西渓」詩

一嶺　天目を透し、千渓に雨頭叫ぶ。石雲　綉壁を開き、山骨　寒流に洗わる。(1)　鳥道に苔衣《たいい》滑らかに、人家に竹語幽《かす》かなり。此の行は路を作らず、半武に百年遊ぶ。

一つの嶺から天目山が透けて見え、千もの渓流に雨が音を立てている。山の雲気が華麗な障壁を開いて入り込み、岩石は冷たい水の流れに洗われている。鳥の通り道は苔なめらかで、人の住む家に竹の立てる音がひそかに聞こえてくる。この道行きは路を作ろうというのではなく、半歩のところに百年の遊びをするのだ。

(1)　袁宏道「祝雨」、万暦二十五年西湖での作に「洗山山骨新、洗花花色故」(『袁宏道集箋校』八)の句がある。王詩の山骨・洗の字は袁詩に学んでいると思われる。

張岱「秋雪庵」詩

古宕《ことう》の西渓天下に聞こゆ。網川の詩は是れ紀遊の文。庵前の老荻に秋雪飛び、林外の奇峯夏雲に聳《そび》ゆ。怪石棱層　皆な骨を露わし、古梅の結屈(1)　止《た》だ筋を留む。渓山に歩歩して盤礴《ばんはく》(2)に堪え、杖を植《た》てて泉を聴き夕曛《せきくん》に到る。

ふるい洞屋のある西渓は天下に聞こえている。王維の網川詩はこのところでの紀遊の文章である。庵前の古い荻の木に秋の雪は飛び、林外の奇峯に夏の雲は湧き興きてくる。奇怪な岩が積みかさなって骨格がすっかりむき出している。古梅の枝は結んでくねり、ただ筋が残っているだけだ。ゆったりと思いのままに山中の谷川を歩きまた歩けば意気が高く揚がり、杖を突き立てて夕べまで泉の音を聞いている。

（1）結屈―『礼記』月令に「蚯蚓結」とあり、孔穎達疏に「結は猶お屈のごとし」とある。その結屈の二字を熟字に用いたもの。「コブになっている」「とぐろを巻く」の意。

（2）「盤礴」は巻四「小蓬萊」の張岱詩に既出。「堪」は、能くする、できるの意。

虎跑泉

虎跑寺のもとの名は定慧寺であり、唐の元和十四年（八一九）に性空禅師[1]によって建てられ、憲宗は広福院の号を賜った。大中八年（八五四）に大慈寺に改めた。僖宗の乾符三年（八七六）に定慧の二字を加えた。宋末に焼け、元の大徳七年（一三〇三）に重建したが、また焼けた。明の正徳十四年（一五一九）宝掌禅師が重建した。嘉靖十九年（一五四〇）にまた焼け、二十四年、山西の僧永果が再造した。いまの人は誰でも泉水の名からその寺を呼ぶという。これより先、性空師は蒲坂の盧氏の子であり、百丈慧海から法を得て、この山に来遊し、霊気が籠っているのを楽しみ、その中に住んで禅行をしたが、水がないのに苦しみ、他に移ろうと思っていたところ、神人が夢に現れて、「師は水のことを憂えなくてもよい。南岳には童子泉があるから、二虎を遣わして走って行かせよう」と話した。翌日、見ていると果たして二虎が大地を走って泉を出したが、清らかで甘く香ばしかった。そこで（性空）大師はそのまま留まった。明の洪武十一年（一三七八）学士の宋濂（2）は朝廷に伺候するとき、山下を通る道をとったところ、寺主の僧は宋濂を迎え入れて泉を見せた。寺僧が衣をまとって、ともに真言陀羅尼《だらに》を挙経すると、泉水が噴きだし、空中に雪が舞った。濂は不思議に思い、記念する銘を書いた。城中の好事家が汲んで行き、お茶を煮だすとのことで、一日に千荷も持っていく。寺中には水を調製する調水符があり、持ちかえると効きめがあった。

（1）性空禅師（七八〇—八六二）、僧名は寰中《かんちゅう》、山西省蒲坂の人。百丈慧海に参じて心印を受け、のちに浙江の北大慈山に住した。唐武宗の廃仏に遇って隠居し、大中年間に重ねて僧形に復して宗旨を宣揚した（『景徳伝灯録』九）。『宋高僧伝』一二の伝には「説有り、常楽寺山の虎跑泉は、（寰）中公の滅日に当たって、忽焉として乾涸す」という。

（2）宋濂（一三一〇—八一）、浙東の金華の人。明代初期のもっとも著名な思想家、文章家であり、礼制の制定に預った。

蘇軾「虎跑泉」詩

亭亭たる石榻《とう》　東峯の上、此の老初めて来るとき百神仰ぐ。虎は泉眼を移さんとして行脚に趨《おもむ》き、龍は浪花を作り供えて掌を撫す。今に至れば游人も濯を罷《や》め、臥して空階に環玦《かんけつ》の響きを聴く。故に知る此の老は此の泉の如く、人間《じんかん》去来の想を作《な》す莫《な》しと。

亭亭と高くそびえる石の長いすは東の峯上にあり、この（性空）老が初めてここに来たときには百神も讃仰した。（老が水のないのに苦しみ行脚に赴こうとしたときに）虎が泉水の源をここに移し（て水を出し）、龍は浪の花を作り供えて掌を撫でた。いまに至っても遊客は身を洗い清めてから横臥して耳を澄ませると、何もない石のきざはしに高貴な玉輪の響きが聞こえる。そこで、この性空老はこの泉に似て、俗世間に欲するものを求めて往来するつもりはなかったことがわかるのだ。

袁宏道「虎跑泉」詩

竹林松澗　浄らかにして塵無し。僧老当《まさ》に知る寺も亦た貧なるを。飢鳥共に分かつ香積《こうじゃく》の米、枯枝常に足らす道人の薪、(1)碑頭の字は識る開山の偈、炉裏の灰は寒し護法の神。清泉を汲み取る三四盞《さん》、芽茶を烹《ほう》じ得て与《とも》に新しきを嘗《な》めん。

竹や松の間を流れる谷川の水は清浄で塵ひとつないが、年老いた僧は寺も貧困なことを当然知ってはいた。そして飢鳥とともに求道の僧侶道士に供えられた香積の米を分かち合い、薪は枯れ枝を集めて自足していたのだ。（今に見る）碑の上の文字は山を開いた和尚の偈文と知られ、炉の中の寒々とした灰の中には法を護る神がある。清らかな泉を三、四盞《さん》汲み、新芽の茶を煮て、みなともに新たに味わおう。

（1）「護法の神」は、「仏」とあってもいいところだが、七言八句の律詩としての押韻への配慮から「神」字にしていると見られる。名称は異なっても神と仏は、ある側面では同じ類の超人的超自然的存在と意識されていた。日本においても、「護法諸天神」「土地神」のほかに、山岳河川の神格を神仏として分離することなく奉祀していることはよく知られる。

鳳凰山(1)

唐宋以来、州の政府はみな鳳凰山の山麓にあったが、宋が南遷して杭州に駐在したので、ここが行宮《あんぐう》（外出先の臨時宮殿の意）になった。蘇東坡が「龍は飛び鳳は舞い銭塘に入る」(2)といったのは、これはおそらく鳳凰の右の翼のことである。呉越時代から南宋におよんで、ともにここに都を建てたが、佳い気が立ちこめ地脈はひとつに集まっていた。(3)元時代は楊の奴（巻二「飛来峯」を参照）の説に惑わされ、もとの宮域に五寺を建立し、鎮南塔（南高峯塔）を築いて鎮圧しようとした。そしてこの山は今に到るまで淋しくなった。いまの州政府は宋の開元宮(4)の古址にあり、それは鳳凰山の左翼なのである。明朝はこれを踏襲して、官吏、巡撫などの役所はみな左方に並べていて、東南の雄大な都会となっている。帝王の気は移りやすく、現れ出るには時があるということではなかろうか。だから山川壇・八卦田・御教場、万松書院・天真書院(5)はみな鳳凰山の左右にあるのだ。

（1）　鳳凰山は海抜一七八メートル（『西湖志』）。
（2）　巻四「銭王祠」に引用されていた蘇軾の「表忠観碑」には、「龍は飛び鳳は舞い、臨安に萃《あつ》まる。龍飛鳳舞萃於臨安」とある。これは晋の郭璞《かくはく》の、「龍飛鳳舞到銭塘」の句にもとづくとも言われ、とくに前半「龍飛鳳舞」は後世の詩文によく用いられる語である。
（3）　明代には自然人間界に神秘的超自然的な力を見る考え方が強くあり、風水思想もその一環である。とくに江南の地には盛んだった。崑崙山脈に発する龍脈の太い流れが浙江の地に達しているとの考えもあった。ここの文は、そのような考えとつながっている。張岱の父は神仙を好む魯王に仕え、導引術に精しく、辞職後には空中に浮揚する「冲挙の術」に専心したと伝えられ、それを書いている張岱もまたその方面に好意をもっていた。次の文にある「鎮南塔」は南高峯の上にあった（巻四「南高峰」）。鎮南つまり南を鎮めるとは、北方からの邪気が南に侵入するのを防ぎ鎮圧するとの意で、やはり上述との関わりがある。
（4）　開元宮については、『遊覧志』一二に詳しい。
（5）　天真書院─明代には王陽明の没後に門弟が拠金して、もとそれぞれに由緒のあった天真寺・天竜寺・浄明寺の寺跡を購入して師を祀り「天真精舎」を建てて、浙江陽明学徒の活動拠点にした。万暦年間に張居正の天下の書院を壊す政策によって、この精舎も廃されたが、後に「勲賢祠」の勅額を賜って復興した（『遊覧志』六、『西湖志』一二を参照）。資料に「天真書院」「勲賢祠」として出るのは、書院を撤廃した万暦帝の同じ治世下に再び同名の書院を復活するのを憚って、「勲賢」の称を用いたと考えられる。次の袁宏道「天真書院」詩の注に続く。

蘇軾「万松嶺恵明院壁に題す」

私はここから去って十七年になるが、ふたたび彭城の張聖途・丹陽の陳輔之とともにやって来た。院僧の梵英は堂宇を治めて瓦を葺き、以前よりもきれいにした。茶を飲むとつよく香る。これは新茶かと尋ねてみると、英は、「茶のたちは、新旧が交《ま》ざると香味は重なります」といった。私が以前に会った知琴の人は、琴は百年にならない中は、桐の木の生意はまだ尽きることはなく、緩急清濁はつねに雨暘《あめはれ》寒暑と対応しているといった。この道理は茶とも近い。そこで併せてこれを書き記す。

徐渭「八仙台」詩

南山の佳処に仙台あり。台畔の風光　素埃《そあい》を絶つ。嬴《えい》女は只《た》だ鳳を迎えて入ら教《し》め、桃花は人を引いて去き来《い》たらしむること莫《な》し。能く大薬を令《し》て雞犬を飛ばしむれば、傍ら中央に草莱《そうらい》を剪《き》らんと欲す。旧伴は自ずから応《まさ》に尋ねて見えざるべし、湖中に此の最深の隈無し。

南山の佳きところに〈八〉仙台がある。台のあたりの風光には細かな塵一つもない。〈簫の名手といわれる）嬴《えい》姓のむすめは、ここではただ鳳を迎え入れるだけであり、⑴（桃花源とはちがい）ここの桃花は人を引き寄せて来させたりはしない。（それでもなおこの八仙が）大薬で雞犬を昇天させることができ奇瑞を現出できるならば、傍らや中央の草萊《そうらい》を剪《き》って路を開き（この地を訪ねることができるようにし）たいものだ。（それでも）旧くの同伴者は尋ねては来ないかもしれない、西湖中にはこれ以上の遠く深いところはないのだから。

（1）嬴姓のむすめ……—秦の穆公のむすめの弄玉は簫《しょう》を能くする蕭史《しょうし》を好んだので、これと娶《めあわ》せた。弄玉は鳳凰の鳴き声を学び、夫婦ともに鳳凰に随って昇天した（『列仙伝』）という話をふまえて（『校注』）、ここでは、入らせるだけで飛び去ったりはしないといい、また桃花は陶淵明の「桃花源」とは違って人を呼び寄せたりはしないというのである。

袁宏道「天真書院」⑴詩

百尺の頽牆《たいしょう》在り、三千の旧事聞こゆ。野花粘壁の粉、山鳥炉を煽《あお》いで温《あたた》む。江も亦た学の字、田は猶お画卦の文。児孫空しく目に満つ、誰か与《とも》に荒芹《こうきん》を薦めん。

天真書院の百尺の崩れた牆壁のあるところ、孔子門下学徒三千人の学術を伝えた旧事の話が今も聞こえてくる。野の花々の花粉は壁に粘りつき、山の鳥が飛んできて炉を煽いで温めている。（書院の学風に薫陶されて）前に見える（銭塘）江は学の字になり、八卦田は易占の卦爻《かこう》の文様になっている。児孫だけが空しく堂に満ちているが、誰とともに水芹《せり》を献じて祀ったらよいのであろうか。

（1）「鳳凰山」の注5から続く。天真書院は現在の玉皇山（海抜二三九メートル）に建てたといわれるが、この袁中郎詩では鳳凰山としている。両山は並んで立ち、「龍飛鳳舞」と称されたという。この地からは銭塘江を望み、八卦田を見下ろすことができた。袁詩の江・田とはこれらを指す。天真書院の沿革、立地などは、鶴成久章「陽明学の聖地に残された石刻」（『汲古』六二号）を参照。

宋の大内

『宋元拾遺記』「南宋の高宗は山水をとくに好み、宮域内にさらに小西湖という別院を造って、位を譲った後にはここに退居した。めずらしい花や変わった草が金碧に照り輝き、内には婦人宮女が満ちていた。享年八十一」。考えてみると、銭武粛王も年は八十一で、高宗はそれと同寿だった。ある人は「高宗は武粛の後身である」といい、『南渡史』(1)にはまた「徽宗《きそう》が汴京《べんけい》にいたとき、銭王にその土地の返還を求め、この日にすぐに高宗が生まれた。その後に果たして南渡し、銭王が統括していた領域はすっかり版図に入った。つまり昔の夢に間違いはなかったのである」という。

元が興ると楊璉真伽《ようれんしんか》は宮城を壊して五寺を建てた。報国といい、興元といい、般若といい、仙林といい、尊勝というのはみな元代に建てられている。史書から考えてみると、報国寺は垂拱殿、興元は芙蓉殿、般若は和寧門、仙林は延和殿、尊勝は福寧殿である。彫刻された梁《はり》、彩色した棟《むね》が今も残っているところがある。白塔は高さ二百丈ばかり、内に仏経数十万巻・仏像数千を収めて華麗に装飾され、宋の南渡後の諸帝の骨を取りいれ、牛馬の骨をまぜ、塔の下を鎮圧して鎮南と名づけた。さほど経たないうちに雷に打たれ、やがて張子誠はこれを焼いた。

（1）『南渡史』—『評注』に即ち『南渡稗史』、作者不詳とする。『古今図書集成』（方輿彙編・西湖部彙考二）に『南渡史』を孫惟信の著とする。前出の『宋元拾遺史』とともに逸書であろう。本則の引用文の始終は訳注者の推測によった。

この則には杭州の転変とともに南宋滅亡後の王室の運命が書いてあり、かつての南宋諸皇帝は仏塔の下に牛馬とともに埋められ、鎮圧の材料になったという。思い出すのは、本書の始めには、明の洪武帝は、三国呉の英雄孫権の墓が自身の墓地建設の邪魔になったときに、孫権に門番をさせようと言った話もあった。元にとっては、前朝宋帝の陵墓などは目ざわりな存在にすぎなかったのである。

謝皐羽《しやこうう》「宋内を弔《とむら》う」詩

①複道の垂楊　草は乱れ交わり、武林樹無きは是れ前朝。野猿　子を引《みちび》き移り来りて宿り、花間を攪尽《かくじん》す翡翠の巣。

かつては皇帝が通った上下二層の複道には、いまは枝垂れ柳が生え、草が入り乱れている。武林（杭州）に樹がないといわれたのは前の王朝のことなのだ。（いまは）野猿が子を連れて移住してきて、花の間にある、かわせみの巣を騒がせている。

②江を隔てて風雨　諸陵を動《どよも》し、主無き園林　草自ら春。光堯を聞説して皆な堕涙す、女官は猶お是れ旧の官人。

河向こうの風雨は諸陵を震動させているが、いまは主人（皇帝）がいなくなった園林には、自然に春の草が生えている。聴くところでは引退後の高宗、光堯太上皇帝(1)はいつも涙を落としていたとのこと、新しい南宋の宮中女官になったのは、なお旧い北宋の宮人であったのだ。

③紫宮の楼閣　流霞逼《りゅうかせま》りたるも、今日は凄涼たり仏子の家。下山に寒照して花霧散じ、万年の枝上に袈裟《けさ》を挂《か》く。

かつての宮殿の楼閣には霞が迫って来たが、今では凄涼たる仏寺になっている。山の下を夕陽が照らして花は霧のように散り、万年を経た老樹の枝の上に袈裟を掛けたように見える。

④禾黍《かしょ》何人ぞ為に閽《こん》を守る。落花の台殿　銷魂暗し。朝元閣下より帰来の燕、当時の鸚鵡《おうむ》の言を見ず。

いまは禾黍があるだけなのに誰が宮門を守っているのか、殿台の基礎には花が落ちて、暗く亡魂を鎖《とざ》している。朝元閣(2)から帰ってきた燕には、その当時に宮中にいて真似ていた鸚鵡のことば(3)は見当たらない。

（1）光堯は、南宋を創立して杭州を行宮（臨時首都、事実上の首都）にした高宗のこと。高宗は譲位した後に「光堯寿聖憲天体道性仁誠徳経武緯文紹業興統明謨盛烈太上皇帝」と、考えつく限りの良い文字を羅列したと言ってよい尊称を用いた。後世にはその最初の二字で呼ぶことがある。

（2）朝元閣—唐代の宮中に設けた殿閣の名。

（3）鸚鵡のことば—朱佚『楓窗小牘《ふうそうしょうとく》』巻下に次の文がある。「高廟建康に在るとき、大赤の鸚鵡《おうむ》　江北自《よ》り行在《あんざい》の承簷《えん》上に来集する有り。口に万歳と呼《さけ》ぶ。宦者手を以て之を承くれば、鼓翅して下る。足に小金牌有り、宣和の二字有り。因りて索架を以て之を置くに、稍《いささか》も驚怪せず。上膳《あげぜん》に及べば、行在草草として楽しみ無きを以て、鸚鵡は「卜尚《ぼくしょう》の楽《がく》起ち方響せよ」と大いに呼《さけ》ぶ。之を久しくして、「卜娘子万歳《てんし》を敬せず」と曰う。蓋し君の時、掌楽の官人、方響を以て楽を引《みちび》く者を道《い》う。故に猶お旧格を以て相呼ぶ。高廟為に膳を罷めて泣《なみだ》下る。後に此の鳥持ちて臨安に至るに、忽ち死す。高宗親しく文を為りて之を祭る」。

余説　謝皐羽は南宋末の詩人で亡国の経験をもった。この四首の詩は、彼の『晞髪《きはつ》遺集』上巻に収録されている。四庫全書本によると、後出二首は「杭州故宮二首」と題され、前出二首はそれに続き、「重過二首」（再訪の意）と題されている。ところが全書本と本書所引の詩句を比較するとかなりの相違がある。本書の初頭の第一、二首について、異同がある部分について前に全書本、後に本書を示す。

① 欲―乱　著○（淩）霄―是前朝　住―宿　覆―尽　枝―間
② 池―林　就中誰○泣―光堯皆堕涙　冠―官　有―是

異同のうちには、誤読、誤引用とみることができるものもあるが、大きく、詩の意味を換える字句も含まれる。張岱は謝皋羽の詩をどんな書から引用したのか、もしも張岱架蔵の善本だとすると、全書本よりも原本に近いということにもなる。時代的には異民族である清朝の支配下に編纂された四庫全書においては、異民族を表す東夷南蛮西戎北狄と言ったような語は削除することがあり、引いては政治的な事柄にも及ぶことを避ける風潮がある。本書に引く謝詩をみると、第一首に「野猿」の語があるが、宋朝の宮城が荒れたことを言う表現中に野猿の語が出るのは見方によっては唐突な感がある。この点について、『評注』には猿は元と発音が通ずる同音（諧音）であり、元が侵入して支配したことを恨んだ表現であることを指摘する。つまり「野猿」云々は「野蛮な（人でなしの）元が美しい中国を乱して支配した」との意になる。ところで元に比較して張岱の遭遇した清朝は、遊牧民であった自民族に対する夷狄などの用語に対してより厳格に対処して、厳しい文字獄を引き起こしている。張岱がこの文を書いた時点は明確ではないとしても、そのような事態に注意しなかったとは必ずしもいえない。とすれば、「野猿」は隠喩的な表現として見逃したか、あるいは問題にしなかったとしても、他の多くの文章すべてを無意識に原文のままにして置いたとは断言できない。謝皋羽の原詩、張岱の引用詩、四庫全書本の謝皋羽詩の異同には、このような問題を孕む可能性がある。

黄晋卿「宋内を弔う」詩

滄海桑田　事は渺茫《びょうぼう》たり。行きて遺老に逢えば荒涼を嘆く。為に言う故国は麋鹿《びろく》遊ぶと、漫《そぞろ》に空山を指して鳳凰と号す。春は尽《ことごと》く緑莎《りょくさ》あり輦道《れんどう》に迷い、雨は蒼翠多くして宮墻《きゅうしょう》に上る。遥かに知る汴水《べんすい》東畔に流れ、更に平蕪《へいぶ》の夕陽と与《とも》にするを。

滄海変じて桑田になるというが、実際の事実はただ渺茫《びょうぼう》と目の前に広がっているだけだ。道を行って遺老に出会うと荒涼を嘆いている。話をすると、もとの国にはいまは麋鹿が遊んでいるだけだと言い、ゆっくりと何もない山を指して鳳凰山と呼ぶ。春にはすっかり緑のはますげが満ちて、旧時に天子の車が通った輦道《れんどう》も見まちがうほどで、雨になると緑草が多く茂って宮城の牆壁に上ってくる。はるか遠くには、都に流れていた汴水《べんすい》が東に流れる先に、沈む夕陽とともに、さらに平野があるのが知られるのだ。

趙孟頫《ちょうもうふ》「宋内」詩

東南の都会帝王の州、三月の鶯花《おうか》　旧遊に非ず。故国の金人は漢に別るるを愁い、当年の玉馬は去りて周に朝す。湖山靡靡《びび》として今も猶お在り、江水茫茫として只だ自ら流る。千古の興亡尽く此《かく》の如し、春風麦秋人を使《し》て愁《うれ》いしむ。

ここは中華東南の都会、帝王の住んだみやこだが、いま春の三月に啼く鶯も咲く花も旧時に遊んだときとは異なっている。金銅の仙人は、故国の漢都の長安から魏都の鄴城《ぎょうじょう》に移設されるのを愁い（涙を流し）、その昔、殷の紂王時代に玉馬が走り去ったかの如くに、諫言を呈した微子は国を象徴する祭器を持ち、亡びた殷を去って周の武王に降ったのだ。しかし西湖と山々はいまもなおおだやかであり、江河の水は豊かに茫茫として自然に流れている。長く永い千古の興亡はみなこのようなことであり、ただ春の風、麦の実りが愁いの心をもたらすのだ。

劉基「宋の大内」詩（1）

1沢国繁華の地、2前朝此《ここ》に（旧）都を建つ。3青山は百越に瀰《み》ち、4白水は三呉に入る。5艮嶽《こんがく》は王気を銷《とざ》し、6坤霊は帝図を肇《はじ》む。7両宮千里の恨み、8九子一身の孤。9険を設けて天塹《てんざん》に憑《よ》り、10安《やす》きを偸《と》りて海隅を負《お》う。11雲霞　行殿に起き、12荊棘《けいきょく》　寝園を蕪《あら》す。13幣帛《へいはく》は和議を敦《あつ》くし、14弓刀は武夫を抑《おさ》う。15但だ寧に当たりて奏すと聞き、16廷に立ちて呼《さけ》ぶを見ず。17鬼蜮《きよく》　華袞《かこん》を昭し、18亀黿《きげん》　巨区に出ず。19至尊北闕《けつ》に危《たか》く（巍《たか》く）、20多士西湖を楽しむ。21鷁首《げきしゅ》もて文舫《ぶんぼう》を馳せ、22龍鱗に綉繻《しゅうじゅ》舞う。23巨鼇《ごう》　擁剣を擎《ささ》げ、24香飯　雕胡《ちょうこ》を漉《そそ》ぐ。25蝸角《かかく》は乾坤《けんこん》に大に、26鼇頭《ごうとう》は気勢を殊にす。27秦庭に迷いて鹿を指し、28周室に瞻烏《せんう》を嘆ず。29白馬　京輦に違い、30銅駝　路衢《ろく》に擲《なげう》つ。31舎は天地の広きを容れ、32養育　羽毛と倶《とも》にす。33橘・柚を馳せて包貢し、34塗泥《とでい》するも上腴《じょうゆ》を賦す。35犀《さい》を断ち越棘《えつきょく》を埋め、36乗を照らし、隋の珠に走《おもむ》く。37古を弔えば江山在り、38今を懐《おも》えば歳月逾《はる》かなり。39鯨鯢《げいげい》は空しく渤澥《ぼっかい》にあり、40歌咏は唐虞《とうぐ》に已《や》む。41鴟革《しかく》の愁い何ぞ極まらん。42羊裘《ようきゅう》もて釣りて迂《う》せず。43征鴻　暮南に去り、44回首して鱄鱸《せんろ》を憶《おも》う。

栄える水郷の大地、前の南宋朝はここに都を建てた。ここ中国東南の百越地域には緑豊かな山々がゆきわたり、長江下流南部の三呉地域には豊かな白き水が流れている。（北宋の都汴京にあった艮嶽《こんがく》と同じく）杭州東北の艮《こん》方にある山岳には帝王の気が籠り、坤《こん》（大地）の盛んな地霊によって帝都が創建された。北宋の徽宗《きそう》・欽宗の両帝が金の千里の遠隔地に拉致され、徽宗の子弟九人も連れ去られた恨みがあったが、この杭州の地険と天然の谷を頼って利用し、沿海の一隅に拠ったのである。臨時宮殿（行殿）には雲霞が起こり、寝起きする庭園にはいばらが生え荒れていたが、厚く金銭財物を差し出して金と和議を結び、弓刀によって抗戦にはやる武夫を抑えた。（朝野には）平和安寧の意見が上奏されるだけで、朝廷で主戦論を主張するものはいなかった。鬼蜮《きよく》（鬼や短狐）の如き陰賊は恩寵を受けて高位に昇り、亀黿《きげん》の如き小人が巨区の太湖付近にも現れた。皇帝は宮中で尊大にしていて、人びとは西湖で楽しんでいた。（西湖には）鷁鳥《げきちょう》の首に似せた船首をもち、船体に彩どった文舫《ぶんぼう》船がはしり、龍の鱗の如くの縫いとりをした色彩豊かな衣装をつけた舞い子が舞う。（食卓には）巨大な鋏を伸ばした蝦蟹《えびかに》があり、瓜米を磨いだ雕胡飯《ちょうこはん》の香飯がある。微小な蝸牛《かたつむり》の角のような争いを乾坤《けんこん》天地の大きさに採り挙げたり、つまらないすっぽんのような人物が盛んに気勢を揚げることもあった。（振り返ってみると）秦の二世皇帝の朝廷では迷って鹿を指さして馬と言い、周の王室では誰から俸禄を受けるかわからなくなって鳥を見て嘆息していた。（歴代には）皇帝の乗る白馬が宮城を見誤る如く皇帝が都を立ち去ることがあり、宮城の門に置かれた銅駝が路に投げ捨てられる如く都が滅ぼされることもあったのだ。広き天地を含み入れながら、鳥や家畜を養育していたのだ。橘《たちばな》の実や柚《ゆず》の実（文旦）を包んで（金に）進貢し、泥を背負う苛酷な労働を（民衆に）強いながら、為政者は土地が肥沃だなどと言っていたのだ。かくて犀をも断つ越地方の武器である戟《ほこ》を埋めて和平を求め、車乗の前途を照らすような、隋侯が助けた大蛇から大宝珠を得たのと同じ僥倖を願うだけであった。さて、古を弔えば（大きな変遷はあったが）（国破れて山河ありという如く）江山は依然としてそのままに在り、今を思えば歳月はいよいよ過ぎていく。天下に災いをもたらすともいう鯨鯢《げいげい》は空しく渤澥《ぼっかい》（海）にあり、歌咏はすでに唐堯・虞舜の理想的時代に終わってしまっている。呉越の争いがあった時代に伍子胥《ごししょ》は呉王に諫言して怒りを買い鴟革《かわぶくろ》に包んで河に棄てられたが、国家間、君臣間の愁いはいつ已《や》むだろうか、後漢の厳光は親友の劉秀が帝位に就いた後は、身を隠して羊裘を着て釣り糸を垂れて暮らし続けたのである。征く雁《かり》は日暮れに南を指して飛んでゆく、私は振り返って、じゅんさいの吸い物、すずきのなますのある故郷（浙東の温州）を思い慕うのだ。

（1）この詩は多くの典故を持ち、詩文としての修辞があることから、解説的な訳文にするとともに最低限の字句説明をつけることにして、各句ごとに序数字を付けて後に注記した。

劉基のこの詩は全四十四句、一韻到底の排律である。『誠意伯文集』巻一五「五言長律」の原詩は「銭塘懐古得呉字」、つまり「銭塘に古を懐う詩作の集いに、呉の文字が割り当てられ、呉の字が属する虞韻の文字を偶数句末に置いて押韻した」という題を持っている。『西湖夢尋』のこの訳では、この書に引用される詩文は他の詩文集などと字句の異同があってもこの書に即して理解することを重く見てそのすべては指摘していないが、ここでこの詩を例として見ておこう。この詩は、ここでは四十四句になっているが原詩では五十二句の長律であり、上の18句と19句の間に「何んぞ労せん社稷を問うを。且《しばら》く自ら歓娯を作《な》さん。秔稲は呉会より来たり、魚黿《ぎょげん》は具区（太湖）に出ず（呉会は浙西の蘇州地方をいう。穀物の産地）」の四句があり、22句と23句の間には「暖波は襞《きものひだ》積を揺らし、涼月は氍毹《もうせん》を浸《ひ》たす。紫の桂《かつら》は秋風に老い、紅き蓮《はす》は暁露に濡る」の四句がある。18句は「忠良は属鏤《つるぎ》を賜る」となっている。ほかに2句の「此」—「旧」、19句の「危」—「巍」、22句の「綉」—「鏽」、31句「舎」—「含」の異同があり、この異同は上の訳文に取り入れたところがある。

この詩は、多くの典故を用いて、杭州に都をおいた南宋王朝を詠う。前半は特に補足は要しないだろう。17「鬼蜮　華衮を昭す」の鬼蜮は、『詩経』に「為鬼為蜮」とあるのにもとづき、欲に代えて蜮を用いている。蜮は短狐（『説文』）。華衮は高い恩寵の意であろう。昭は昭穆の意で、ここでは序列すること。つまり鬼蜮華衮を昭すとは、陰賊の如き臣が栄寵をうけ高位の序列を得るとの意。この詩は隠喩を多く用いる文学的な修辞思考と同時に、具体的な人物を直叙しないことにも配慮しているとも見られる。したがって、各句にいう人物や事柄を復元することは正確を期しがたく、また詩の理解には必ずしも不可欠ではない。

18「亀黿　巨区に出ず」とは、下劣な男が巨区の太湖に現れるとの意で、この二句をもって、重要な一大地域である、南宋の都になった浙江の浙東にある太湖地区と浙西にある杭州地区には、然るべき人物が現れずにかえって劣った人物が現れたことをいうか。次に、国家的には重大な危機があるにもかかわらず、都杭州の西湖には文舫船が走り遊女は舞い、歓楽を尽くしたことをいう。23・24は杭州西湖の食文化の盛況をいい、25・26も別説としていえば、あるいはさざえのような巻貝、すっぽんなどの甲殻類を食する食糧の豊かさを言い、蝸角は乾坤に広がる大きさ、言い換えれば、すっぽんさざえは生きがいいぐらいの意だろう。美食をことして、北土を回復しようとする意欲が喪失していくことを言っているのだろう。31・32二句の具体的背景はよくわからない。34以下の四句について、当時作者劉基は元に仕えていて、これらの内容は元にへつらっているのだとする見方があるが、訳注者は、劉基は元末にあって前朝の南宋の現実をむしろ冷たい目で見ていたと思う。歴史の必然的な推移がありやむを得ないとはいえ、杭州に都をおき金にへつらいながら専守防衛に努めた南宋王朝を、隠喩によって和らげながらも批判的に書いていることは、この詩の基調になっているのではなかろうか。末尾には故郷への隠棲をいうのだが、やがて時至り朱元璋の挙兵があり、その帷幄《いあく》に参じて奇策を献じ、大明帝国創立に大功があり、文武両道に通じた劉基の片鱗をみることができる長詩である。劉基はその字の劉伯温としても知られ、現代の中国でも大きな人気がある人物である。

梵天寺

梵天寺は山川壇の後ろに在る。宋の乾徳四年（九六六）に呉越王の銭氏が建てて南塔と名づけた。治平十年(1)に梵天寺に改め、元の元統年間（一三三三―三四）に焼かれ、明の永楽十五年（一四一七）に重建した。石塔が二つと霊鰻井・金井がある。これより先、四明（寧波府鄞県）の阿育王寺に霊鰻井があり、武粛王は阿育王《アショーカ》の舎利を迎えて梵天寺に持ち帰って奉祀した。井戸を南廊に掘ると、たちまち霊鰻が現れたので、僧賛が記念の文を書いた。

蘇東坡が杭州の副官となった時に、詩僧の寺詮はここに住んでいて、東坡が訪ねたときに、その壁にある詩に、「落日に寒蟬鳴き、独り帰る林下の寺。柴扉《さいひ》夜未だ掩《おお》わず、片月 行履に随《したが》う。惟《た》だ聞く犬吠えの声、又青羅《せいら》に入りて去る」とあった。東坡は筆をとってこれに唱和して、「但だ聞く烟外の鐘、烟中に寺を見ず。幽人行くこと未だ已まず、草露芒履《ぼうり》を湿《しめ》す。惟だ応ずるは山頭の月、夜夜に照来し去《ゆ》く」と言った。清遠幽深さに、その味わいは自然に適合している。

（1）北宋英宗の治平年間は、治平四年（一〇六七）までであり、誤記があろう。

蘇軾「梵天寺に題名す」

私は十五年前に杖を持ち草鞋を履き南北の山を往来して、このあたりの魚鳥とはみな顔見知りだった。道人はいうまでもないことだ。再度来たときにはぼんやりとして訳がわからず、若者と向かい合うだけで、ただ悲しいばかりだった。子瞻《しせん》書す。

元祐四年（一〇八九）十月十七日、曹晦之・晁子荘《ちょうしそう》・徐得之・王元直・秦少章と一緒に来た。このときには主だった僧侶はみな出ていて庭さきは静まり返っていたが、長いこと徘徊してきた。東坡書す。

勝果寺

勝果寺は唐の乾寧年間（八九四―九七）に無着禅師が建てた。その土地は松の小路がうねり廻《めぐ》り、小川がせんせんと流れ、羅刹石がその前にあり、鳳凰山がその後ろにある。川辺の景色でここに過ぎるところはない。南塔を出て登るとすぐにそこである。宋の熙寧年間（一〇六八―七七）に寺僧の清順なる者がここに住んでいた。清順は人と交わること少なく淡白で、特に理由がなければ市街に入ろうとしなかった。士大夫が穀物を贈ることがあっても、受け取るのは数斗にすぎず、それを机の上に積んでおき、日ごとに二、三合を取って食べ、蔬菜類はいつも欠乏していた。

ある日、東坡は勝果寺に来て、壁のあたりに書かれた小詩に、「竹は暗く日を通さず、泉声は落つること雨の如し。春風に自ら期《とき》有り、桃李は深き塢《くぼみ》に乱る」とあるのを見て、誰が作ったのかと尋ねた。清順の名を答えた者がいて、東坡がすぐに面談したところ、その人の名が急に知れ渡った。

僧円浄「勝果寺」詩

深林は鳥道を容れ、古洞は春羅に隠る。天迥《はる》かに潮《うしお》を聞くこと早く、江は空しく月を得ること多し。冰霜《ひょうそう》草木に叢《むらが》り、舟楫《ふねかじ》風波に玩《あそ》ばる。巌下幽栖の処、時に白石の歌を聞く。

深い林には鳥が通《かよ》う道だけが通じ、旧い洞穴は春の長く伸びた蔦《つた》かずらに隠されている。天上では遥かに遠くの早い潮流の音が聞こえ、広い江の上は何もなく空の月を眼にすることが多い。冰霜は茂った草木の叢《くさむら》に降り、かじを操って進む船が風波に玩ばれて揺れている。岩山の下にある幽棲の地には、時には白石歌(1)が聞こえてくる。

(1) 白石歌―白石道人の詩歌、歌曲であろう。白石道人と称された姜夔《きょうき》は南宋の詩人、詞人。江西の出身で、蘇州や浙東に遊び、杭州に寓居した。その詩歌、詞曲は後世にも愛唱された。

僧処黙「勝果寺」詩

路は中峯自《よ》り上り、盤迴して薜蘿《せつら》に出ず。江に到れば呉地尽き、岸を隔てて越山多し。古木青《せい》靄《あい》の叢、遥天に白波浸す。下方に城郭近く、鐘磬《しょうけい》に笙歌雑《まじ》う。

中峯から路を上ると廻り巡って蒿《よもぎ》や蔦《つた》の処に出てくる。(銭塘)江まで来ると呉の地域が終わり、川向こうの岸からは越地方の山が多くあるのが見える。古木や緑の茂みが群がり、はるかに天の向こうからは白波が寄せている。眼の下の城郭近くには、（寺院の）鐘《かね》や磬《けい》の音に雑じって笙歌が聞こえてくる。

五雲山(1)

五雲山は、城から南二十里にあり、丘陵は深く美しく、林丘は鬱蒼《うっそう》と盛り上がり、周回は十五里ある。江に沿って徐邨《じょそん》から路を進み、山を廻って曲折して上ることおよそ六里、湾曲が七十二と千段の石畳がある。山中には伏虎亭があり、石梯子《いしはしご》の階段になっていて、往来に便利である。頂上半ばの岡は月輪山の名があり、上には天然の井戸があって、大旱魃にも涸れない。東は大きな湾であり、北は馬鞍《ばあん》であり、西は雲塢《うんう》であり、南は高麗《こうれい》である。またその東には山が並び、五峯が森列して、雲霞を乗り越している。南北の両高峯(2)を俯瞰してみると、錐がふたつ立っているようだ。長い江の帯がうねり、西湖の鏡は開け、江上に見える帆柱は小さな鷗《かもめ》かいかものようで、霞む波間に出没しているのはまことに奇観である。宋の時代には歳の暮れ前には、必ず僧侶が賀雪表(3)を捧呈して夜明けに城中に入った。霰《あられ》もまだない時だが、思うにその土地は高く寒いから、雪を見るのがとくに早いのだ。山頂には真際寺があり、五福神を供養していて、商いをしている人は必ず神前で本銭《もとで》を借り、そこに掛けられている銭を持っていき、利益を得れば二倍にして返す。借り受けることがとても多く、銭はいつも不足している。尊神の債務取り立ても窮屈さを免れないのだ。髭をひねって一笑しよう。

（1）五雲山は海抜三三四・七メートル（『西湖志』）。

（2）南高峰、海抜二五七・二メートル。北高峰、海抜三一四メートル（前出）。

（3）賀雪表―唐代から降雪に際して賀状を呈上することがあった（『緯略』十「賀雪」）。

袁宏道「御教場小記」

私は、そのはじめには五雲の勝景を慕って時期を決めて登り、次には南高峯に登ろうとしていたが、いちど御教場を見るに及んで遊覧の気持ちは一挙に消えた。陶石簣(1)はいつも私が保俶塔に登らないことを笑ったが、私は西湖の景色は低くなるほど勝ってくるのであり、高ければ樹木は薄く山は痩せ、草は疎らに石は禿げてきて、千頃《せんけい》の湖光は縮んで杯（の中のこと）になってしまう。北高峰・御教場はそのようなところなのだ。眼の届く視界はやや広くなるとは言っても、しかしわが身長は六尺にすぎず、眼を見開いても十里は見えない。そんなに大きなところを、どうしたら相手にすることができようかというと、石簣は反論しなかった。

（1）陶石簣―陶望齢のこと、巻一「昭慶寺」の注を参照。

雲栖

雲栖（栖と棲は異体字、両用される）は、宋の熙寧年間（一〇六八―七七）に、僧の志逢なる者がここにいて、能く虎を屈服させたので、世に伏虎禅師と称した。天禧年間（一〇一七―二一）に真際院の寺額を賜った。明の弘治年間（一四八八―一五〇五）に洪水のために毀《こわ》された。

隆慶五年（一五七一）に、蓮池《れんち》大師、名は袾宏《しゅこう》、字は仏慧、仁和の沈《しん》氏の子は、（府県学の学生である）博士弟子員《はくしていしいん》になり、定期試験では必ず高等の成績を得た。生まれながら清浄（俗世間を離れたこと）を好み、道教仏教を学んでいた。子息は若くして死に、夫人も亡くなった。ある日、『慧燈集』を閲読していたとき、持った手から茶碗が落ちて砕けて、反省するところがあった。そこで妻子を見ると、（『古尊宿語録』に洞山初禅師がいう）布に包まれた生臭いもの（「鶻臭布衫《こつしゅうふさん》」）に見え、歌を作り思いを寄せて、現世界をすっかり棄てて抹消する気になり、専ら仏を事として、提学使の屠公《とこう》(1)が引き戻そうとしても戻らなかったのである。

蜀（四川省）の仏師に随って剃髪得度して具足戒を受け、諸方に遊び（河南省嵩《すう》県の）伏牛山に至り、坐禅修煉してなにかと話していたが、急に以前の生活が眼前に現れ、いわゆる「すっかり抹消したもの」（一筆勾）がまたぼんやりと現れた。そこを去って（山東省）東昌府の謝居士の家を経過して、そこで改めてさっぱりとして詩偈《しげ》を作り、「二十年前、事は疑う可く、三千里外、何たる奇に遇う。香を焚き戟《げき》を執るは渾として夢の如し。魔仏空しく争う是と非を（二十年前の事には疑うべきところがあったが、三千里の外にいて何とも奇なることに出遇った。〈今のように香を焚いて仏事を行うのと、〉旧く戟《ほこ》を執り礼制を守る官吏の仕事を行おうとしていたのを比べると、まったく夢のようなことだ。魔だとか仏だとかを是だ非だというのは、ただ空しい争いにすぎないのだ）」といった。この時に当たって、すでに心は空であることの迷いを打ち破ったようだったが、しかし自分では悟ったとはついに言わなかった。

帰って来て古雲栖寺の旧址を得て、茅の先を縛って屋根を掛け廬舎《ろしゃ》を作り、黙坐し、鍋を火に懸け粥を煮て、日にわずか一度の食事だった。胸には鉄牌を掛けて、「鉄が花開くようになれば始めて人と話す」と書いた。長いこと経ち、篤信者が争って家屋を構えてくれて次第に叢林ができ、弟子が日ごとにやって来た。その説法は（唐の道宣に始まる律宗）南山（宗）の戒律と、（東晋の廬山）東林（寺に住んだ慧遠に始まる）浄土（教）を主にして、まず戒疏《かいしょ》の発隠を行い、のちに弥陀《みだ》の疏鈔《しょしょう》を行った。ときに江左の諸々の儒者はみな教えを受けにきた。

刑部左侍郎の王宗沐[2]どのは、「夜に老鼠がチュウチュウと鳴くのは、『華厳経』一部を説き尽くすのですか」と尋ねた。師は、「猫が飛び出した時はどうですか」といい、自ら代わって答え、「法師をおいて逃げ出し、講義案を残したのです」といった。また、頌《しょう》を書いて、「老鼠はチュウチュウ華厳は歴々《れきれき》（はっきりと）。珍しや、王侍郎どのは却って畜生に惑わされた。猫が画堂の前に飛び出して、坐牀での説法は音沙汰なくなった。『大方広仏華厳経』世主妙厳品第一[3]」といった。

その持論は厳正で、注釈、解説は精微であった。中央からの監察官、地方の太守属官(4)が車を降りて挨拶に来てもことばを正して語り、へりくだることはほとんどなかった。海内の名賢は、望み見るだけで腰を折り、孝定皇太后は宮中に絵像をかけて礼拝した。賜ったうわばみ（模様）の袈裟はあえて着用せず、破れ衣と色あせた帳《とばり》は終身改めなかった。斎食はただ蓏《うり》や菜《やさい》だけで、寺に到る者がいれば、高官や従者輿担《こしかつぎ》も一概に平等で、馳走の皿を増やすことはほとんどなかった。

仁和県の樊《はん》知事が「心が雑乱するが、いつ平静を得られますか」と尋ねた。師は「これを一処に置（制）けば、事として弁ぜざるは無し」（『仏説般涅槃《ねはん》略説教誡経』、略称『仏遺教経』）といった。

座中の一人の士人は、「専ら一物に格《いた》って、これを一処に置けば、どんなことが弁じられるのですか」というと、師は「格物を論ずるには、ただ、朱子の「豁然《かつぜん》として貫通して去《ゆ》く(5)」と言うのに従えば、どんなことでも弁じられないことはない」といった。

ある人が「どうして前のことを知る（予知する）ことを貴ばれないのか」というと、師は「譬えてみると二人で『琵琶記』を見るようなことで、一人は見たことはなく、一人は見てあらかじめそれを話していたが、結局一緒に幕切れまで見たならば、ひとコマでも増やしたり減らしたりできるだろうか」といった。

寧波東方（甬東《ようとう》）の屠隆は浄慈寺に師を迎えて、著作した『曇花伝奇《どんげ》』を見せた。虞淳熙《ぐじゅんき》は、(6)もとから師が仏教を厳格に行っていたことから、これを止めようとしたのだが、師は郷紳士人たちとじっくりと終わりまで見て、逆らおうとはしなかった。寺では必ず戒律を設けて、婦人の簪、櫛などの物音は絶っていたが、時には琴を撫で簫を玩《もてあそ》んでからだと心（脾神《ひしん》）を楽しませた。

晩《おそ》くには『禅関策進』を著した。その記述は、厳しさは高い山の峯に似て、冷たさは氷に似ているところがあって、それとほとんど同じだった。白楽天の放達ぶりを喜び、その詩を選んで刊行した。平素は笑い話や諧謔で、おおらかにゆったりとして、（慧遠とともに名を知られた）慧永の清散ぶりがあり、ずっと槁木や死灰のままでいるような、宋旭(7)がいう（視野が狭く偏った）「板を担う男(8)」では全くなかった。出家して五十年、種々のことは、遺嘱したことばの中に具わっている。

万暦四十三年（一六一五）乙卯の六月末日、書簡を書いて友人たちに別れを告げ、山に還り、斎食《さいじき》(9)を設け、（仏に供える）表白文《ひょうびゃくぶん》を頒《わ》け、（僧衆に布施としての金銭物品の）櫬金《しんきん》を施し、遠くに行く人のようだった。七月三日についに仆《たお》れてものを言わなくなった。次の日また目ざめて、弟子が後事を聞くと、依嘱のことばを述べた。四日の昼に（西方浄土のある）西向きに移すように命じ、首を回し眼を開けて、病になる前と同じにぼそぼそ（哆哪《しだ》）と念仏し、結跏趺坐して逝去した。

もと呉地域には李曇という神があって毘山に降《くだ》り、師は古仏であるといった。楊（靖安）万春(10)は師が仏となって身を現じて、呉中に食を施しているのを見た。一信士は空室を窺うと、四鬼が灯明を持ってきてたちまち三つの蓮座を並べたが、師が来てそのひとつに坐ると仏の像であった。覘仙《てんせん》（仙術）の霊験のあるものがいうには、張果は師が永明の李屯部（屯田郎中の李陽春(11)）のところで「心賦(12)」を説くのを聞いた。その妻はもとから仏を信じていなかったが、ただ師の戒法だけを受け、年を越して三指を曲げたまま化身し、「わが身は梵僧の阿那吉多《あなきった》である」と言ったという。

僧俗は坐脱しようとするときに説戒説法を願うことが多いが、しかし師は自ら凡夫と名のり、諸事につけて仏から呵責《かしやく》される(13)ことを恐れ、その願いを聞き入れようとはしなかった。遷化の前の日には、語を漏らして「一大蓮華の天蓋を見た」といい、ふたたびその往生の奇迹を秘めることはできなかったということである。

（1）提学使の屠公―屠隆のこと。次にいう屠隆の『曇花伝奇』は『曇花記』として知られている。なお屠隆は、みずから、「幼より六経を読み、孔・孟に服膺《ふくよう》し、汎《ひろ》く二蔵を覧《み》て、兼ねて釈・老を奉ず（幼読六経、服膺孔孟、汎覧二蔵、兼奉釈老）」（『栖真館集』二三・六）と言い、また「奉仏の弟子屠某」と称して寺院の修復募金を積極的に行っている（巻一「哇哇宕」注参照）。なお、本則の文章は、万暦四十三、四十四年序刊、釈大叡撰『南屏浄慈寺志』巻五「蓮池袾宏」の文に基づくところが多い。「まことに想像を越えたお方であった（真不可思議人也）」という袾宏への人物批評も、同文である。張岱は、寺志の文をより簡潔に整理しているのである。

（2）王宗沐（一五二三―九一）、浙東の臨海県の人。官職は刑部左侍郎に至る。仏教に親近感を持っていた。『明儒学案』一五では、その儒釈の分をいう文章について、釈氏の見があると批判する。この袾宏との話は、帰郷に際してのことになろう『明史』二二三などに伝がある。

（3）「世主妙厳品」は、実叉難陀訳、いわゆる八〇華厳の第一巻の品題。しかし、この巻には老鼠に関わる話はない。

（4）原文の「監司」は中央から来る監察官、「守相」は府県の正副知事などの地元官僚。

（5）原文「豁然貫通」は朱子の『大学章句』第五章のいわゆる「大学補伝」にある語。仏教の頓悟に近似していると評されることがあり、仏教者が取り上げることもある。

（6）虞淳熙（一五五三―一六二一）、字は長孺、号は徳園。銭塘の人。万暦十一年の進士。官は吏部郎中にいたる（『明人伝記資料索引』、『評注』）。『居士伝』四二に、幼時より仏教を学び、雲棲袾宏に戒を受け法問し（『雲棲法彙』に収む）、浄土に回向して前因に続けることを終身行い、放生池に築堤するなどのことを記す。

（7）宋旭―浙江嘉興の人。隆慶、万暦間の画家。内外典を博綜して、禅理に通じたとの評がある。

（8）視野が狭く……男―原文は「担板漢」。もとは黄檗希運の法嗣、陳尊者が講経をこととする講僧に呼びかけた語として知られる。担板漢は板を担ぐ男という普通名詞であり、後世には禅者に限らずよく用いられた。旧時の板は厚く大きいから、背中に背負うと頭は下向きになって視界が狭くなる。一方に固執するとの意に用いる。

（9）斎食―仏教には朝食である粥と昼食である斎、おとき、という言い方がある。斎食は、金品を喜捨して催される寺院の食事会。

(10)　楊（靖安）万春の話は『評注』に詳しい注があり、逝去の後に奇瑞を現した話を記している。このような神秘的な奇瑞談は、とくに明代末期には好んで伝えられている。一例をあげよう。陽明学後流の重要人物である羅汝芳に関しての話があり、彼の二子は道教に心酔して、道士としての短い生涯を送り、昇世したが、没後にその子孫の前に姿を現す。如芳著の「二子小伝」に続いて、孫は「二父行略」を書き、事は多く奇怪で荒誕に類しているようだが、しかし、事実があるのに伝えないのは親を誣《ぶ》することになるとして、さらに友人の見聞を多く加えて、二子が没後の世界と現世を来往した事実を伝えている（拙稿「明代知識人の一側面」）。

(11)　李屯部―屯田は明代の官職では工部のこと、李屯部は、李陽春（一五四一―一六〇三）、字は時化、号は邃麓《すいろく》、余杭の人。隆慶二年（一五六八）の進士、工部の屯田郎中（郎中は中央官庁の局長・部長職）に任じたことがある（『評注』による）。つねに西方の仏名を誦し、没後に妻の前に姿を現し、仏行を修めることを勧めることがあった（『浄土聖賢録』九）。

(12)　心賦―心賦と題する文章著述は多くあるが、これは袾宏自身が書いた「心賦」であろう。『禅関策進』に収める。

(13)　「呵責」の語は、禅で好んで読誦する『証道歌』に、「却って如来にねんごろに呵責せらる、他の珍宝を数えて何の益かあると（卻被如来苦呵責、数他珍宝有何益）」（『景徳伝灯録』三十）とあるのにもとづくとみられる。

余説　今に伝わる雲栖袾宏の伝の代表的なものとしては、憨山徳清《かんさんとくせい》の「雲棲蓮池宏大師塔銘」があり、荒木見悟監修『竹窓随筆』（中国書店、二〇〇七年）に詳しい注記があって参照したが、本書では異訳したところもある。

袾宏は、東昌の謝居士のところでは、偈を作ったという。この偈の「執戟」の語は「碑銘」では「擲戟」につくる。執戟であれば、戟は儀杖の兵器で、執戟は天子を守る儀杖官吏、つまり官吏のことで、袾宏が往時に学業を修めて官吏になろうとしていたことをいう。とすれば、焚香（仏教生活）と執戟（官僚社会生活）とは順次が逆であるが、律詩としての音韻平仄から「焚香執戟」になっているとみてもよい。このようなことから、執戟とあるのがむしろ語としては佳であるとも思われ、この「雲栖」の資料的な意義を裏づける。この偈を悟道の偈と見ることもある中で、雲栖は悟ったとしてはいなかった、と言っていることは、袾宏が自ら凡夫と名乗ったことにもつながり、次の袁宏道の詩に照らしても興味深い。

本文の終わりに、袾宏の逝去後の奇瑞を記録している。『評注』は李屯部に関して、『浄土聖賢録』を次のように引用する。

「潘氏は、名は広潭、工部主事余杭の李陽春の妻なり。陽春故《も》と施を好み、晩《おそ》くには常に西方の仏名を誦《とな》う。既に逝きて年を逾《こ》え、神を潘氏に見《あら》わし、楼に登り後窗《うしろまど》に洪語を作して曰く、修行を要す、修行を要すと。潘氏古今に通じ、初め好んで釈教を排抵するも、晩くして雲栖に帰礼し、葷血《なまぐさもの》を断ち、禅定を習い、夜は常に跏趺（結跏趺坐）して旦に達し、兼ねて諸の功徳を修む。（中略）已にして人に謂いて曰く、吾れは三世の梵僧、今且《まさ》に大士と偕《とも》にして西せんと。仏名を称《とな》えて口に絶たず、三指を屈して化す。殮《れん》に及びて支体は軽軟、貌は生くるが如し」。

この時代には、士大夫の家庭にも、神仏、道仏の篤信者がいて、生前没後に奇瑞を現すことがあった。注10の羅汝芳の家にまつわる話は、その一例である。

袁宏道「雲栖小記」

雲栖は五雲山の下にある。籃輿で竹樹の中を行くこと七、八里でやっと到る。とても奥まっており、蓮池和尚が棲んでいる処である。蓮池は戒律に厳しく、仏道に大きく徹悟してはいなかったけれども、しかし所見がないとはいえない人であった。念仏一門だけを提示していたことは、もっとも直捷簡要なところで、南無阿弥陀仏の六文字の中に天地が移り巡っていく。太陽をひねり出して、その上さらに気ままな説に趣《おもむ》く必要などがあろうか。そうであるならば、蓮池はひとつも悟ったことなどないと言ってもいいのである。ひとつも悟ったことがないのが真の阿弥陀であるのだから。どうか急いで目をつけたまえ。

李流芳「雲栖春雪図の跋」

私は春夏秋には常に西湖にあったが、ただ寒山を見ずに帰ってきていた。万暦三十二年甲辰（一六〇四）に、ふたりの王君とともに雲栖に参詣した時はすでに二月で、大雪が一尺を越していたが、赤山を出て歩くと、道すがら木の枝幹は瓊玉《けいぎょく》のごとく光り輝き、振り払うと、江南の諸山が雲の端に白雪を戴いているのが遠望されて、とても好ましく見えた。万暦三十八年（一六一〇）庚戌の秋には、白民とともにふたつの堤防で雪を見たが、私が帰ってしまってから白民だけは留まった。雪は遅く、年末になってもこの歳はついに雪はなかったので、悶々としなないものなのだ。万暦四十一年癸丑の陽月（十月）に書く。

また「雪山図に題す」

天啓四年（一六二四）甲子の十二月（嘉平）九日、大いに雪ふる。舟を閶門《しょうもん》(1)に泊めてこの図を作った。想うに往年は西湖にいて雪に遇ったが、雪の後にふたつの山に雲が出て、上も下も白一色、どちらが雲か雪かわからなかったのだ。私が画を描いたときには、目の中には雪があり、心の中には雲があって、観る人は指して雲山図だとしたが、それは雪山を画いたのを知らないだけだ。筆を投げだして一笑した。

（1）閶門―蘇州にある城門。

張岱「蓮池大師に贈る柱対」

平台に説法して、生公(1)ひとたび語れば石ひとたび語る。栖真(2)の斗室(3)は、老僧半間　雲半間。

蓮池大師は（高座ではなく）聴衆と同じに平台に説法して、（飛来峯では、生公は石を叱ったが）ここでは生公がひとたび語れば石もひとたび語るのだ。道家のいう存養真性の狭い部屋（斗室）には、半間に老僧が坐り半間に雲がある。

（1）生公―竺《じく》道生のこと。巻二「霊隠寺」の張岱詩を参照。
（2）棲真―道家の「存養真性、返帰本元（真性を存養し、本元に返帰す）」というような心身の修養法。
（3）斗室―狭い部屋。「一間斗室」の語がある。

六和塔(1)

月輪峯は龍山の南にあり、月輪とはその形を省いたものである。(2)宋の張君房は銭塘の県令となって月輪山に宿り、夜には、桂子下の塔に掛かる霧が穂先を周って乱れ落ちて行くのが、牽牛子のように見えた。峯の傍らに六和塔があり、宋の開宝三年（九七〇）に智覚禅師が建築して江の潮を鎮めた。塔は九層、高さ五十余丈、空を支えて突出し、陸に跨り川を見下ろして、浮かんでいる海の船は、塔の灯に導かれている。北宋の宣和（一一一九―二五）年間に方臘の叛乱に(3)焼かれ、南宋の紹興二十三年（一一五三）に僧の智曇が七層に改造し、明の嘉靖十二年（一五三三）に焼かれた。中には湯思退などが集字した『仏説四十二章経』、李伯時が石刻した観音大士像がある。塔の下は渡魚山であり、岸を隔てて紹興府剰県《じょうけん》（剡中《えんちゅう》）の諸山をはっきりと数えることができる。

（1）銭塘江は潮流の干満の差が大きく、激しく遡上することで知られている。六和塔は銭塘江（浙江）の河岸にあり、遡上する潮をみるのにも好適であることから、塔と関連して観潮の詩文が多く作られている。蕭山県東に河岸を挟んで南に龕《がん》山北に赭《しゃ》山があり、海門と呼ぶ。塔は、明代以後にも修復が繰り返し行われ、杭州西湖に現存する塔としては、もっともよく知られている。現在は高さ五九・八九メートル、外観十三層になっている（『西湖志』）。

（2）月輪とは……―月輪山は海抜一三四メートル。ここの文意はわかりにくいが、淳祐『臨安志』八には、「左右の形、円いこと月のごとし、故に名づく」（『西湖志』所引）とある。

（3）方臘の叛乱―宣和二年（一一二〇）に、浙東厳州府淳安の方臘が数万の兵を集め、杭州城を占拠して無数の死者を出し、官吏は惨殺された。この乱は半年ほどで終結した（『宋史記事本末』五四「方臘之乱」、『遊覧志余』六）。

李流芳「六和塔暁騎《ぎょうき》図に題す」

「燕子磯上の台、龍潭《りゅうたん》駅口の路。昔時に馬を並べて行き、夢中に亦た同じく趣《おもむ》く。後に五雲山に来て、遥かに西興の渡しに対す。絶壁は江を瞰《うか》って立ち、恍《こう》として此の境と遇う。人生能く幾何《いくばく》ぞ、江山幸いに故《もと》の如し。重ねて来たって復た相い携《たずさ》えれば、この楽しみ喩《たと》う可からず。身を画図の中に置けば、那《な》んぞ復た帰去を言わん。行《ゆ》くゆく当《まさ》に雲栖《うんせい》を尋ぬるべきも、雲栖は渺《びょう》として何処《いずこ》ならん（燕子磯ほとりの高台、龍潭の駅口の路、むかし馬を並べて行ったところに、夢の中にも同じに赴いていた。のちにまた五雲山にきて、はるかかなたの西興の渡しに向かい合っている。絶壁が江を覗き込んで立ちあがっているが、〈夢の中にも〉恍惚としてこのところに出会ったことだ。

人の命はいつまであるものだろうか。河も山も幸いにも元のままだ。ふたたびまた手を携えてくると、この楽しみは言い表せないものがある。身ごと画図の中に置かれているのに、どうして〈陶淵明のように〉帰りなんいざ〈さあ故郷に帰ろう〉などと言えようか。雲栖を訪ねに往こうとは思うのだが、雲栖ははるか何処にあるのだろうか)」。

これは私が万暦甲辰（三二年、一六〇四）に王淑士平仲と雲栖に参詣する舟の中で画に書いた詩である。きょうは私が画いた「六和暁騎図」を拡げたところ、その状景にうっとりとして、重ねてこれを書くのである。壬子（四〇年）十月六日定香橋の舟中にて。

呉琚《きょ》「六和塔に制に応ずる（皇帝の命に応えて作る）」詞

玉虹遥かに挂《かか》り、青山を望めば、隠隠として一抹の如し。忽ち天風の海を吹きて立て、好似《よく》たり春雷の初めて発するに。白馬は空に凌ぎ、瓊鰲《けいごう》は水に駕し、日夜天闕に朝《ちょう》す。飛龍舞鳳、鬱《うっ》葱《そう》として呉越を環拱す。この景　天下に応《まさ》に無かるべし、東南の形勝、偉観真に奇絶なり。呉児の彩幟を飛ばすに好似し、一江の秋雪を蹴起す。黄屋は天に臨み、水犀は雲擁す。中流を撃つ楫《かい》を看れば、晩来波静かに、海門に明月飛上す。（右、調は酹江月《らいこうげつ》）

丸い玉の如き虹が遥かに掛かり、遠くの青山は筆で一抹したようにぼんやりと映っている。急に天上から風が吹いてきて海水を立ちあげると、春雷が初めて起こったのとよく似ている。

白馬は空中に飛び、美魚は水に乗って日夜、天朝に伺候し、龍は飛び鳳は舞い、鬱葱《うっそう》として呉越を取り巻く。

この景色に匹敵するのは天下にもきっとないに違いない、東南の景勝であり、この偉観はまことにこの上ない。呉の人が彩った高幡《たかはた》を飛ばすのによく似て、江河の秋雪を蹴散らしている。帝王の御殿は高く天に伸び、水上の軍勢は群がり集まっている。中流を撃って進む舟舵《ふなかじ》を見ていると、晩になって波は静かになり、海門の上に明月が登ってくる。（右、詞調は酹江月(1)）

（1） 酹江月—詞調、念奴嬌の一名。

楊維楨(1)「観潮」詩

八月十八　睡龍死し、海亀　夜食す羅刹の水。須臾《しゆゆ》にして海闢《ひら》く龕赭《がんしや》の門、地は銀龍を捲き紙よりも薄し。艮山《こんさん》より移し来る天子の宮、宮前の一箭《いっせん》　西風に随う。劫灰洗わんと欲す蛇鬼の穴、婆留《ばりゆう》　鉄を折るも猶お雄を争う。望海の楼頭に景の好きを誇り、断鼇《だんごう》已に金銀の島に走る。天呉一夜に海水移り、馬は沙田を蹀《ふ》み沙草を食う。厓山《がいさん》の楼船帰るか帰らざるか、七歳呱呱《ここ》として軹道《しどう》に啼く。

八月十八日（銭塘江の遡る潮が最高潮に達するこの日）に睡龍は死に、海亀は羅刹（羅刹江の別名を持つ銭塘江）の水のもとで夜食をとる。しばらくして海は龕山《がんさん》と赭山《しやさん》の間にある海門を開き、大地は紙よりも薄く銀龍の波を高々と捲き上げる。北の汴京にある艮山《こんさん》から南方の杭州に移された南宋天子の宮殿の、宮前に放たれる一箭《いっせん》の矢は西風に随っている。世の終末を示す劫火の灰は蛇鬼の巣穴を洗おうとしていて、銭鏐《りゅう》の幼時のあだ名である婆留《ばりゅう》(2)の子孫は武器を捨てて北宋朝に随ったが、いまもなお雄を争っているかのようだ。海を望み見るこの塔楼は景色のよさを誇っていて、破れて断ち切られた鰲《おおがめ》は金銀の島に逃げ走ったのだ。水神の天呉は一夜にして海水によって移され、馬は沙田を踏み荒らして沙草を食している。南宋最後の幼帝とともに、（滅亡の時を迎えた）広東省新会の海中にある厓山《がいさん》に行った楼船は帰ってきたのか、帰ってこなかったのか。（海中に身を投ずることになる）南宋最後の皇統を継いだ七歳の幼い天子(3)は、降伏する道中にクークーと啼いていたのだ。

（1）　楊維楨（一二九六―一三七〇）、元末の詩人、文人。

（2）　婆留は、銭鏐のこと、巻四「銭王祠」を参照。厓山は、広東省新会県の海中にあり、南宋末に張世傑は退却して帝昺《へい》とともにおり、戦に破れて陸秀夫は帝を背負って水中に身を投じた。

（3）　七歳……―南宋最後の皇統の継承者、帝昺のことをいうと推測する。『宋史記事本末』一〇八「二王之立」に、南宋末の端宗は景炎三年（一二七八）崩ず、十一歳。この歳、帝昺八歳にして位に立ち、祥興と改元、翌二年（一二七九）に入水という。

徐渭「映江楼に潮を看る」詩

魚鱗金甲　牙帳(1)に屯《とん》し、身を翻して却《かえ》って指す潮頭の上。秋風　雪を吹き江門に下り、万里の瓊花《けいか》層浪を巻く。道を伝うる呉王越に渡る時、三千の強弩《きょうど》もて潮を射て低からしむ。今朝筵上に令を伝うるを看れば、暫時胥濤《しょとう》をして水犀を掣《おさ》えしむ。

武装兵が兵営に駐屯して、外の浙江を遡る潮波を注視している。雪を吹く秋風が江の水門に降り、万里に広がる瓊花の波頭を持ち、層を為して浪が捲き上がる。（その昔）道を伝えようとして呉王夫差は越の地に渡ってきて、三千の強い弓を射て潮位を低くしようとしたのだ(2)。今朝は会席上で命令を伝達するのを看ると、浙江の潮(3)にしばらくは水犀を抑えさせようとしている。

（1）牙帳は張幕、屯所のこと。
（2）三千の……——『夢粱録』巻四に引用する蘇東坡「詠中秋観夜潮詩」には、「安《いず》くんぞ夫差の水犀手を得て、三千の強弩もて潮を射て低からしめん（安得夫差水犀手、三千強弩射潮低）」の句があり、『施註蘇詩』巻七の自注に「呉越王、嘗て弓弩を以て潮を射りて低頭せしめんとして、海神と戦う」とある。
（3）原文「胥濤」は、浙江の潮の異名。

鎮海楼(1)

鎮海楼は旧名を朝天門といい、呉越王の銭氏が建てた。石をはかって門を造り、上に高楼を架けて、楼の基礎に石を積み重ね、高さ四丈四尺、東西五十六歩、南北はその半ばであった。左右の石段から楼に登ると、楼は基礎と連なっていて、(2)高さは十一丈ある。元の至正年間（一三四一―六七）に拱北楼に改め、明の洪武八年（一三七五）に来遠楼に替えた。後に字画が不祥だとしてさらに鎮海に改めた。成化十年（一四七四）に火災があり、ふたたび嘉靖三十五年（一五五六）に造ったが、この年の九月にまた火災があった。総制の胡宗憲(3)が重建して、楼ができあがると、幕客の徐渭を呼んで、「これは記念の文を書くべきだが、私のために君が起草されよ」といった。文章を作って差し出すと（次の徐渭「鎮海楼記」）、胡公は之を賞讃して、「君は久しく仮住まいしていると聞いた。会計係を呼び銀二百二十両で（秀才である）君の家を作ろう」といった。徐渭が贅沢だから遠慮するというと、胡公は「私は晋公殿に恥ずかしい。この文では（皇甫湜《こうほしょく》に比べて）君に恥ずかしい思いをさせてしまった。もしもあの福先寺の数字で私の報酬（の薄さ）を責めるなら、私が薄かったのだ。どうして贅沢だということがあろうか(4)」といった。徐渭は胡公のことばに感激して、賜りものを頂いて帰り、ありったけの所持金と、文章物品をすっかり売って公が掲げた数字と同じにして、城下の東南の土地十畝を買い、家屋二十二間、小池二つに魚と蓮をいれ、木の類は、果実のなるものが三種と併せて数十種があった。長い垣根がひと畝に渉り、拘杞《くこ》の木で護り、そとには数十本の竹があり、筍《たけのこ》が群がり生えた。客が来ると魚は網で取り筍は焼き、熟して落ちそうな果物を添え、酔っては歌唱した。はじめは家の並びには秩序がなかったが、次第に新しくして整理して、その正堂の扁額には「酬字」（文字書きの謝礼）と書いた。

（1）鎮海楼について、『遊覧志』一三に、鎮海楼は呉越王銭氏が建て、改建改名を経て、明成化十年に燬《や》け、明年重建、とあり、その規模を記す。「石を規《はか》りて門と為し、上に危楼を架し、楼基の畳石は高さ四仞有四尺、東西五十六歩、南北之に半《なかば》す。中は通道と為り、横架交梁、承くるに藻井を以《も》ちい、牙柱壁立すること三十四、東西の閲門　対闢《たいへき》し、名づけて武門と曰う。夷敞《いしょう》に兵士百許《ばかり》を容るる可し。武台の左右より北転し、石級両曲を登り、楼上に達す。楼の高さ、六仞有四尺、基を連ねて会し、十有一仞、鼓鐘を貯え以て漏刻を司る」。本則の記述はこのあとを受ける。

（2）原文「連基」は、基を連ねるとの意、寺院の規模などを言うが、ここの具体的な構造はよくわからない。『遊覧志』一三の該当記事には、「連基而会」とある。本文は、基礎の部分と連ね合わせるとの意にとっておく。

（3）胡宗憲は、安徽省績渓の人（?—一五六五）、現代中国の国家主席胡錦濤の本籍は同じ績渓で、その子孫であるとされる。後期倭寇の侵攻対策の総指揮者に任ぜられ功績があり、右僉都御史、兵部尚書などを歴任し、東南地域に権勢を振るっているが、状況に応じて職名はしばしば変わっている。本書にいう「総制」とは全体を総称した言い方とみなされる。徐渭はその期間に幕下に身を投じ、白鹿を献上する上表文、本書に見える「鎮海楼記」などを胡に代わって代筆している。胡は嘉靖四十四年、嫌疑を蒙り、上京し下獄して死んだ（『明史』二〇五伝）。後日談として、仲子の松奇は棺を奉じて帰郷の途中に放棄することがある。明末の思想家としても知られた耿定向《こうていこう》は、新安への視学の途中に、路隅の茆舎《ぼうしゃ》に棺が放置されているのをみて、県令に依頼し、城近くの僧舎に移して祭奠《さいてん》している（『耿天台先生文集』一二、「祭梅林胡先生文」、文海出版社刊）。

（4）晋公云々は、胡宗憲が徐渭に遠慮して辞退しないように、故事を持ちだして彼を持ち上げている。唐代に晋国公に封ぜられた裴度は白楽天に起草を依頼しようとしたが、当時に文章に自信を持つ皇甫湜の怒りに遇い、改めて彼に福先寺修造の碑文の起草を依頼した。謝礼として、車馬に繒《きぬ》綵《あやぎぬ》を載せて大層厚くして贈ろうとしたが、皇甫は、自分の文章は三千字の一字ごとに絹三縑だとして、謝礼の薄さに憤慨した。晋公は笑ってその数字どおりに報酬を贈ったという（『新唐書』一七六伝）。この話は『闕史』上（四庫全書本）にも「裴晋公大度、皇甫郎中褊直」の題で載せる。

本書の話は、単に胡が腹の大きいところを見せて公金を自由に流用し、徐がそれに乗って莫大な報酬を得たということではなく、胡宗憲が晋公と同じく徐渭に自分の寛容を見せようとしたことから、徐はそれを無下には辞退できなかったとして、報酬を受けた理由づけをしているのである。はじめに、徐渭を直接に呼ぶ言い方ではなく、「秀才の廬を為《つく》ろう（立派な人物である秀才のために、ささやかな粗末な廬舎を作る）」と、相手を尊敬し、自己を謙遜している。秀才（府県学の学生を呼ぶ美称）の語を用いたのにも、敬重することによって、徐渭の面目を保とうとする配慮がある。さらに、徐渭が私物を売って胡公の申し出た金額と同じにしたことは、胡公が提供する金銭は実は公費であり、のちには胡公が公金を流用し、徐渭が私物化したと、弾劾の口実にもされかねないことだから、家屋敷の購入は自己資金だと正当化するためにも必要なことである。時代を越えて、中国の官僚社会に生きるのに必要な手続きと言ってもよい。

徐渭「鎮海楼記」

鎮海楼は呉越の銭氏によって建てられたと伝えられ、それによって（北宋の都）汴京《べんけい》に向かい、遠望して臣服する意思を表したのである。その基礎と楼台、門戸と欄干垣根がこの上なく高く広く壮麗であったことは、別の文書に詳細に載っている。楼は銭氏の時には朝天門と名づけられ、元の至正年間（一三四一―六七）には、拱北楼と名を改めた。皇明の洪武八年（一三七五）には、来遠と名を改めた。ときに術者がいて、その名の字画が不祥だと気に掛けたが、のちに果たして兆候が現れたので、そこで今の名に改めた。成化十年（一四七四）に火災があり、再建された。嘉靖三十五年（一五五六）九月にまた火災があった。私（胡宗憲）は、南直隷（江蘇省）、浙江、福建（閩）の軍事総督を拝命して杭州に幕府を開いていて、はじめ軍勢を移動して来寇を平定しようとして嘉興に駐在していた。（杭州へ）帰ってきた始めに官僚の某などと復興を相談したところ、急ぎの問題ではないという者がいた。私は、「鎮海楼は府城の中に当たって建てられ、大通りを跨《また》ぎ呉山の山麓を截《き》り、その四面には名山と大海、江湖と潮汐の勝景があり、蒼茫として一望数百里と言ってよい。民衆の小家屋はその間に百万戸、村や市場の官民の景物は億の数でも数えきれない。指差しできるのは、ただこの楼からの傑出した観望があるからであり、島嶼《とうしょ》の遥かに広い眺めまでも、またわが手足の間にあるかのように、高く上がり長く飛んで百蛮の気勢を抑えるのだ。それに、朝貢のためにここを通る東夷は、やはり仰ぎみて礼拝し身を低めて巡回してから始めて立ち去る。だから、四方から来る者は、慕い仰いで誰もが観遊の目的とするのであり、こうしたことが数百年重なった。一旦急にこれを撤廃して民衆に帰るところを失った如くにさせるのは、太平を明らかにして遠近を楽しませるゆえんではないのである。

ただそれだけではない、そこに貯えられていた鐘や太鼓の時報の道具、春夏秋冬の四時に気候を知らせる告知板は、民衆に朝晩の時の休息、寒暑の始終、桑麻の種撒《たねま》き植え替え、漁業や耕作を知らせるのであり、諸々のこの類のものは居住者に指南《さしず》するものなのである。それが一旦急に撤廃されて民衆にぼんやりとして往く先を迷わせるのは、季節秩序を示してその能力をすっかり発揮させるゆえんではないのである。

さらに人びとは銭氏が宋に臣服して建てたと言い伝えており、このことは明らかなることすでに久しい。方国珍がわが（明の）高皇帝（朱元璋）に命乞いを求めた時になっても、なおも銭鏐の故事を借りて請い求めたことが知られている。もしもいま海上の醜い賊に銭氏のことを知らせることができ、その帰順を願うこと方国珍の初めのことばのようになれば、臣下の道に補益すること少なからざるものがある。それなのにその事跡が湮没《いんぼつ》して明らかでなくなってもよいだろうか。私は海上の辺境を清める職にあって、今日行うべき任務はこれより急務はないと視ている。諸公はひたすらこれに従事されよ。民衆から徴発することなくまず身ずから務めよというのだ」といった。

そこで私は官吏の某や他の者とともに公金から支出するのは合計銀いかほど、民間に募集するのは銀いかほどとし、かくて工事用材を集めて事を某年月日に始め、構築するところを計測して、石材煉瓦を並べて門を作り、上に楼屋を架け、楼の基礎に石を積み、高さは若干丈尺、東西は若干歩、南北はその半ばである。左右の階段を曲がって楼に達し、楼の高さはまた若干丈であり、すべて七つの屋棟と基礎は百、巨鐘が一、大鼓の大小が九、季節秩序の告知板はそれぞれに相違があって、楼中に貯蔵すること、みな成化の時刻の制度どおりにした。思うに、幾年月を経過して完成したのであり、その始め、楼がまだ出来上がらない時には激しい来寇が海上に満ちていて、私は軍勢を移動させて征討していたから、ここに来る暇などはなかった。今は五年を経過して、激しく来寇した者は捉えたり遁れたりし、住みついている者は懼《おそ》れて敢えて来寇しようとはしないから、海上は初めて安穏になった。そして楼がちょうど完成したのである。そこでその旧称に従い、鎮海と名づける。

余説　この文は明末の文学者徐渭（文長）の代表作ともされている。この文章は鎮海楼再建を記念して、主導した胡宗憲自ら書く文章を徐渭が代筆している。文中では胡の事績を顕彰してはいない。これは身辺にも不急だとする者がいたというように、この種の事績には毀誉褒貶が付きものであり、一旦胡が政治的に不遇になれば、そのこと自体が公金流用だとか権勢を誇ろうとしたものだとかということになり、批判中傷の材料にもなる。この種の問題は中国の官僚社会には古今を問わずに存在する。したがってここでは、胡が自制し謙遜して、民政に有用なことを誇大にのべて再建を報告するという文章になっている。

張岱「鎮海楼」詩

①銭氏　臣を称して数伝を歴し、危楼突兀《とつこつ》として朝天と署す。越の山　呉の地　方隅に尽き、
大海長江　指顧《しこ》に連なる。使いのもの百蛮より到れば皆な礼拝し、潮来りて九折し自ら盤旋す。
成・嘉より此《ここ》に至りて三たび火を経て、皆な王師の海を靖《やす》んずる年に値《あた》る。

銭氏が（北宋に）臣服してから数代を経歴して、高い楼屋が聳え立ち、朝天（天朝の宋に朝《むか》う）と題書されていた。ここは山々の多い越と平地の多い呉の行き着く東南の隅にあり、大海と長江とは指差して目で見えるところに連なっている。使者が百蛮から来るとみな礼拝し、潮流は寄せて来て九たび折れて来往している。成化・嘉靖から今に至るまで三度の火災に遭ったが、それはみな国王の軍勢が海を靖んずる年に当たっていたのである。

②都護は当年廃楼を築き、文長は記を作り此の中に遊ぶ。適《たま》たま困鱷《こんがく》の来りて投轄するに逢い、正に飢鷹《きよう》の自ら韝《ゆごて》に下るに値《あ》う。厳武は詩を題して杜甫に属《しょく》し、曹瞞《そうまん》は字を拆《ちゃく》して楊修を忌《い》む。而今縦《たと》い青藤の筆有りとも、更に何人を討《たず》ね、字を数えて酬いん。

都護（総指揮官）はその年に廃壊していた楼屋を新たに築き、徐文長が記念文を作ってこの楼に遊んだ。たまたま困窮した鱷《わに》(1)が投降するときに遇い、食に飢えた鷹が自分から韝《ゆごて》に従順に止まるときに当たった（二句は寇乱の首謀者の王直などが投降して、秩序が回復した時に当たったこ

とを言う)。(古くは唐代に)厳武は詩を題することを杜甫に依嘱し、(三国時代魏の)曹瞞(曹操)は字を分析した楊修を忌《うと》んじたということがあった。[2] いまはたとい青藤(徐渭)のような筆を持つ(文章文字に長じた)人がいるとしても、一体誰に訊ねて、文字を数えて報酬に報いることができるだろうか。

(1) 鱷─鰐《わに》の異体字。

(2) 魏の武帝曹操(幼時の字は曹瞞)と楊修(脩)は、孝女曹娥の碑文に、「黄絹幼婦外孫虀臼」とあるのを一緒にみて、楊修はいち早く理解したが、曹操は三〇里行ってから、それは「絶妙好辞」を意味することを、楊と同様に理解した(『世説新語』「捷悟」)。黄絹は色糸、すなわち「絶」字、幼婦は少《わか》い女、すなわち「妙」字、外孫は女の子《むすめ》、すなわち「好」字、虀臼は「辞」を意味するとされる。よく知られた、文字を用いた一種の謎、字謎である。楊はまた曹操の意図を早く知って対応することがあった。このようなことから、楊修は曹操に疎まれて死に至っている(『三国志』魏書一九、裴松之注)。権力者にとっては、自分の意向をあらかじめ知ったり、またいち早く知ったりする部下がいることは、絶対の権威を保つという秘密保護の観点から見れば、好ましいことではないのである。

伍公祠

(春秋時代のこと)呉王は伍子胥《ごししょ》に死を賜った後に、その屍体を取って鴟夷《しい》の革袋に入れて江河の中に浮かべた。伍子胥は流れに乗って波を揚げ、潮流によって来往して岸堤に勢いよく撞き当たり、防ぐことができない勢いがあった。ある人は彼が銀の鎧《よろい》、雪色の獅子頭をつけ、白馬の白い車に乗り、波頭に立っているのを見たことがあったことから、廟を建てることになった。毎年の仲秋既望、八月十六日に潮流が最大になると(1)、杭州の人たちは旗や太鼓で出迎えるが、潮流に遊ぶ遊興はおそらくここに始まったのである。北宋の大中祥符年間（一〇〇八—一六）には、「忠靖」の扁額を賜って英烈王に封建された。嘉祐・煕寧年間（一〇五六—七七）、海潮が大きくあふれたが、都（京兆）の太守趙与権が神に祈ると水患は一挙にやんだ。そこで奏上して英衛閣を廟の中に建てた。元末に焼かれ、明代初期に重建した。唐の盧元輔の「胥山銘序」・宋の王安石の「廟碑銘(2)」がある。

（1）潮流が最大になる—銭塘江は、海潮が激しく遡る「海嘯」現象がみられることで知られている。この潮流は月ごとに増減があり、八月には特に増減が激しく、都人の内には十一日から観衆が出始め、十六日から十八日には城を傾けて出かけ、二十日にはやや稀になる。競って弄潮の遊びをする者がいて命を落とすことがあり、禁止令が出たが留めきれなかったという。これを載せる南宋末の『夢粱録』（四「観潮」）の記事は、他書に比べてわかりやすい。この遊びは、宋代に特に盛んだったという（『遊覧志』二四）から、時代によって流行の違いがあったらしい。

（2）「胥山銘序」は『白孔六帖』七。「廟碑銘」は『王臨川集』三八。趙与権は、浙江鄞県の人。宗室の出で、嘉定七年の宗室進士（『宋元学案補遺』七三）。右から見ると、神に祈ったのは時代が降って南宋のことになる。

高啓「伍公祠」

地大天荒　覇業空し、嘗て青史に於いて遺功を嘆く。屍を楚墓に鞭うつ生前の孝、目を呉門に抉《えぐ》る死後の忠。魂は怒濤を圧して白浪翻り、剣は冤血《えんけつ》に埋《う》もれて腥風《せいふう》起こる。我来たれば無限の傷心事、尽《ことごと》くは呉山烟雨の中に在り。

天地が大いに荒れている中に、かつて天下を征服する覇者になろうとした事業も今は空しくなり、歴史の書を見ては、かつての遺された功績が嘆かれる。伍子胥は、呉に仕えて楚を討ち、かつて父を殺した楚王の屍体を墓から掘り出して鞭打ったという生前の孝があり、後には呉王夫差に仕えてから無実の罪で殺され、わが目を抉って呉の東門に懸けよ、越が呉を滅ぼすのを見るのだと言った死後の忠があった。伍子胥の魂は怒濤を圧迫して白浪を翻《ひるがえ》させ、冤罪によって殺され血に染まった剣は、埋められて生臭い風が吹き興る。私が訪れてくると、心を傷める無限のことがあるのだが、それはすべて烟雨の呉山にあったことなのだ。

徐渭「伍公廟」詩

呉山の東畔伍公の祠、野史に評多きも定詞無し。族を挙げて何の辜《つみ》ありや草を刈るに同じとは。後人卻《かえ》って苦《ねんご》ろに屍に鞭うつを論ず。退耕して始めて覚る呉に投ずることの早きを。恨を雪《すす》ぐには終《つい》に郢《えい》に入ることの遅きを嫌う。事　此《ここ》に到れば公は真に不幸なり、髑髏《どくろ》は依旧に夫差に遇う。

呉山の東隅に伍公の祠堂がある。民間にある野史に評論されることは多いが、定論はまだない。どんな罪があると言うのか、一族は挙げて草と同じに刈り取られたが、後人はかえって事細かに（以前にかつて仕えた楚王の）屍体に鞭打ったことを議論している。（伍子胥は呉に仕えた後に一旦は）隠退して、はじめて呉に身を投じたことが早かったと覚ったが、恨みを雪ぐにはその楚都の郢《えい》に入ることが遅かった嫌いがある。事態がここに至ったのは伍公がまことに不幸だったからであり、髑髏《どくろ》となって（呉門に懸けられて呉の滅亡を見ようとしたが）、もとのままに呉王夫差に遇ったのだ。

張岱「伍相国祠」詩

①突兀《とっこつ》たる呉山に雲霧迷い、潮来り潮去る大江の西に。両山呑吐して婚嫁を成し、万馬奔騰して鼓鼙《こへい》に応ず。清濁溷淆《こんこう》して天　地を覆い、玄黄錯雑して血　泥に連なる。旌幢幡蓋《せいとうはんがい》　威霊遠く、檄　娥江に到り、取りて候を斉しくす。

突き立った呉山には人を迷わせる雲霧がただよい、銭塘の大江の西には潮が寄せてはまた退く。ふたつの山は雲を呑みまた吐いて、夫婦になっているかのようであり、万馬が奔騰して大小の攻め大鼓の響きに応じている。清濁は入り雑じって天は地を覆い、黒い天・黄の地は入り雑じり、血が泥と連なっている。旗差し物・棹差し物にも霊威は遠くいきわたり、（銭塘江の神からの）檄文は（越の都の地紹興にある）曹娥江《そうがこう》に至り、（曹娥江は檄文の意を）取り入れて従い、時候を調節して（潮流の干満を銭塘江と）斉しくしている。

②従来潮汐に神威有り、鬼気陰森として白日微かなり。岸を隔てて越山に遺恨在り、江の到る呉の地は故都に非ず。銭塘の一臂《いっぴ》　鞭雷走り、鼋楮《がんしゃ》の双頤《そうい》　雪を噀《ふく》んで飛ぶ。燈火　江に満ち風雨急なるは、素車白馬もて相君《しょうくん》帰る。

古来潮汐には神威があるといわれるが、いまもなお鬼気は薄暗く、日の光もかすかにしか見えない。対岸の越の山には怨恨が残されているが、銭塘江の流れる呉の土地は旧くの都ではないのだ。銭塘江では臂《ひじ》で鞭を揮えば雷が走り、（海門のふたつの山）鼋山《がんさん》と楮山《しゃさん》には雪を含んだ風が飛ぶ。舟の燈が江河に満ちて風雨は急になると、相国（大臣）の伍子胥が白い車に白馬に乗って帰ってくるのだ。

余説　春秋時代の伍子胥は、ふかく執拗な怨恨の報復に生涯をかけたことで知られる。司馬遷は『史記』六六にその伝記を書いて、「怨毒の人におけるは、甚だしきかな」と嘆息している。死後にもなおも奇瑞を現したので廟を建てて祀ったのが「伍公祠」である。張岱詩にある「檄文は曹娥江に至り」というのは、民間に伝わる話という（『評伝』）。曹娥江のある紹興の人、張岱だからこそ書くことができた詩といえるだろう。

城隍廟

呉山の城隍廟は、宋以前には皇山にあり、旧名は永固である。紹興九年（一一三九）に移してここに建てられた。宋初にその神を任命したが、姓は孫、名は本と言う。永楽時代にその神を任命して周新とした。新は南海（広東省広州府）の人で初めの名は日新といった。文帝（永楽帝）がいつも新と呼んだことから名になったのだ。（地方試験合格者の）挙人から大理寺評事になり、疑獄があれば、一語で白黒を決した。永楽年間の初め、監察御史を拝命し、発言して果敢に弾劾したことから冷面寒鉄（公平無私に非情なまでに信念を貫く人）と見なされた。都の長安（明代には北京のことを言う）ではその名前を出すと啼く子も泣きやんだ。(1)

雲南按察使に転任し、浙江に改任された。任地の省境に来て、多くの蚋《ぶよ》が馬首に飛ぶのを見て後につけて行き、叢《くさむら》の中にむき出しの死体を見つけたが、身体には鍵がひとつと小さな鉄の標識ひとつが残されていた。新は「織布の商人だ」といい、これを収納した。任務に就いてから人たちに町中の布を買わせ、一つ一つその布の端を調べて標識と同じものはみな留め置き、盗人を究明した。死者を出した家の者を呼んで布を与えて盗みの法で処置したので、家の者は大いに驚いた。

新が役所の政堂に坐ったとき、旋風が木の葉を吹きこんだので不思議に思っていると、左右の者が「この木はもともと城中にはないものです。これは城からやや遠くにある寺だけにあります」といった。新は「その寺の僧が人を殺したというのか、それは冤罪だ」といい、樹のもとに行って一人の婦人の死体を見つけ出した。(2)

他日に、ある商人が遠方から夜に帰って来て、家に着く前にこっそりと金を叢祠の石の隙間に置いて、朝になって取ろうとしたがなかった。商人が新に申し出ると、新は「同行した者はいたか」というと、「いません」という。「人に話したか」というと、「していません。私の妻に話しただけです」といった。新はただちにその妻を捕えよと命じ、これを尋問してその盗みが判明したが、それは私通であった。すなわち旅に出た商人がにわかに帰って来たので、私通している男は隠れ潜んで、その話を聞きとったのである。

およそ新が政務を行うのは多くこの類いであった。新が仕事に行く時には、微服で管轄の県を視察した。県官のやり方に触れて（新は）監獄に収容されたので、そこで県中の苦しみをすっかり知ることになった。あくる日、県の人たちは按察使が来ると聞いたが、皆ともに一向に来ないことを怪しんだ。新は獄から出て、「私がそれだ」というと、県の官吏は大そう驚いた。この時に当たり、清廉な周按察使の名は天下に聞こえた。

皇帝直属の特務機構である錦衣衛指揮官の紀綱は、ちょうど権勢を誇っていて、千戸という役職者を使い浙江を探らせていた。千戸は威勢を示してわいろを受けていた。新は上京する途中にたまたま涿《たく》県で出会い、すぐさま千戸を捕えて涿の獄に係留した。千戸は逃げ出して紀綱に訴えた。綱はさらにお上に奏上して新を誣告《ぶこく》した。お上は怒ってこれを逮捕した。すぐに御前に至り、皇帝の座の前で厳重に抗議して、「按察使は奸悪を捕えて処置するもので、都の都察院と同じに陛下が命じられたものです。臣は詔書を奉戴して死ぬならば、死んでも恨みはありません」と言った。お上はますます怒って殺害を命じた。

処刑に臨んで大声で叫び、「生きては直臣となり、死しては直鬼となる」といった。その夕に天文を司る太史は文星が墜ちたと奏上した。お上は喜ばず、左右の者に周新はどこの人かと尋ねた。応えて「南海です」というと、お上は「辺境の嶺外にはこんな人がいるのか」といった。ある日、お上は緋衣を着て立つ人を見て叱り、誰かと尋ねると、「臣の新です。天の上帝が臣を剛直だと思い、臣を浙江の城を守る城隍神にさせ、陛下のために奸悪姦貪の官吏を取り締まらせます」といい、言い終わると見えなくなった。そこで新に浙江の総城隍の任を与え、廟を呉山に建てたのである。

(1) 周新の伝は、『明史』一六一などにある。冷面寒鉄は、黄佐『広州人物伝』一四には、ある広州の人が冷面寒鉄といわれ、都では彼の名を持ち出して子どもをこわがらせた話があるという(『大詞典』所引)。広州ということから見れば、上記の周新の話と関連があるか。

(2) 本文に周新の事績として、①布商人(布賈《ふこ》)を殺した下手人の話、②遠い寺にある木の葉が机の前に落ちたことから婦人の死体を見つける話、③亭主の留守に妻が密通した話、④任地に微服して行き、民生の実情を知った話、⑤錦衣衛手先の千戸を捕えて、皇帝の怒りを買って殺された話を載せている。②の話はわかりにくいが、ここには誤りがある。まず先に述べておくべきことは、『明史』の周新の伝には、上記の治績は繁簡はありながら、上と同じ順に同内容で書かれている。『明史』は一六七九年（康熙十八年）に修史を開始し、一七三五年に定稿を見た（中華書局版『明史』出版説明）から、本書よりは後出であり、本書と『明史』はともに同種の原資料によっているのか、『明史』は明代の史実に詳しい張岱の説を参照することがあったというような、『明史』成立にも関わる問題を含むかもしれない。さて、②の話について、『明史』の文を書き下し文にしておく。「一日、事を視るとき、旋風　葉を吹きて、案前に墜つるに、葉　他樹に異なる。左右に詢《と》えば、独り一僧寺にのみ之れ有りと。寺　城を去ること遠し。新は、僧　人を殺すと意《おも》ふ。樹を発《あば》けば、果たして婦人の屍を見る。鞫実《といただ》して僧を磔《はりつけ》にす」。傍線部は、本書の文章に誤りのあるところである。

張岱「呉山城隍廟」詩

①宣室に慇懃に賈生に問う、鬼神の情状名づくる能わざるかと。形を白日に見て天眼動き、血を黄泉に浴びて御座驚く。革伴の鴟《し》夷《い》猶お気有り、身は豺虎《さいこ》に殉じて豈に霊無からんや。只だ愁うるは地下に龍逢笑い、笑爾として奇冤聖明に遇うを。

漢の孝文帝は宮中の宣室において、事細かく賈誼《かぎ》に鬼神の情状は形容することはできないかと尋ねた[1]が、明の永楽帝は（鬼神となった周新の）その形状を日中に見て顔色を動かし、黄泉に血を浴びた姿に驚かれた。鴟夷《しび》の革に包まれた伍子胥の死体はまだ生気を持っていたのであり、(2)身は豺虎《さいこ》に殺されても、霊は必ずあるのだ。ただ愁えるのは、生前には諫言が納れられず、夏の桀王に諫言して殺された龍逢(3)は死後に地下に在って、笑いながら聖明な天子の御代を迎えたことだ。

②尚方《しょうほう》　特地に楓宸《ふうしん》を出で、反って西郊に向かいて直臣を斬る。思えば鬼言を以て聖主を回《かえ》し、還って尸《し》諫《かん》を将《も》って僉人《せんじん》を退けるなり。血誠は無籍にして丹を色と為し、寒鉄は応《まさ》に金鋳をして身たら教《し》むべし。坐して江潮に対すれば冷面多きも、今に至りて冤気未だ曽《かつ》て伸びず。

（宮中の役人）尚方(4)はとくに宮中を出て（天子から離れ）、西郊で直臣の周新を斬った。これは思えば、幽鬼のことばで皇帝を反省させ、また死諫でもって側近の悪人を退けたことなのだ、血誠《まこと》には固有の籍はなく、ただ丹朱を色としている。寒鉄はきっと身を金鋳にさせる（生前の肉身を死後には金鋳の城隍神として祀らせる）のだ。座して銭塘江の潮流に向き合えば、（歴史上には、冤罪を蒙った公明正大で冷徹な）冷面が多くあったのだが、今に至ってもその気は鬱屈したままで晴らされてはいないのだ。

（1）宣室……漢代の孝文帝が宮中の宣室に座して、賈誼に対して鬼神の本《もと》について問うたという故事（『史記』屈原・賈生列伝）をいう。
（2）「伍公祠」を参照。

（3）龍逢―古代夏の桀王に諫言して殺された賢人、関龍逢のこと。
（4）尚方―唐代には、宮中に祭祀の器などを管理する少府監を尚方監に改めたが、ここでいう尚方は、刑罰に当たったことからみると、南斉のとき監獄に尚方獄があったことから、刑罰に当たる官の呼称として用いたものか。または尚方監の官員が刑の執行に当たったということか。

また城隍廟の柱銘
厲鬼《れいき》は張に巡《さかん》り、敢えて血の身を以て白日を汚《けが》すも、閻羅《えんら》と包拯《ほうしょう》老は、原《も》と鉄面を将《も》って黄河に比《なら》ぶ。

厲鬼は盛んに徘徊して血まみれな体で白日を汚そうとしているのだが、（冥界で人を審理する）閻魔《えんま》と（宋代の剛直な廉吏である）包拯《ほうしょう》老はもとより鉄面（無私）で、（滔々と流れる）黄河の流れにも比べられるのだ。

火徳廟

火徳祠は城隍廟の右にあり、祠内は道士の居廬になっていて、北方の西冷や湖中の勝景が眺められ、すっかり盆池の中の小景になっている。（1）南北のふたつの峯は、研山が机上にあるかのように見え、明聖の二湖は、水盆が机上にあるかのようである。窓枠や門の 桿《はねつるべ》 のところから湖を見ると、みな一幅の絵画になっている。小さければ尺四方、長ければ丈幅、広ければ横に広げ、縦にすれば手で巻き取り、一歩一歩に移り影は換わる。もしも風流人に出逢えば自然に衣を脱いで体を伸ばすだろう。画家がいう水墨と丹青で、淡描と濃抹はすっかりここにある。昔の人が「一粒の粟《あわ》の中に世界が蔵され、半升の鐺《なべ》の中に山川を煮る」（呂洞賓詩）というのは、おそらくこのことを言っている。ここに家を持ついわゆる「火居道士」が、陽羨（の許彦路）が出遇ったところの（二つの鵝《がちょう》とともに籠の中に入った）書生（『続斉諧記』）になることができれば、六橋や天竺はみなその鵝籠中の物である。

（1）　前出「西渓」の注を参照。

張岱「火徳祠」詩

中郎は看湖を評し、登高は下るに如《し》かず。千頃《せんけい》一湖の光、縮みて杯子の大と為ると。余は眼界の寛《ひろ》きを愛し、大地は隙罅《げきか》を収む。甕牖《おうゆう》と窗櫺《そうれい》、眼に到るもの皆な図画なり。漸く入れば漸く佳、長康　甘蔗を食らう。数筆の倪雲林《げいうんりん》、居然として荊夏《けいか》に勝る。刻画の工《たく》みならざるに非ず、淡遠は声価長ず。余は愛す道士の廬、寧ろ中郎の罵《ののしり》を受けん。

袁中郎（宏道）は西湖の観望について、「高いところに登るよりは低いところの方が良く、（高いところでは、）千頃の広さに渉る光り輝く湖は、縮小して杯ほどの大きさになっている」といっている。(1)私は広々とした視界の中に、大地が隙《すき》ま割れめを包み込んでいるのを見るのが好きだ。破れ瓦で窓枠や手すりを造った家など、目に入るものはみな図画である。段々と入っていくに従って段々とよくなるのは、長康（画家顧愷之《こがいし》の字）が甘蔗《さとうきび》を食べる時（末尾から本に遡って食べて、次第に佳境に入ったと言った話）と同じであり、また数筆だけ書いても（元代の）倪《げい》雲林《うんりん》（瓚《さん》）が、はっきりと（前の南宋代の）画家荊浩《けいこう》・夏圭《かけい》に勝っているのと同じだ。刻画が巧みであればよいというのではなく、淡遠なことが声価を高めるのだ。私は道士の廬舎を愛しているのだから、甘んじて袁中郎の罵りを受けよう。

（1）袁中郎（宏道）の、ここに言われている意見は、巻五「五雲山」の「御教場小記」を参照。

芙蓉石

芙蓉石は、いまは新安の呉氏の書屋になっている。山には怪石危巒《きらん》が多く、松や柏で織りなされ、大きさはみなひと抱えある。堦前《かいぜん》の一石は風雨に曝《さら》されて半ば泥沙の中に入った芙蓉の姿のようで、それを寓林奔雲(1)に比べても、とても伸び伸びとしていて盛んである。ただ残念なことに主人は深くこの石を愛していて、これを懐に入れたまま半歩も離れようとしないので、建物が迫って却って邪魔することが多い。もしも土台や柱が譲り合って一丈ほど離れ、松や石との間隔を気持ちだけでもあけて淡遠にすれば、言うにいえない妙味があろう。

呉氏は代々上の山に住み、主人は十八歳になっても身につける布きれもなかった。人からは軽くみられ、「呉正官」と呼ばれていた。ある日早起きして重さ二銖《しゅ》ある銀の簪《かんざし》をひとつ拾い、すぐに牛の血を買い、それを煮て喰らった。落ちぶれた家はそれから商いを営むこと五十余年、徽州《きしゅう》（安徽省）から北京に到るまで、呉氏の店舗は八十三になった。蘇東坡は、「一簪《いっしん》のもとで富を致すことができる」(2)といったが、呉氏について見るとまことにそのとおりである。

思うに、この土地は某氏の花園であったが、わが祖父は三百金でその華麗な家屋を買い、移築して寄園を造った。そこで呉氏はその空いた土地を高価で買ったのだが、その当時には値打ちだといわれた。いま呉園に行くと、その怪石・奇峯、古松・茂柏がみられる。懐の宝玉は手に入ってまた失われたのであり、まことに一回見ると一回悔しい思いがする。

（1）寓林奔雲─たたずむ林、走る雲との意か。熟語としては未詳。

（2）一簪のもとで……─『経進東坡文集事略』一五「策略二」に「一簪身に著くるを得ざるも、亦た以て富むに足る（一簪不得著身、亦足以富）」とあるのに基づく。ただし、この文は、典故をひねって用いたか、誤用したもので、張岱は、さらに明らかに誤用している。「一簪」云々は、『漢書』九三「佞幸」鄧通伝に、景帝に仕え、病時に膿《うみ》を吸いだして仕えた鄧通は、次の文帝代に罪を得て償うことになった。景帝の息女長公主は、金品を援助したが、すべて没収され、通の手には何も残らなかった、「(公主から賜った) 一簪も身に著くるを得ず（一簪不得著身）」、のちに死んだ、とあり、つまり「簪ひとつさえも身に着けることができなかった」との意で、これが典故である。東坡は「一簪」を富む元手として、富を得るとの一句を増し、張岱はそれをさらに明確にしたのである。

断章取義の好例といえよう。あるいは、独自の成句を作ったと見るべきかもしれない。

張岱「芙蓉石」詩

呉山　石窟為《な》れば、是れ石は必ず玲瓏《れいろう》ならん。此の石は但だ渾樸のみ、復た奇峯を起こさず。花弁幾層か折れ、地に堕ちて一芙蓉たり。痴然として草際に在り、上に覆うに青松を以《もち》う。濯磨すること結鉄の如く、蒼翠に苔封有り。主人珍惜に過ぎ、周護するに墻墉を以《もち》う。恨むらくは舒展に地無く、支鶴韜籠《とうろう》に閉ざさるを。僅かに堪《よ》く几席を留めて、聊《いささ》か怪石の為に供するのみ。

呉山は石窟になっているのだから、石はきっと玲瓏《れいろう》なはずだ。しかし、ここの石はただ渾樸なだけで、奇峯を起ち上げたりはしない。花弁が幾層か折れ、地に落ちてひとつの芙蓉になり、草の間にぼんやりとしていて、上から長い松が覆っているのだが。洗い磨かれた鉄の塊のようになり、青々とした苔に閉じ込められている。主人は度を過ぎた珍惜ぶりで、周りに壁を造って護っているが、残念なのは身体を伸ばすところもなく、脛《すね》の長い鶴が籠に閉じ込められているようなことだ。わずかに座席を残していて、いくらかは怪石向けの供え物になっている。

雲居庵

雲居庵は呉山の鄙《ひな》びたところにある。北宋の元祐年間(一〇八六―九三)に仏印禅師(1)のために建てられた。聖水寺は、元の元貞年間(一二九五―九六)に中峯禅師(2)のために建てられた。中峯はまたの号を幻住という。剃髪得度のときに、もとの宋の宮人に楊妙錫という者がいて、香盒《こうごう》に髪の毛を貯えていたところ、舎利が沢山できて来たので、塔を寺の中に建てた。元末に焼かれ、明の洪武二十四年(一三九一)に聖水寺を雲居寺に併合して、「雲居聖水禅寺」の寺額を賜った。年を経て殿宇は破損したが、成化年間(一四六五―八七)に僧の文紳が修復した。寺中には中峯自写の小像があり、上に賛があって、「幻人に此の相無し、此の相は幻人に非ず。若しも中峯と喚做《よびなせ》ば、鏡面に埃塵《あいじん》を添えん(もともと虚幻である人にはこの肖像の相《すがた》はない。肖像の相は虚幻な人ではないのだ。もしもこれを中峯と呼べば、何もない鏡の面に塵埃《じんあい》を添えることになろう)」といった。

先には六橋に千樹の桃柳があるといったが(3)、その紅緑は春時の深浅であり、雲居には千樹の楓柏があってその紅黄は秋時の浅深である。いまは薪になり、檌《たきもの》(4)になって、もう問うこともできないのだ。以前に李長蘅《りちょうこう》の画の題書をみたところ、「武林城中の寺院の勝景は、雲居を最上とするべきだ。山門の前後にはみな長松があり、天に届き太陽を覆っている。中峯の手植だと伝えられるが、年が経過して浸蝕され、寺僧に伐られて、一〇分の一も残っていない。それを見るたびに老成すれば衰え亡くなるとの感慨がある。去年の五月、居家（小築）から清波に到り、寺中に友人を訪ね、日が落ちるころ長い回廊に坐って、酒を買ってちょっと呑んでから城下をうろつき、鳳凰や南屏の山々を遠望して月影に沿いながら帰って来た。翌日これを孟暘《もうよう》が画くことになって、とりわけ思うところがある」とあった。

（1）仏印禅師─『遊覧志余』一四に、「仏印禅師は、杭の蠟燭庵・聖水寺、皆な其の道場なり。世に其の諧謔滑稽を伝うるも、僧史に亦た其の人尠《すくな》く、列伝を為さず。東坡恵州に貶さるるとき、仏印は書を致して曰く、……この書を観れば、亦た道に近き者に似る。惜しむらくは、渠《かれ》の所謂性命の旨、従《よ》りて之を質難すること無き耳《のみ》」とある。

（2）中峯禅師（一二六三─一三二三）、銭塘の生まれ、出家して法名は明本、号は中峯、幻住。各地を巡錫して、のちに天目山師子院に住した。『五燈会元続略』などに伝がある。

（3）六橋にある千樹の桃柳について、張岱は巻三の「孤山」などで、文章を変えて述べている。

（4）槱は音ユウ。『詩経』大雅棫樸《よくぼく》に「之を薪にし、之を槱にす」とあり、鄭箋に「予め切りて以て薪と為し、則ち聚積して以て之を燎《た》く」とある。

李流芳「雲居山紅葉記」

私は中秋に湖上で月を見たことが三回あるが、みな紅葉を待たずに帰った。前日に舟で塘栖を通りかかり、数樹が紅や黄色に美しく染まっているのを見て、はたと霊隠、蓮峯の約束があったことを思い出し、今日初めて足を踏み入れることができた。湖上に行くと、霜の降りる気配はまだゆき渡らず、雲居山の千樹の楓柏もまだ盛りだということはない。なんと私と紅葉との縁はやはり出し惜しみされているのだろうか。そこで昔に忍公が紅葉に代わって私を招く詩があり、私もあわてて答えたのを思い出して、ちょっとここに書いておく。

「二十日の西湖(1)をまだ賞味しないうちに、ある朝別れて帰ってきた。この度の遊びはとくにそそくさとしていた。私が別れを告げようとしたときは、千山にすでに秋景色は濃くなってきていた。更にもう数日留まることができれば、霜が林の梢を十分に変えていただろう。君はいつも私に言っていた、霊隠の楓の葉は好く、千紅と万紫はまばらに植わっていても、みな晴れた空に向き、爛然《らんぜん》と錦の敷物を並べ、森然と旗差し物を建てている。一生の間に見ることができなければ、食べ飽きたというのと、なんという違いだろうか」と(2)。

（1）　二十日の西湖とは、この文は中秋のことを言うから、旧暦八月二十日のことであろう。

（2）　末聯の原文は、「一生未得見、何異説食飽」。李流芳に遊覧を勧めた詩であることから、末聯は、「一生の間に見ることができない君のような人びとは、食べ飽きた、十分に観賞し尽くしたと言っている私などに比べて、何という違いだろうか」との意にとる。

高啓「幻住栖霞台に宿る」詩

窗《まど》白く鳥声暁にあり、残鐘は渓水を渡る。此の生は幽夢に迴《めぐ》り、独り空山の裏《うち》に在り。松巌に仏灯留まり、葉地に僧履響く。予の心に方《はじ》めて寂を湛え、閑臥すれば白雲起こる。

窓には霜が白く降り、暁になって鳥の鳴き声がして、鐘の余韻は渓水を渡っていく。わが生は幽夢の内に廻っていき、いまはただ一人空山の中にいる。松や岩の前には仏に供える灯明が残り、落ち葉の散り敷いた大地には僧の履物の音が響く。いまわが心には寂静が湛えられていて、横臥して見上げると白雲が起き上がってくる。

夏原吉(1)「雲居庵」詩

誰か闢《ひら》かん雲居の境、峨峨として古城を瞰《み》る。両湖は晴れて碧を送り、三竺は暁に青を分かつ。経は千函に妙を鎖《とざ》し、鐘鳴りて万戸驚く。此の中に真に楽しむ可し、何ぞ必ずしも蓬瀛《ほうえい》を訪ねん。

雲居庵の境域は誰が開いたのだろうか。高々と聳えて古城を見下ろしている。二つの湖は晴れ渡って碧の色彩を送り込み、三天竺寺のある天竺山は暁に青色を分かち与えている。仏寺の千函の経巻には妙なる教えが込められていて、鐘の鳴る音は万戸の人びとを驚かせている。この中に（陶淵明がいうように）真に楽しむべき意《おもい》(2)があるからは、どうして必ずしも（理想郷とされる）蓬萊《ほうらい》の国を訪ねる必要があろうか。

（1）夏原吉（一三六六—一四三〇）、戸部尚書などに任じ、内閣に入り、機務に預かった。

(2) 陶淵明の「飲酒」詩に「此の中に真意あり、弁ぜんと欲して已に言を忘る」とある。この「真意」をふまえた言い方。

徐渭「雲居庵の松の下《もと》より城南を眺める」詩

夕照は曾《かつ》て残らず、城頭に月正に団《まどか》なり。霞の光に鳥翻って堕ち、江色　上松に寒し。市客屠と倶に集まり、高空に酔いて屢《しばしば》看る。何ぞ妨げん高漸離、筑を抱却して来り弾ずるを。(原注。城下に瞽目《こもく》なる者有り、善く弾詞す。)

夕焼けはすっかり消えて、城の上には月がちょうど丸くなっている。霞む光の中に鳥は反転して落ちかかっていき、松のほとりの川が寒々と見えている。街には遊客が屠殺業者たちとともに集まり、酒に酔って高い空を時々見上げている。古の高漸離(と同じような弾き手が)が筑を抱えて来て弾くのを、妨げることなどは何もないのだ。(原注。城下によく弾詞する失明の者がいた。(1))

(1)『遊覧志余』二〇に「杭州の瞽者、多くは琵琶を学び、古今の小説・平話を唱え、以て衣食を覓《もと》む。これを陶真と謂う。大抵は宋時の事を説く、蓋し汴京の遺俗なり」とある。

施公廟

施公廟は石烏亀巷《せきうきこう》にある。その神は施全であり、宋の宮殿前の将校であった。紹興二十年（一一五〇）二月一日、秦檜《しんかい》が入朝して、肩輿に乗って望仙橋に通りかかると、施全は長刀を小脇に挟み、路を遮《さえぎ》って刺そうとしたが、革を通しきれなかった。檜は彼を市中で斬ったが、観る者は垣根のように群がった。その中の一人は大言して、「このやり通せなかった男は、切らないでどうするものか」といった。この言葉はとても痛快である。秦檜の奸悪は、天下万世の人がみなそれを殺したいと思っていて、施全がそれを刺したのは、これはまた天下万世中の一人なのである。その心その事は、もちろん鄂《がく》王岳飛のために起こしたのではないのだが、いまの伝奇は全を鄂王の部将だとしていて、岳墳では全を翊忠祠《よくちゅうし》に入れたのは、施全のこの挙動に対して反って公明でなく正大でない。後人が公をここに祀って岳墳に配享しなかったのは、深く施公の心を得ていることとなのだ。

張岱「施公廟」詩

施殿司は不了漢なり。虎を刺して傷つけず蛇を断ぜず。其の反って利剣を噬歯《ぜいし》するを受け、人を殺し人に媚び可汗に報ぜんとす。厲鬼《れいき》街頭に白昼現れ、老奸ここに至って面を揜《おお》う。邀呼簇擁して車幔を遮り、棄てられし屍《かばね》は銭塘の岸に漂泊す。怒り捲く胥濤《さかま》に雷電走り、雪巘《せっけん》より移り来る天地の変。

廟殿の主の施公はやり通せなかった男で、虎を刺して傷つけることもせず、蛇を断ち斬ってもいない。反ってその剣を嚙まれてしまったのだが、この人を殺して（南宋の敵である金の酋長）可汗に媚びようとしたのだ。すると（施全が変化した）厲鬼《れいき》が街頭に白昼に現れ、（秦檜《しんかい》という）老賊はここに至ってその顔を蔽《おお》った。（人びとは）迎えて叫び群がって車を遮り、（処刑された）棄てられた施全の遺体は銭塘江の岸に漂った。（それを知った）怒り逆巻く（銭塘江の濤神である伍子胥《ごししょ》が起こす）濤《かわなみ》に雷電が走り、雪の峯から天地の変動が移り渡ってくる。

三茅観

三茅観は呉山の西南にある。三茅とは兄弟三人、長を盈《えい》といい、次を固といい、末を衷《ちゅう》という。秦代初めの咸陽の人である。道を得て仙人になり、漢以来から崇祀されてきた。ただ観の中で三像の一つは立ち、一つは坐り、一つは臥せているのは、どんな説なのかわからない。憶測してみると、立・坐・臥しているのはすべて修練の功夫であるから、人に踏み違えてはいけないと教えているのかもしれない。宋の紹興二十年（一一五〇）、東京（北宋の都汴京）での旧名によって額を賜い、「寧寿観」といった。元の至正年間（一三四一―六七）に焼かれ、明の洪武（一三六八―九八）の初めに重建された。成化十年（一四七四）には昊天閣《こうてんかく》が建ち、嘉靖三十五年（一五五六）には、総制の胡宗憲は島夷を平定した功績から、奏上して真武殿を建てた。万暦二十一年（一五九三）には司礼監の孫隆が重修し、併せて鐘翠亭・三義閣を建てた。中には褚遂《ちょすい》良《りょう》の小楷の『陰符経《いんふきょう》』[1]の墨迹があると伝えられる。景定庚申（元年、一二六〇）、宋の理宗は賈似道には江漢の功があったことから、金帛鉅万を下賜したが受けとらなかったので、詔して本観の『陰符経』を取り出して与え、その功績に酬いた。そのことはことのほか優雅なことだが、ただ賈似道だけはそれに当たるべきではなかったのだ。私はかつて曹操・賈似道は千古の奸雄であるが、詩文の中に曹孟徳（操）があり、書画の中に賈秋壑（似道）がいるのは、その天に満ちる罪業の一半が減ずる気がして、詩文書画がこのとおり悪人を懺悔させることができるとやっとわかったのだ。およそ人はひとつのことでも見所があるといわれるのだから、詩文や書画にも心を向けなくともいいものだろうか。

（1）江漢の功―江漢は長江とその支流の漢江で、長江以北の中国中心地帯をいう。南宋朝は南方に建国して杭州を首都にしたが、北方の金には圧迫されていた。賈似道は討伐に出征して北方の江漢を粛清したと称したが、実はなすことなくして帰っただけであったという（『宋史記事本末』一〇二「蒙古南侵」）。

余説　張岱は、巻一「大仏頭」で、賈似道の書画骨董についてその見識が精妙なことを言っていた。ここでも、曹操の詩文創作、賈似道の書画への保護を評価しているが、その文章は、前半とは論旨が少しずれていて、ことさらに書かなくともいい内容にも見える。それだけに張岱には、書画、芸術への深い思い入れがあり、芸術至上主義とでもいうような一面があったと言えるのではなかろうか。

徐渭「三茅観に潮を観る」詩

黄幡の綉字《しゅうじ》に金鈴重く、仙人の夜語　青鳳《せいほう》に騎《の》る。宝樹攢攢《さんさん》として緑波を揺るがし、海門に数点　潮頭動く。海神舞うを罷《や》め腰窄《ようさく》を廻《まわ》し、大地身有りて存するを得ず。誰か練帯を将《も》って秋空を括《くく》り、誰か古概を将《も》って春雪を量らん。黒鰲《こくごう》　地を戴きて幾万年、昼夜一身　神血乾く。升沈守らず瞬息の事、人間の白浪今此の如し。白日高高として惨として光らず、冷虹身に随いて城隍《じょうこう》に縈《まと》う。城中に那《なん》ぞ得て城外を知らん、郤《かえ》って寒色の何方より来るかと疑う。鹿苑の草長じて文殊死し、獅子人に随って祇樹《ぎじゅ》に吼《ほ》ゆ。呉山の石頭に秋風に坐し、高冠を帯着し雲霧を払わん。

（観の殿宇には）黄色い旗の刺繡文字に重々しく金鈴が掛かり、仙人は夜に青嵐に騎《の》ってきたと語っている。むらがる宝樹は緑の波を揺るがせ、（ふたつの山の間にある）海門には潮流の波頭がいくつか動いている。海神が舞いをやめて腰を狭くまわせば、大地は体があっても、そのままに存続することはできなくなる。誰が練り絹の帯で秋空を括《くく》り、誰が古の梗直な強さをもって春雪を量ることができようか。黒い鰲魚《ごうぎょ》は幾万年の間大地を支えているが、この昼夜で一身の身血は乾いてしまうのだ。旧くからの栄辱は短い瞬息の間も守られないのだが、人間世界に立つ白波もこのようなことなのだ。太陽は高く登っていても、惨憺《うすぐらく》、光ることもせず、冷たい虹は付き従って城隍山にまとわりついている。城中にいてどうして城外のことがわかろうか。却って寒々とした色彩はどこから来るのかと疑っている。鹿苑の草は長く延びて文殊は死んでしまったようだが、獅子は人に随って祇樹園に吼えている。呉山の石頭に秋風に坐して、高冠を身に帯びて雲霧を払おうではないか。

また「三茅観に雪を眺める」詩

高会に黄冠集まり、琳宮《りんきゅう》に夜の坐闌《おそ》し。梅芳　芯を成すこと易く、雪謝　花と作《な》ること難し。檐《えん》の月　杯に沈んで暖かく、高峯　坐に入りて寒し。鴉をして炬火に驚かしむること莫《なか》れ、飛去して烟嵐を破らん。

盛んな宴会に黄冠の道士が集まり、道観（琳宮）に夜坐が盛んに行われる。梅は花から芯ができることは易いが、雪は消えて花となることは難しい。軒の月は酒杯に映って暖かく沈みこみ、高い峯は坐に寒々とした影を落としている。鴉を炬火《たいまつ》で驚かせなさるな、飛んでいって醸しだされてきた霧の気配を乱すかもしれないから。

紫陽庵

紫陽庵は端石山にあり、その山は秀石が精妙（玲瓏）で巌洞は奥深い（窌窱《きょうちょう》）。宋の嘉定年間（一二〇八―一二四）には、村人の胡傑がここにいた。元の至元年間（一三三五―一四〇）に、道士徐洞陽が手に入れて改めて紫陽庵とした。その徒弟の丁野鶴がここで修煉したが、ある日その妻王守素を呼んで山に入らせ、偈文を付託して、「懶散六十年、妙用は人の識る無し。順と逆と倶《とも》に両《ふた》つながら忘れ、虚空　鎮まりて長く寂たり（懶惰散漫なままに六十年、そのすぐれた作用を誰も知らない。順と逆とは、双方ともに忘れ、虚空の中で長く静寂に鎮まっている）」といい、そのまま膝を抱えて逝去した。そこで守素は亡骸《なきがら》を漆漬けにして坐らせたところ、生きているままであった。妻も頭髪を束ねて女道士となり、二十年山を下りなかった。いま野鶴のミイラ（真身）は殿宇の庭の右にあり、亭の中には名賢が残した題書が大変多くある。その庵は長く朽廃していたが、明の正統甲子（九年、一四四四）道士の范応虚が重建し、聶《じょう》大年が記念文を作った。万暦三十一年（一六〇三）、布政の史継辰(1)、范涞《はんらい》(2)が空翠亭を構え、「紫陽仙迹記」を撰述し、その状景を画き、名公の詩とともに石亭中に刻んだ。

（1）史継辰―安徽溧陽《りつよう》の人。万暦五年の進士。のちに浙江布政使に任じた。
（2）范涞―安徽休寧の人。官は福建右布政使に至る。ここで史・范が連名になっている理由は待考。

李流芳「紫陽庵の画に題す」

南山は、南高峯から連なって曲がりくねり、城中の呉山に至る。石はみな奇秀な同色である。龍井・烟霞・南屛・万松・慈雲・勝果・紫陽のそれぞれの巌石や石壁は、どれも日数をかけて見回るとよい。なかでも紫陽は精巧であり、見上げたり見降ろしたりする位置の一つ一つが思いどおりにできていて、もっとも奇抜である。私は、己亥の年（万暦二十七年、一五九九）に淑士とともに遊び、のちにもしばしば湖上に行った。城中に入るのを憚って両山の間を放浪することが多かったが、ただ紫陽とだけは隔たっていた。辛亥（同三十九年、一六一一）の年に方回(1)とともに雲居に友を訪ね、そこでまた一度到った。思うに十余年は見ていなかったので、胸中に往来していたものをすっかり見失っていたのだ。山水の絶景は、いつもはぼんやりとしていて持ち続けてはいないので、無理にそれを捕まえても手を離せばまた去っていくのであり、この味わいは痛痒を知らない人とはともに語れないことである。私が紫陽を描いた時は、また紫陽を見失っていたのだ。ただ紫陽だけであるはずはない。およそ山水はみな画くことはできないのだが、しかし、画かないわけにはいかないのであって、そのぼんやりとしたところを保存するだけなのだ。こう書いて孟暘に笑いを送ろう。

（1）方回は鄒方回（仲錫）、孟暘の弟。

袁宏道「紫陽宮小記」

私は城に入るのが一番怖い。[1] 呉山は城内にあるから、見廻ることができず、わずかに一度早々に紫陽宮を訪ねただけである。紫陽宮の石は、玲瓏窈窕《れいろうようちょう》（美しく奥ゆかしく）、変わった姿がやたらに出てくるので、湖の石とは比べものにならない。梅花の道人は一幅の生きた水墨である。どうしてそれを府城の内に閉じ込めて侮辱し、山林にいる怠け癖を持った人が近づけなくしているのか、嘆かわしいことである。

（1）城内に入るのが怖いとは、官吏身分の袁宏道は官庁まぢかを通れば、素通りはできず、あいさつに出向き、身分に応じたふるまいをせざるをえなくなるからであろう。宏道は本書の詩文に見るように、こよなく山林自然、西湖の風物を愛し、気ままに行動することを好んでいた。任官していない李流芳が上述のように城中に入るのを憚ったのも、これに似た事情があろう。

王穉《おうち》登《とう》「紫陽庵丁真人祠」詩

丹壑《たんがく》[1]は人の行いを断ち、琪花《きか》は洞裏に生ず。乱崖は地を兼ねて破り、羣象《ぐんしょう》は峯を逐《お》いて成る。
一石　一雲気、無松　無水声。丁生の鶴に化せし処、蛻骨《たいこつ》　情に勝《た》えず。

仙人道士が霊丹を煉ったこの山は、人が来るのを拒んでいるが、美しい花は洞穴の中に生えている。乱雑な崖は大地を併せて変化をもたらし、諸々の現象はそれぞれの山の峯ごとに現れる。ひとつの石にはひとつの雲の雰囲気があり、松にはみな水声が付きまとう。丁（野鶴）が鶴に身を変えて飛んだところに、その脱け殻（の真身）を見ると堪え難い思いがある。

（1）丹壑—丹は仙人道士が鍛煉する霊丹のこと、丹壑は仙人道士が霊丹をこの山で煉ったことからいう。

董其昌「紫陽庵に題す」詩

初めて塵市に隣りして霊峰に点ぜんとす。径《みち》は転々《ますます》幽深にして紺殿重なる。古洞は春を経て猶お雪に閟《とざ》され、危厓の百尺に欹松《きしょう》有り。清猿静かに叫ぶ空壇の月、帰鶴愁い聞く故国の鐘。石髄は年来　汗を成すこと漫《ゆるやか》なり。登臨須《す》べからく羽人の踪《しょう》に愧《は》ずべし。

初めて俗塵の市場の隣にある霊峰に参詣(1)しようとする。径は転々《ますます》幽深になってきて、紺色の殿宇が重なって見える。旧い洞穴の入口は春を過ぎてもまだ雪に閉ざされていて、百尺の高い崖には斜めの松がある。猿は何もない壇上の月に向かって清らかに叫び、郷里に帰る鶴は愁いに満ちて故国の鐘を聞いている。石乳洞の石はこのところゆっくりと汗をかいているが、遊覧するには、（修練をして羽化登仙した）道人の跡をみて、（そのように汗をかいて）愧じなければなるまい。

（1）原文は「点」、点灯・点燃の意で、霊峰の紫陽庵に香燭を供えること、つまり参詣訪問することをいう。

解説

佐野公治

中国の東南部、長江の下流よりさらに南下すると杭州湾があり、そのほぼ中央にあるのが浙江省の省都、杭州である。北には古くは呉と呼ばれた地域、浙西と、南には越と呼ばれた地域、浙東があり、地域の中心都市として栄えてきた。その杭州の郊外に西湖がある。

現在の西湖は、面積五・六八平方キロ、一周一五キロ、水深平均一・五五メートルほどの湖で、その周りには北高峰、南高峰をはじめ山々が点在していて、何よりも杭州の町を出ると眼前に広がる至近のところにある。古くは辺り一帯を徒歩で遊覧することができ、上流の人ならば、見晴らしのきく輿に乗り、悠然として眺望を楽しむこともできる好適な環境にあった。西湖の周辺は緑豊かな中に、古くから多くの寺院が建ち、歴史的な名所旧跡があった。現在では、西湖一帯の景観は世界文化遺産になっている。

明代の末期、十七世紀前半ごろについてみると、ここには仏教寺院に参詣する庶民が遠近から大挙して来訪していた。そこには数は少ないが、道教の廟《びょう》もあった。また官僚・知識人が邸宅、別荘を構え、運河を利用して東南地域と都を往復する官僚が立ち寄り、滞在することも多くあった。遊覧船がよく利用され、遊覧して探勝する文人も多く、詩文が盛んに作られている。

この地を愛した文人のひとりに張岱《ちょうたい》がいる。浙東の紹興府山陰県の人である。四代前の高祖・天復《てんふく》、三代前の曽祖・元忭《げんべん》、祖父・汝霖《じょりん》と三代にわたって科挙に合格した名家であり、元忭は首席合格の状元であった。たてまえとしては、そのときの中国随一の優秀な人材として評価されていたことになる。父・耀芳《ようほう》は進士にはならなかったが、皇帝の子孫に小領地を与えて襲封させる王府のひとつ魯王府の右長吏（事務長）に就いたことがあった。なお後日談としては、のちに魯王は明朝の滅亡後に存続した残明政権を担い、杭州から洋上にまで脱出して、途中に紹興に立ち寄り、張岱の家に一時身を寄せたこともある。

張岱はこのような教養豊かで富裕な名家に生を享けた。生まれは万暦二十五年（一五九七）であるが、没年は明確でなく、もっとも長命の説では九十三歳まで存世したとも言われている。

張岱は幼時から学問に親しんでいた。紹興の家から杭州にもよく来訪していて、祖父の汝霖は西湖湖辺に別荘を持ち、「寄園」と名づけていたから、ここに滞在することも多かった。ある時には祖父に連れられて杭州に赴き、文壇の名士である陳継儒《ちんけいじゅ》に会ったところ、壁に掛けられていた「李白の鯨《くじら》に騎《の》る図」を指さして、「太白（李白のこと）鯨に騎り、采石《さいせき》の江辺に夜月を撈《すく》う」と問いかけられ、これに応えて、「眉公《びこう》（陳継儒）鹿に跨《また》り、銭塘県裏に秋風を打つ」と、唐代第一の詩人李白と継儒とを対等に置き、俗説ながら、采石磯で夜月を掬いとろうとして水に落ちて死んだという、風流に殉じた唐代の李白を詠った問いの詩句に対して、当時の金銭をせびり取るという俗語「秋風を打つ」との語を入れて巧みに唱和し、これによって絶賛を博した話を、張岱は自伝の「自為墓誌銘」に書いている。この話では六歳の時のことになるが、記憶に強く残った話であったらしく、九歳のこととしても書き、また早熟な秀才の逸話を集めた中では八歳のこととしている（『快園道古』「夙慧」）。

張岱は、のちには科挙の勉学とも関連する四書の解釈書を著していることがあり、科挙の勉学に取り組んだ時期もあったのだが、しかし科挙に合格して官僚の道を進むには至らなかった。これには官僚政治が次第に無力になり、体制が弱体化して世紀末の不安が忍び寄る時代状況を感じ取っていたという事情も与っていたと思う。それに代えて、張岱が選んだのは、歴史、文化、文学、芸能といった諸分野を学び、その楽しみに没頭するという道であった。故郷紹興と、祖父が築いた西湖湖畔の寄園において、文化歓楽の生活を満喫していたのである。

ところが、五十歳にさしかかるころ、一六四四年には事態は急転して、一揆反乱軍によって明朝は瓦解し、続いて満州の地から立ち上がってきた清朝によって都の北京は占領され、翌年には異民族が指揮する清軍が南下してきたから、江南には社会秩序の大変動が生じ、地域を維持してきた官僚や指導者としての郷紳士人層は権威のよりどころを失い、郷紳の一人であった張岱が拠っていた寄園は跡形もなくなってしまう。また紹興のその家では、かつては数十人もいた従僕侍女がみな去ってしまう。果ては張岱自身が見たこともなかった肥桶《こえおけ》を担い、堪えがたく臭う糞尿と、その発酵熟成したあとの芳香との落差を実感することとなる。この驚天動地の大変動の中で、後半生の張岱は厳しい現実に向き合わざるを得なくなったのである。

社会と文化の大きな動揺をみずから体験したその生涯に、張岱は多くの著述を残している。四書の解釈書として、当時に通行していた四書学説や斬新な李卓吾の名を冠した四書評論などを採りいれた『四書遇』、趣味人としての感慨を書いた『陶庵夢憶』や西湖の文物の歴史と文化を回憶した『西湖夢尋』などの詩文、晩明を中心にした明一代の歴史としての『石匱書《せききしょ》』『石匱書後集』、同類の事項を整理編集した類書としての『夜航船』、文人の逸話を集めた『世説新語』に似た構成をもつ未完の『快園道古』、詩文集の『張子詩粃《しひ》』『瑯嬛《ろうかん》文集』などがあり、多方面の豊かな学識を披露している。その中で、すでに『陶庵夢憶』には松枝茂夫の訳注がある（平凡社『中国古典文学全集』第三十二巻、後に平凡社『中国古典文学大系』第五十六巻所収、現在は岩波文庫版で再刊）。

これらはみな活字本として現在までに中国で出版されている。ほかにも未刊の作品があり、原書の文字を見るのには影印本が望ましい『四書遇』を含めて、今後の公刊が期待される。

著述の注釈書、研究書があり、中国での『西湖夢尋』の注釈については、本書の訳注にも記述した。わが国では上記の松枝訳のほか、入矢義高「自為墓誌銘」があり、『増補 明代詩文』（平凡社東洋文庫）に収められ、いまは井上進「補注」が付けられていて、張岱の人となりを知ることができる。

張岱の学問は、文学、四書を中心とする儒学、歴史学の諸分野にわたる広がりをもっているが、それを通してみると、漢字の文字や文体についても深い見識があると感じられる。『西湖夢尋』についてみると、平易な文章の中にも、時にはふつうには使わない繁雑な字体の漢字を入れている。翻訳には通行する字体に代えることもできるが、この訳注ではもとの文字を注記に残しておいた。また文字や文章の謎を解く面白さを楽しむ、古くからある「字謎」ともいう一種の文字あそびを好んだようであり、『快園道古』では「戯謔《ぎぎゃく》」篇その他でとりあげている。

話自体にも面白さを感じて書いている例がある。南宋代の理宗皇帝は愛妾の閻妃《えんひ》のために集慶寺を作り、大規模な造営をして社会的な影響を及ぼし、「人びとを鞭打って追いやり、その騒ぎは鶏《とり》や豚《ぶた》にまで及んだ」という。鳥や豚まで持ち出される深刻な事態になったというのである。さらに、この大規模造営を風刺した、ほかの大寺を併せても「閻妃の面《つら》の皮の好さにはかなわない」との落書きがあり、これを恨んだ理宗が大捜索をしても犯人は見つからなかったという話を載せて、南宋の滅後にはこの寺にだけ理宗の肖像が残されたのだから、造営にはそれだけの意味があったといっている。この理宗と閻妃の話そのものは古くからある一種の面白話なのだが、それに加えて最高権力者の皇帝の力が、庶民の身近な鶏豚にまでにも及んだとする話の持ち出し方には、作者がもつユーモアの一端を感じることができるのではなかろうか。

『西湖夢尋』は五巻から成り、巻一の前半では、古今の無数にある詩文から選び、それに並べて自作の西湖詩、西湖十景詩を置き、ほかに蘇軾《そしょく》（東坡）、袁宏道《えんこうどう》の詩を採っているのは、文学としての評価と好みを表している。そして多くの詩文がある中で、広い西湖について自作を中心にして見渡していることからは、張岱の詩人としての自負を感じ取ることができるだろう。

後半から以後は、地域別に西湖周辺の名所、旧跡について、寺・廟などのいわれや歴史的経緯、目立った事項や人物についての逸話を含む記事を載せていて、古くの資料をそのままに使うこともあるが、簡明で平易な文章にしていることが多く、それに加えて典雅にして重厚で容易には読みほぐしにくいものの、事項の理解には必要な記事を含む先人の重厚な詩文を載せ、通してみれば多角度からみた具体的な叙述になっている。

各巻の細目は「則」という用語を用い、「七十二則」から成っている。

本書の記事は、時代としては、先秦の呉国と越国の対立時代にはじまり、唐代から五代呉越王国時代に多くなり、作者が生きた明代の末期から、さらに古くの蒙古族が支配した元朝にも似ている北方の異民族が作った清朝の支配した清代初期に及んでいる。また人としては、江南の経済文化の一中心地域である杭州は、南宋代には首都が置かれたこともあって、この地域に生まれ、またこの地域に縁故があり、官僚として来往する人物が多く、それを記念する名勝遺跡があったことから、人物を偲ばせる多彩な記事がある。

その中には人に知られることの少なかった逸話も多くある。一例をみると、明初の詩人高啓は、宋王朝をたすけて北方の敵と戦った英雄の岳飛を詠った詩に、「諸陵は見えず白霧の中」(巻一「岳王墳」)というが、彼は晴れたならば宋帝の陵墓が見えるところにいたのだろうか。この時に陵墓は、実質上は消滅していたはずである。というのは張岱によれば、南宋を滅ぼした元軍は、財物を略奪し殿閣を改変して、南宋諸帝の骨を取って、これに牛馬の骨を混ぜ、鎮南と名づけた白塔の下に入れている。陵墓に財物が納められていれば同時に略奪したはずであり、杭州から略奪した財物の膨大な数量は『元史』にも載っている。

さらに一例、明一代の最大の政治事件は、創業の高祖洪武帝の後を嗣《つ》いだのは皇太孫の建文帝であり以前からの首都南京にいたが、北京にいた高祖の皇子の一人が、クーデターを起こして四年の後に南京を占領したことである。即位したのが永楽帝である。政治体制は一新され、建文の年号は公式記録から抹消される。建文帝に忠節を誓った官僚や士人に対して、あるいは巻き添えにされた人を含めて、史上に有名な大虐殺が行われた。体制は一変したが、しかし親には孝《こう》、長上には悌《てい》の上下秩序に従う伝統から、たてまえとしては従来どおりに洪武以来の祖宗の法を守っていくことが求められ、実質上の新しい首都の北京を臨時の都、南京をいま仮に主上が留守にしている都つまり留都と呼び、南京にも政府官僚機構を置いたままにするなど、名目を前面に打ち出した処置を行っていく。さて、先の建文帝については、敗戦の中で自ら命を落とした、自死したというのが公式見解であるが、密かに南京城から脱出し、僧形に身を変えて、擁護者に守られながら南方、東南方に流浪して、あるいは僧としての生活を守り生きていったとの説がある。張岱は『石匱書後集』でかなり系統的にその後の建文伝説を描いている。本書には、この明朝最大の政治問題である件に関して、「永楽年間に明の第二代皇帝の建文帝がここに隠遁され、寺の中にその遺像がある。容貌は魁偉で、はるかに常人とは異なっている」（巻四「浄慈寺」）とある。上からもわかるように、建文帝のことは、規制が緩くなったとはいえ、明代では自由に口にできない国家的秘密であった。しかし、厳しい規制がある中で、あえて帝の遺像を作り祭祀していたことがわかり、これは建文帝と目される人物が、単に立ち寄ったばかりではなく、一定の期間居住して仏寺での生活を送っていたというような、この地に深い縁故をもったことを意味する。遺像のある浄慈寺は南宋代には五大寺の一にも数えられた格式の高い大寺であって、貴賓が寄留したところにふさわしい。遺像のあることは、この寺の訪問客であれば知ることができたであろう。だからこれは、明滅亡後であったことから明確に書けた記事であり、建文生存説の論拠にもなる逸話といえるのだ。

登場人物について、いま少し見ていこう。北宋代随一の文豪で豪放な詩風で知られ、ときに杭州の行政長官であった蘇軾については、山歩きのこつを伝授されて徒歩で名所を訪ね、さびれた仏寺にただ一人孤独な余生を送る老疾の僧をみては、帰りがけにさり気なく冬を過ごす足しにと布地を贈ったという、彼の詩を載せている（巻二「北高峰」）。張岱はここに世評とは異なる蘇軾の人間性の一端を見ているのだろう。

張岱は、中唐の白居易（楽天）、北宋の蘇軾という時代を代表する作家のほかに、明代では袁宏道や徐渭《じょい》（文長）、同時代の李流芳《りりゅうほう》などをとくに好んで詩文を採っている。異色の文人徐渭は明代の後期倭寇対策の総指揮官胡宗憲の文書書きに雇われ、現在に残る名勝の鎮海楼を修復し記念文を代筆した。巻五の「鎮海楼」則は、代筆の謝礼として多額の金銭を支出して徐渭の邸宅を作ろうという胡の申し出をめぐるやり取りを書いた短い本文のあとに、この長い文章と、張岱の自詩二首で構成している。

この則は、徐渭の逸文を集めて出版するほど思い入れの深かった張岱だからこそ知りえた逸話であった。

上記の文人の詩文に対する好みは、張岱の文学観、学問観に根差している。当時は王朝の体制を支える朱子学に由来する儒学、人倫道徳学が依然として根強い力をもっていた。張岱は四書の解釈書を書いたとはいえ、しかし儒学にはほとんど関心をもっていない、朱子学や広くって宋明理学にはもちろんのこと、儒学に新風を吹き込んだ王陽明（守仁）は郷里を同じくする大先輩であるにもかかわらず、その学術については言及していない。このところは袁宏道にも共通し、かつては浙江陽明学の拠点でもあった天真書院を詠っても、陽明学には直接に言及してはいない（巻五「鳳凰山」）。党派を組む意識などは全くなかったのだが、張岱の立場は広くいえば、生命の真実を求めるいわば性命派、文学としては文人派とでもいう生き方に近い。そして生き方の一つの方向を示す仏教的世界への関心があり、信仰、帰依に向かう方向に向かっていて、袁宏道や李流芳の歩んだ方向と重なり合うところがある。

『西湖夢尋』の解説としては思わず踏み込んだが、いまはただ、張岱の読み取った西湖の世界を正しく伝えられているかどうか、訳文を確かめながら読んでいただきたいと願っている。

このところ、中国の書籍出版は盛んであり、現代の身近な問題に関するもののほか、古典に関するものも多くあり、ここ数年の日本に伝えられた出版物を見ると、杭州地区の歴史や文物にも関心が高まっている感じがする。張岱についても今後も論じ続けられるだろう。

訳注は、はじめ通行本である光緒年間の刊本を用いたが、成稿したのちに、康熙年間刊本に依った李小竜の評注本をみることができたので、新たにそれに基づき、光緒本の訛誤を校正した底本を作成して用いた。参考にした諸論考は訳注にも注記した。

あとがき

この書が日の目を見るに至ったのは、時と人の広く大きなお蔭に恵まれたからであったことを思い出している。『西湖夢尋』を奨めてくれたのは、歳は若いが文字どおり畏友といってよい、日中の文学学術に通じた湯谷祐三さんで、テキストから必須の参考文献に至るまでを用意して私の興味を向けさせ、さらに読みっぱなしではだめで、見える形の訳注にするようにと念を押された。あとから思うと彼自身にもすでに準備があったのだが、残念なことに行き違いから私の独力で訳注を手がけることになった。彼の成果は別の形で誌上に問われつつある。

訳注の見通しがほぼついて、見える形にしたいと思っていた時に、紹介の労を執ってくださったのが、加地伸行さんであり、持ち前のお力を発揮して、平凡社のスタッフを紹介してくださり、東洋文庫編集部の直井祐二さんに行き着くことができた。直井さんは「張岱には興味がある」と話に乗ってくださり、爾来一年ほど経って、ここにようやく形を現すことになったというわけである。

その前後の時間の流れには、私自身の問題があり、一〇年前の脳梗塞発症に付随し、加えて加齢によって加重した身心の不調不随があった。梗塞は、からだの不随とともに心の不調をもたらすことを身をもって実感できた。幸いに、月に一度の診察に際しては、「運動をせよ。暑さ寒さにかかわらず水分を摂れ」との簡明明確な基本方針のもと、的確な診断処方を施される名医に出あうことができて、そのお顔を窺いながら自分なりに老化・認知の進行を判断して、中途で立ち消えにならないように配慮することがあった。病と加齢に逆らって身心の健康を回復維持できたのは、先生のお蔭が大きい。お名前を記さないのは、患者としての心配りのつもりである。

この間には、手書き派であったわが身には、利き腕の右手の不随に伴ってパソコンが唯一の表現手段になるという試練があり、加えて記憶能力をほぼ失った身に、パソコンの「保存」をクリックしなければ、わずかに書き溜めた一日の成果は霧散すること、パソコンは突然動かなくなることがあって「保存」に加えて更にどこかを操作しないと、やはり最終的には「保存」されないこと、メールが急に動かなくなっても、あとでアイアムソーリーの後に何やらパソコン用語を用いて書かれたメッセージが送られてくるだけで、謝罪会見も無しで終わりになるらしいこと、パソコンの情報処理能力に急速な向上があるらしいことなどの体験があって、パソコンは反って私からは遠い存在になっていく。

しかし、パソコンはまた救いの神でもあった。しっかり勉強せよとのご配慮であろう。全く思いもかけなかったことだが、衣川賢次さんが語彙、事項検索に便利な「万能ソフト」をご恵与くださった。重い紙の辞書や索引は利用できない不随の身にとって、このありがたいソフトと新たに購入したもうひとつのソフトがなければ、訳注を書き下すのは困難であった。

本書の記述内容の適否は、もちろん当方の責任である。ただ注釈は、不十分なところが残ったけれども、基本的にはこの書にとって必要な事項に限定するという方針に依ったことを付記しておきたい。

佐野公治

二〇一五年五月

佐野公治《さのこうじ》
1936年生まれ。名古屋大学文学部卒業。文学博士。名古屋大学名誉教授。専攻、中国哲学。著書に、『四書学史の研究』（創文社）、『王心斎』（明徳出版社）ほか。

西湖夢尋　東洋文庫861

2015年6月15日　初版第1刷発行

訳注者　佐野公治
発行者　西田裕一
印刷　創栄図書印刷株式会社
製本　大口製本印刷株式会社

発行所　電話編集 03-3230-6579　〒101-0051
営業 03-3230-6572　東京都千代田区神田神保町3-29
振替 00180-0-29639　株式会社 平凡社
平凡社ホームページ http://www.heibonsha.co.jp/

ISBN 978-4-582-80861-2
NDC 分類番号222.06　全書判（17.5 cm）　総ページ388

《東洋文庫の関連書》

- 23・30 北京風俗図譜 全二巻　青木正児 編／内田道夫 解説
- 52 白居易詩鈔〈附・中国古詩鈔〉　森亮 訳
- 91 増訂 長安の春　石田幹之助 著／榎一雄 解説
- 217 江南春《こうなんしゅん》　青木正児 著／小川環樹 解説
- 239・265・267 唐詩三百首 全三巻　蘅塘退士 編／目加田誠 訳注
- 405・406・407 唐詩選国字解 全三巻　服部南郭 述／日野龍夫 校注
- 517 洛陽伽藍記　楊衒之 著／入矢義高 訳注
- 518 詩経国風　白川静 訳注
- 529 陶淵明詩解　鈴木虎雄 訳注／小川環樹 解題
- 598 東京夢《とうけいむ》華《か》録《ろく》〈宋代の都市と生活〉　孟元老 著／入矢義高・梅原郁 訳注
- 626 宋元戯曲考　王国維 著／井波陵一 訳注
- 635・636 詩経雅頌《がしょう》 全二巻　白川静 訳注
- 645・649・651 李賀歌詩編 全三巻　原田憲雄 訳注
- 666 六朝詩選俗訓　江南先生 訓訳／都留春雄・釜谷武志 校注
- 667 桟雲峡雨日記〈明治漢詩人の四川の旅〉　竹添井井 著／岩城秀夫 訳注
- 674・676・681 夢粱録〈南宋臨安繁昌記〉 全三巻　呉自牧 著／梅原郁 訳注
- 714 金笠《キムサツカ》詩選　崔碩義 編訳注
- 716・718 中国における近代思惟の挫折 全二巻　島田虔次 著／井上進 補注
- 722・727・733・737 宋詩選注 全四巻　銭鍾書 著／宋代詩文研究会 訳注
- 757 良寛詩集　入矢義高 訳注
- 764 増補 明代詩文　入矢義高 著／井上進 補註
- 839 明史選挙志1〈明代の学校・科挙・任官制度〉　井上進・酒井恵子 訳注
- 843・845・847・849・851 世説新語 全五巻　劉義慶 撰／井波律子 訳注